悟理之桥
——中学物理教学研究

李樑 著

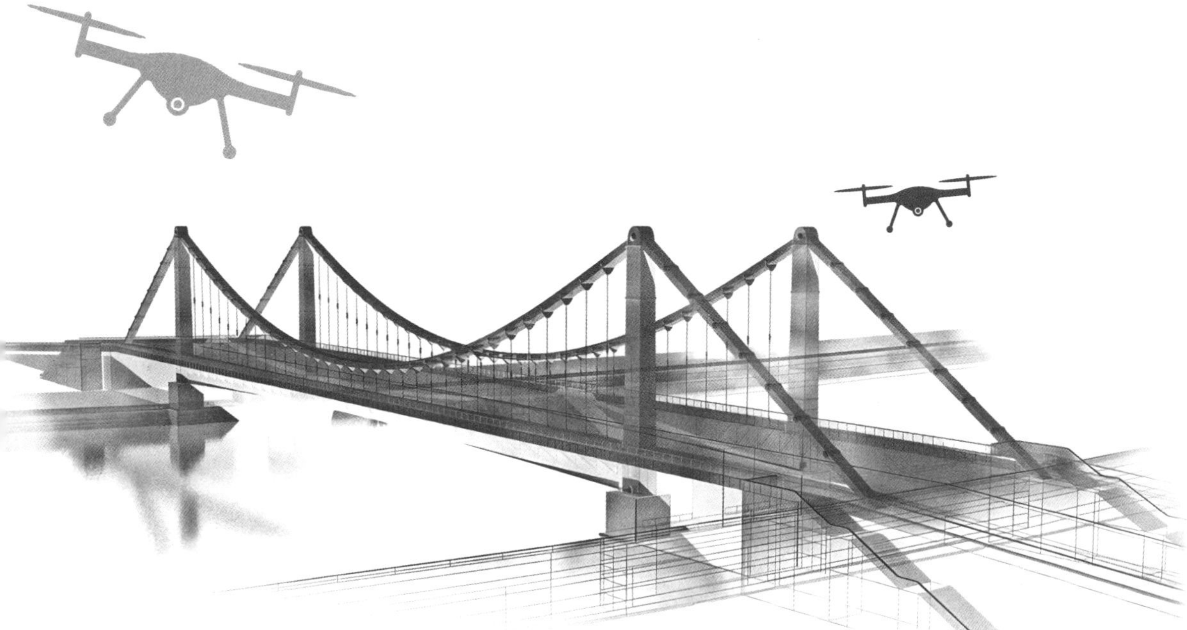

上海科技教育出版社

图书在版编目(CIP)数据

悟理之桥:中学物理教学研究 / 李樑著. —上海:
上海科技教育出版社,2024.5
 ISBN 978 - 7 - 5428 - 8131 - 1

Ⅰ. ①悟… Ⅱ. ①李… Ⅲ. ①中学物理课-教学
研究-高中 Ⅳ. ①G633.72

中国国家版本馆 CIP 数据核字(2024)第 061879 号

责任编辑　李志棣　秦菱泽
封面设计　符　劼

悟理之桥——中学物理教学研究
李樑　著

出版发行	上海科技教育出版社有限公司 (上海市闵行区号景路 159 弄 A 座 8 楼　邮政编码 201101)
网　　址	www.sste.com　　www.ewen.co
经　　销	各地新华书店
印　　刷	启东市人民印刷有限公司
开　　本	787×1092　1/16
印　　张	14.25
版　　次	2024 年 5 月第 1 版
印　　次	2024 年 5 月第 1 次印刷
书　　号	ISBN 978 - 7 - 5428 - 8131 - 1/G·4837
定　　价	59.00 元

序

百年大计,教育为本。从某种意义上说,教育质量的高低首先取决于教师的素养。在新课程改革中,物理教师不再只是"教书匠",而应该是具有现代教育观念、勤于反思、善于合作的探索者、研究者。每一位教师都期待自己成为一名卓越的教师,卓越就是优秀突出,超出寻常,意味着比优秀更高一层次的追求。它不仅是指业务能力上的突出,而且要求从教师素质、教学能力、教学素养等各个方面都有不俗的表现,内心怀有崇高教育信仰并不断付诸行动。

教师从普通走向卓越有许多必修课,要完成这个目标的路径也有很多,坚持教育实践,坚持思考并将思考结果整理提炼,在教育教学实践中进一步检验、改进、迭代,是教师值得选择、也较快能达成卓越目标的路径。

以新课程、新教材(以下简称"双新")为标志的新一轮课程教学改革,聚焦学生的核心素养培育。教师对核心素养内涵理解得越是透彻,课程教学的实践就越发扎实,其核心是观念的革新,教师的观念和教育改革的理念合拍了,教育实践才会前行。

李樑老师就是这样一位以新观念践行教学实践的高中物理教师,他在教学实践中,坚持基于核心素养实施单元重点学习活动的设计与实践,以深度学习的理念开展高中物理单元教学设计,实践贯穿单元知识的长作业与创新实验,设计了与数学、体育、信息技术等学科融合的教学案例,被评为"全国中小学实验教学能手"。他还着手物理学业综合评价的改革研究与实践,具有开创性地投入创新素养指标的研究与实践,开发和实施了"航空科技创新""AI+智慧芯片设计"等跨学科融合的物理选修课程。经过坚持不懈的努力研究与实践,李老师在"双新"推进中逐渐崭露头角,走向卓越。

于是,2019年,李樑老师担任"上海市普教系统名校长名师培养工程"中"种子计划"黄浦物理团队领衔人,他拥有物理学与软件工程学科背景,是将物理教学与信息技术深度融合研究与实践的先锋教师,他主持参与多项市、区级相关研究课题,多项成果获得全国级、市级大奖,并且带领"种子计划"黄浦物理团队在特殊时段居家授课期间发挥了重要作用。在为期三年的研究与互学过程中,这个年轻的团队在李老师的带领下完满实现了发展目标,探索和解决了中学物理学科教学中的信息技术深度融合问题,以项目和任务的方式进行具体实施,并取得一定的发展成果。他们潜心教育教学理论研究和实践探索,通过团队合作,获得具有影响力的成果，建设了黄浦学科教学的高地，在课堂开展研究成果的实践活动，在教学实施中初见成效，在区域教育教学改革中发挥了重要的示范、引领作用。

在本书中，我看到了李樑老师对高中物理教学、高中物理实验教学、物理学业综合评价和物理选修课程开发的研究，难能可贵的是，这些研究都在长期的一线教学工作中进行了实践，在实践中积累经验、升级迭代。相信这些经验能为广大教师推动教学改革提供有益的借鉴。

前　言

　　新时代推进育人方式改革的关键地是课堂，缺乏研究的教学是没有"灵魂"的教学，教学的"灵魂"就是课堂要以适合学生身心健康成长的育人方式、体现立德树人为标志的学科核心素养培育为主线。教师的教育科研反映的是教师对教学工作的积极态度和职业追求。在新课程新教材的背景下，要求教师能够优化课程实施，通过互动式、启发式、探究式、体验式课堂教学，不断提升学生的科学素养，使学生具有一定创新精神和实践能力，具备信息化时代的学习与发展能力。新时代的课堂，迫切需要有一线教师围绕学科核心素养培育、教学方式变革主动开展研究探索、实践转型，大同中学李樑老师就是一位积极的实践者与研究者。

　　新课程新教材背景下，实施高中物理教学的改革和创新是必然之选。"双新"背景下的高中物理教学应该以培养学生的物理核心素养和创新能力为目标，以探究式教学为主要方法，以实验、数学、信息技术等多元化手段为支撑，以提高学生的学习兴趣和参与度为重点。

　　"双新"改革对教学提出了新的要求和挑战，高中物理教学需要做到四大主体转变：从知识传授到能力培养的转变、从教师主导到学生主体的转变、从传统评价到多维评价的转变、从单一教材到多元资源的转变。教师需要立足新的教学要求和新环境，改变传统的教学模式，调整并创新符合当下学生学习和发展需求的新教学模式。

　　本书正是从这四点转变出发，凝练了李樑老师在改革与一线教学中的思考和实践成果。阅读了本书众多文章、案例，能感受到李老师在进行教学、学习活动设计的多样性、多层次、多角度研究，在开发和丰富物理实验、选修课程、探究活动等学习资源，为学生提供多维时空与思考手段，丰富学生的学习能力和学习价值，在研究和实践从多角度对学生的学业开展更全面的综合评价。

　　李樑老师是我名师工作室的优秀学员，他上课很有特色。记得有一次他赴大连参加全国教学研讨活动，在大连市第二十四中学中上了一节"超重与失重"公开课，给来自全国的同行留下了深刻的印象。他娴熟地驾驭各种传感器、实验器材，设计了丰富而精彩的学生活动，用精练幽默的教学语言，引导学生探索发现。他深厚的教学功底令人钦佩，至今我仍然记忆犹新。还记得一次，他在上海市课程领导力项目汇报展示活动中上示范课，课题是"'嫦娥'探月——揭秘'月球快递'的背后"，令人耳目一新。这是一堂非常前卫的物理与数学学科融合的课，他巧妙的教学设计，流畅的教学过程，精细的教学教案，优美的教学课件，循循善诱的教学风格，精心设计的探究活动，给了听课老师很好的启发，也成为新课程新教材改革中的先锋教师。

更难能可贵的是李老师还善于把自己在教学实践中感悟到的点滴经验，总结成文字，并在教学实践中进一步实践和优化，因此他的成长非常快，仅在参加工作室学习的三年中，就参与编写四部著作，发表了多篇论文，获得国家级、市级科研成果奖六项，主持和参与教育部、上海市的科研课题四项，期间还获得"一师一优课、一课一名师"活动评比教育部"优课"，全国优秀自制教具评选活动一等奖，获评"全国中小学实验教学能手"称号，教学、微课、实验说课评比获得上海市一等奖，公开教学、讲座和交流更是数不胜数。他默默耕耘，就像是在兢兢业业搭建一座桥，一座联通学生与物理知识、联通教师与物理教学的"悟理之桥"。

丰富多彩的课堂教学是一座宝库，其中蕴含着许多教学规律，等待着我们去开采发现，一个高效的学习活动设计，一个精彩的实验设计，一次成功的评价实践，一门选修课程开发实践的经验，都是我们宝贵的教学资源。

本书收录了李樑老师的研究成果与许多新颖别致的教学活动案例，不仅记录了设计的过程，更有为什么这样设计的道理，并配以分析和点评，我相信读者一定能从这些案例点睛中悟出高中物理教学精髓，借鉴书中提供的教学理念和设计思路，灵活地运用现代教学技术手段，引导学生科学地进行探究和学习，设计出属于自己的精彩物理课堂。

教育教学本来就教无定法，随着学科内容的变化和现代教学技术的不断融入，教学研究面临许多新问题，课堂教学没有最好，但可以做得更好。希望李樑老师在教学、实验、评价、课程设计方面开展更深入细致的研究和实践，继续为我们提供更多、更精彩的案例成果，将"悟理之桥"建得更宽敞。

目录

第一章 高中物理课堂教学实践之悟

第一节 基于核心素养的单元重点学习活动设计与实践 ... 003
第二节 指向深度学习的中学物理单元教学设计 ... 009
第三节 "运动的描述"单元教学设计案例 ... 038
第四节 高一物理单元活动作业实践与学生反馈
　　　　——贯穿单元知识的长作业与创新实验 ... 043
第五节 基于学生最近发展区的学习支架创设 ... 049

第二章 高中物理实验教学实践之理

第一节 开发实验资源,培养探究能力 ... 057
第二节 教师演示实验1 运用高速摄影技术研究瞬时变化中的物理现象 ... 060
第三节 教师演示实验2 运用气垫导轨和DIS研究运动物体速率的变化 ... 063
第四节 学生实验1 用单摆测量重力加速度的大小 ... 067
第五节 学生实验2 探究变压器原、副线圈电压与匝数的关系 ... 075
第六节 实验报告示例1 用DIS位移传感器研究自由落体运动 ... 078
第七节 实验报告示例2 向心力与哪些因素有关 ... 080
第八节 跨学科实践 排球起跳和击球中的物理问题 ... 083
第九节 创新实验实践 扭矩与无人机控制 ... 086
附录 2021"张謇杯"全国中小学优秀自制教具展评活动参评作品技术资料 ... 093

第三章 高中物理学业水平与创新素养评价研究之跃

第一节 新课程新教材理念下物理综合学业评价的探索 ... 101
第二节 中学生创新素养指数评测模型的搭建 ... 122
第三节 基于学生数字画像提升教学有效性的实践研究 ... 135

第四章　中学物理选修拓展课程开发实践之迁

第一节　学科特色选修课程的开发与实践 ... 142
第二节　"航空科技创新"课程教学指南 ... 148
第三节　"AI＋智慧芯片设计"课程教学指南 ... 179
第四节　"科学、技术与社会（STS）"课程教学指南 ... 190
第五节　"知识论（TOK）"课程教学指南 ... 198
第六节　项目式学习案例："探秘锦鲤的生存之道"课程教学指南 ... 212

第 一 章

高中物理课堂教学实践之悟

习近平总书记强调:"基础教育既要夯实学生的知识基础,也要激发学生崇尚科学、探索未知的兴趣,培养其探索性、创新性思维品质。"

国务院办公厅印发的《关于新时代推进普通高中育人方式改革的指导意见》中指出,教师教学中应"积极探索基于情境、问题导向的互动式、启发式、探究式、体验式等课堂教学,注重加强课题研究、项目设计、研究性学习等跨学科综合性教学,认真开展验证性实验和探究性实验教学。"

教师要根据物理学科核心素养确定教学目标、教学内容,在教学设计和教学实施过程中应注意情景创设,倡导学生从情景中发现、提炼物理问题,进行小组合作探究,引导学生得出结论,通过问题解决促进物理学科核心素养的达成,发展学生的学习能力,培养学生应用所学知识解决实际问题的能力。

教育改革要求注重培养学生的学科核心素养,培养核心素养不是简单地将知识灌输给学生就可以了,更重要的是培养学生今后进入社会的必备品格以及关键能力,这一培育过程应随学生成长而不断发展,并顺应时代进步,持续优化。在新课程新教材改革背景下,需要教师转变教学观念,改进教学方式,实施与落实新型教育理念及教学模式,以促进学生物理学科核心素养的达成。

本人是市实验性示范性高中的一名一线物理教师,经历上海市"二期课改"和"双新"实施,在改革中积极学习、创新实践,探索以单元重点活动设计为核心的单元教学,本章将呈现部分经验与成果。

第一节　基于核心素养的单元重点学习活动设计与实践*

摘　要：单元学习活动要能够有效突破单元教学的重点和难点,要求教师基于核心素养培育,分析单元核心学习任务,设计单元重点学习活动来实现。

单元重点学习活动设计,是通过分析单元学习任务与价值、单元学习目标,进而确定核心学习目标与核心任务的学习活动设计,将教学素材进行整合加工,重塑情境与学习活动结构,根据学习内容特点设计适合在课前、课中、课后实施的重点活动,通过现代信息技术以学生自评、互评为主的形式进行评价反馈,是努力创新教学方式、落实核心素养培育的尝试,有效拓宽了中学物理学习的时空。

关键词：活动设计;高中物理;核心素养

物理学是自然科学领域的基础,物理课程的核心素养由"物理观念""科学思维""科学探究""科学态度与责任"四个方面构成,是学生在学习中逐步形成的必备品格与关键能力。近年在推进新课程新教材实施工作中,笔者对教材进行结构化分析,开展基于核心素养的单元重点学习活动设计,促进教与学方式的转变,让核心素养培育在教学中落地。

一、单元重点学习活动的设计闭环

要设计基于核心素养的单元重点学习活动,需要对单元学习任务与价值进行分析,对单元学习目标进行分析,进而确定核心学习目标与核心任务,在此基础上进行单元重点学习活动设计(图1-1-1)。重点学习活动对标的就是单元核心任务。

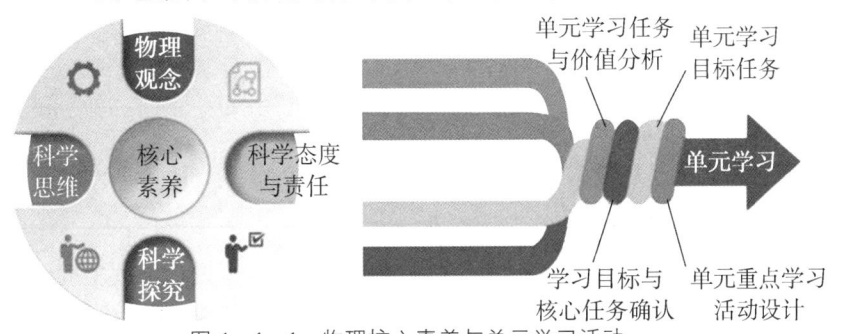

图1-1-1　物理核心素养与单元学习活动

---

* 除标注外,均为李樑老师独立完成作品。

如"牛顿运动定律"单元，首先进行单元教学任务分析，梳理出单元学习任务结构，如图 1-1-2 所示。依据课程标准确认单元核心内容，并对应分析核心素养培育要求，列出双向表格。本单元的核心学习目标与核心任务，就是表 1-1-1 中实心圆圈的位置。根据表格中核心内容的分布，整合加工学习活动素材，根据需求来选择。

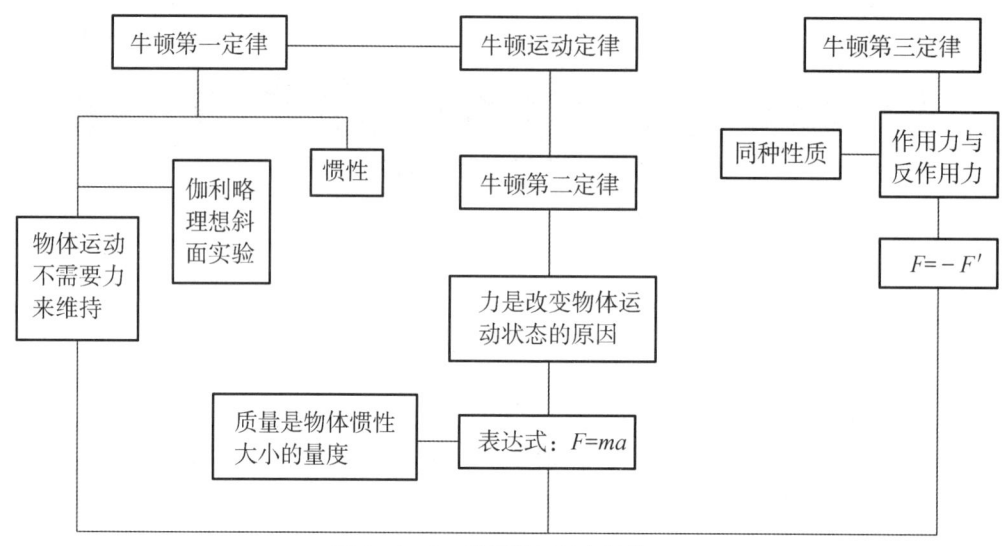

图 1-1-2　单元学习任务结构

表 1-1-1　单元核心内容与核心素养的对应关系

核心内容	核心素养			
	物理观念	科学思维	科学探究	科学态度与责任
牛顿第一定律 惯性	●	○	○	○
伽利略 理想斜面实验	○	●	○	○
牛顿第二定律 $F_合=ma$	○	○	●	○
力是改变物体 运动状态的原因	●	○	●	○
超重与失重	○	○	●	○
牛顿第三定律 作用力 与反作用力	●	○	○	○

比如，牛顿第一定律中惯性概念的形成可以通过学生自行设计家庭实验活动实现；伽利略理想斜面实验可先进行实验体验，再进行推理；学习牛顿第二定律，有学生必做实验需要完成，但是在生活中也有很多素材可以用于探究；关于超重与失重，可以探究的素材同样非常丰富(图 1-1-3)。

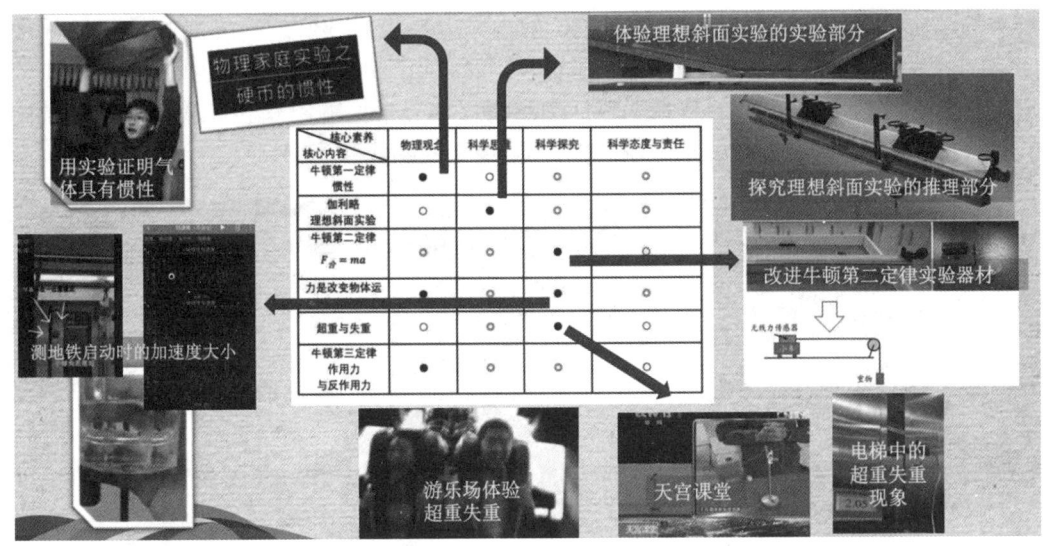

图 1-1-3 "牛顿运动定律"核心内容体验与探究

确定了素材之后,需要将这些学习活动放回单元学习任务框架中,确保单元学习任务要求的落实。至此,我们的单元重点学习活动设计了四个环节,相互衔接形成闭环,就像把四股细线拧成一股绳子一样,将重点学习活动目标指向了单元核心任务对应的素养培育目标。

二、单元重点学习活动的实施时机

每个学习活动其本身的特点,决定了最适合实施这项学习活动的时机。因此,我们设计将重点学习活动分为课前、课中、课后活动以及学习活动评价(如图 1-1-4)。

(1) 适合安排在课前的学习活动,一般基于学生已有的理论与实践基础,所选器材应简易,且容易获取;适合学生自行设计方案进行探究,且适合学生在课堂中展示和评价。

"牛顿第一定律与惯性"这一节学习内容,学生在初中接触过,有一定的基础,适合学生自行设计家庭实验,因此我们布置了"分别设计实验证明固体、液体、气体具有惯性"的学习活动,要求学生拍成短视频在课堂中展示并进行互评。学生选取生活中常用的物品设计了各式各样的实验,积极性很高,也从中获得了成就感。在课堂中,教师只需要引导学生总结其中的要点即可,因为学生在设计实验并进行探究的过程中,亲身体验了固体、液体、气体都具有惯性,已经自然形成了物体要保持原有运动状态的物理观念。

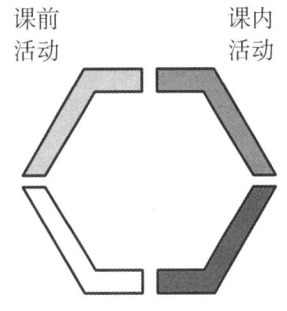

图 1-1-4 单元重点学习活动的四个环节

(2) 适合安排在课中的学习活动,往往需要学习支架,这是学生需要学习新的知识和技能才能完成的活动,一般需要在教师的指导下通过设计方案进行探究,而且所用的器材通常要求比较高,生活中不常见,例如实验用的专用器材、传感器等。在本单元的教学中除了教材内容外,我们还设计了学生进行牛顿第二定律探究实验的改进、理想斜面实验的体验与探究等活动。

(3) 适合安排在课后的重点学习活动,是学生能运用本单元学习的知识和技能完成的活动,学生可以根据课内设计的探究方案进行类比迁移,用于解决真实生活场景中的问题和疑惑。例如,我们设计的探究电梯升降过程中的超重失重现象实验及其原因分析,体验游乐场中的跳楼机、过山车、蹦极。"天宫课堂"的视频分析也是非常适合安排在课后的学习活动，我们将几次"天宫课堂"的视频进行了剪辑，每一项活动剪辑成一个小视频（图1-1-5），推送给学生，作为学生课后的重点学习活动。将一部分书面的习题转变成了真实场景中的问题分析，将算结果转变为讲原理，解决真实情境下的问题和疑惑。

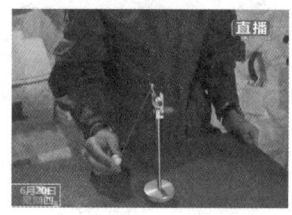
"天宫课堂"中失重的摆
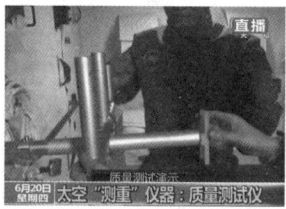
完全失重环境下测质量

火箭起飞时航天员的姿态

"天宫"中抛冰墩墩

"天宫"中水油分离实验

图1-1-5　天宫课堂

"测量地铁列车启动时的加速度大小"是我设计的单元大活动，也是学生在课后需要完成的重点作业，这项活动需要比较长的研究周期，也需要学生以小组为单位开展活动，最后用实验报告、视频以及作品作为学习活动的成果进行汇报（图1-1-6）。学生在经过单元知识的学习和科学探究技能的积累以后，在寒假期间进行了比较深入的研究，选用了各种创新的方法对地铁列车启动时的加速度进行了测量，有的还制作了简易的加速度计。几乎每个小组都引发了更多更深入问题的思考和探究，为后续单元的学习积攒了充足的动力。

适合安排在课后的重点学习活动
——测量地铁启动时的加速度大小

制作简易加速度计

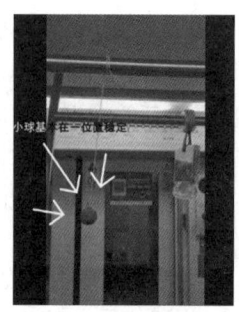
悬球测量

水面角度测量

GPS测量
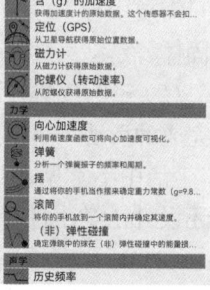
手机App测量

图1-1-6　学生采用的对地铁列车启动时加速度测量的不同方法

三、单元重点学习活动的评价

单元学习活动的评价可以分为学生自评、互评和教师评价三个方面。

学生自评侧重于新技术、新方法的运用和创造，鼓励学生尽可能创造性地运用学到的知识和技能，引入新的技术性的方法。图1-1-7(a)为用单反相机长时间曝光，记录小球在两个斜面之间的运动轨迹，可以比较直观地比较小球在伽利略斜面上滚动的最大高度。图1-1-7(b)为学生用手机高速摄影探究开盖盛水的瓶子在自由下落处于完全失重情况下水有没有流出。图1-1-7(c)为学生用无线力传感器研究超重与失重现象。

学生互评，我们运用自媒体短视频等传播方式进行展示与评价。我们将学生的探究成果上传到公共平台，展示的同时也统计不同实验的播放量、收藏数、点赞数，符合现今最流行的在线互评习惯(图1-1-8)。

教师评价侧重知识技能应用的正确和准确，探究过程细节的完善程度，比如实验报告的格式、数据处理方式、误差分析与实验改进等方面。

(a)单反相机长时间曝光记录小球运动轨迹

(b)手机高速摄影慢动作回放

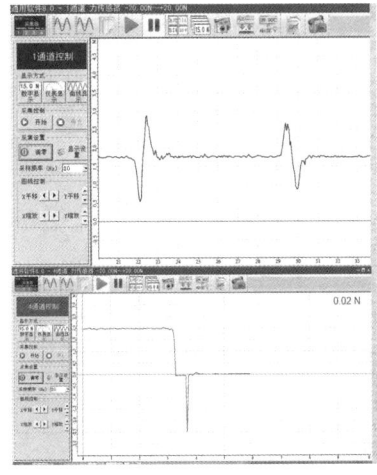
(c)无线传感器应用

图1-1-7 学生创造性的实验

单元重点学习活动设计，应关注课前、课中、课后的学习活动，适度拓宽了学习物理的时间与空间,可以延伸学习的广度,为缓解物理学科"课时紧"与"内容多"之间的矛盾提供了思路,同时响应了国家对教育改革的指导意见,努力用启发式、互动式、探究式、体验式教学方式落实核心素养的培育。

单元重点活动就像是一个一个零星的力的作用,单元重点活动设计就像在这一个一个零星的力作用的时间累积效应下引起的动量变化;而单元教学设计就可类比力的空间积累效应,对应动能的变化。单元重点活动设计与单元教学设计,就像力学的两条主线,齐头并进,推动物理教师在提升学生核心素养的路上不断前进。

图 1-1-8　哔哩哔哩学校页面

············ 参 考 文 献 ············

[1] 徐新顺,白东升,彭成.基于单元学科大概念的中学物理教学实施路径——以人教版高中物理"运动的描述"单元为例[J].物理教师,2023,44(12):22-25.

[2] 杨鹏飞,李兰.中学物理单元教学中形成性评价的设计——以"机械振动"为例[J].物理教师,2023,44(11):12-16.

[3] 丁宁.基于核心素养导向的中学物理教学策略分析[J].智力,2023(20):119-122.

[4] 邵振浩.物理核心素养下高中物理实验教学策略研究[D].洛阳:洛阳师范学院,2023.DOI:10.27855/d.cnki.glysf.2023.000103.

第二节　指向深度学习的中学物理单元教学设计*

摘　要：深度学习倡导单元学习，单元教学设计可以通过对课程标准、教材、教学内容及学情进行分析，梳理出大概念或核心概念，在此基础上确定单元学习主题。根据单元学习主题，建立好学科核心素养与核心概念或内容之间的关系，依据课程标准、教材和学习内容，选择有利于养成学科核心素养的教学内容和情境素材，制订学习目标，选择学习内容，设计具有挑战性的学习活动，开展课堂教学，进行持续性评价，环环紧扣，使学科核心素养具体化、可培养、可干预、可评价。

本文以高中物理"直线运动的描述""牛顿运动定律"等单元教学设计为例，探讨了指向深度学习的中学物理单元设计方法，并提供了笔者设计的一些学习活动设计供参考。

关键词：单元教学设计；高中物理；学习活动设计；深度学习

深度学习是当前学习科学提出的重要概念。与深度学习相对应的是浅层学习。浅层学习，是指把知识作为孤立的事实来接受和记忆的学习，注重符号知识的传递、表层化记忆和机械式训练；学习浮于面上，学习者被动地、机械地、孤立地记忆教师所教授的知识，没有主动深层思考，没有真正理解知识，不会灵活应用知识。图1-2-1所示的学习金字塔中上面几种学习方法，两周后能记住的知识非常少。

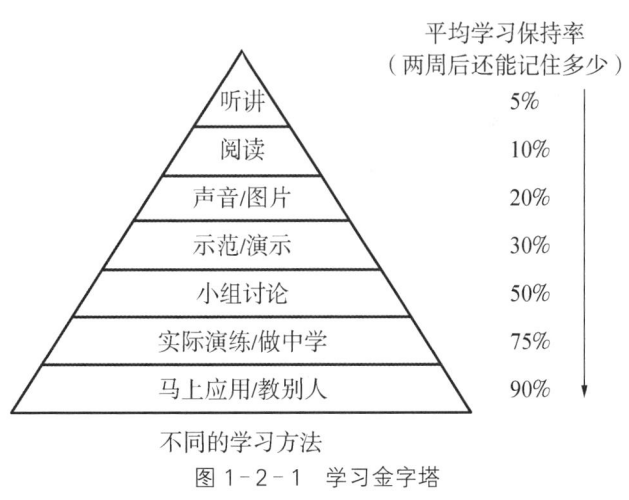

图1-2-1　学习金字塔

而深度学习是对学生的学习过程、学习结果的特征描述。从学习过程来说，深度学习强调批判地理解、内容的整合、知识的建构、问题的解决、能力的提高和思维的发展，是一种主动的、探究式的、有意义的学习过程。从学习结果来说，是指学生能深刻理解把握学习内容的核心与联系，能将学到的知识迁移与

---

* 作者于2019年9月向上海市黄浦区骨干教师进行专题讲座培训。

应用,实现知识的深层加工、深刻理解以及长久保持。图1-2-1中下面所示的几种学习方法,平均学习保持率非常高。

长期以来,我们的备课和教学过程侧重一节一节课,关注一堂课内学习内容的完整和质量,在这种模式下还要强化教学效果,久而久之课堂中变成以听讲为主,图片演示等为辅助点缀,学生的学习会更偏向浅层学习。

"单元教学设计"是为实施学科课程而以一个单元为整体进行的一种系统化、科学化的教学设计,凸显教学过程的整体性、递进性、关联性等。

学科教学中的"单元",一般是指"同一主题下相对独立且自成系统的内容整体",是一组相互关联、先后有序的教学内容组合,有相对的独立性;单元是基于学科核心素养,以相关主题与任务为线索串联起来的教学内容单位,有关内容的组成符合学科知识发展的逻辑顺序和学生的认知规律,有明显的结构化。

基于单元设计的教学有贯穿一个或多个单元的思维方法、学习活动等,将学习过程引导向深度学习,单元教学设计的教学改进活动更能够促进学生进行深度学习,对于思维的训练和能力的提升有明显的作用。

要将单元教学改进活动更好地指向"深度学习",应该从确定单元学习主题(中心任务)、确定单元学习目标(学习预期)、设计单元学习活动(学习过程)、设计持续性评价(持续反馈)等方面进行改进,同时进行教学实践探索(图1-2-2),本文重点讲述单元教学改进的前三个方面,评价方面的问题将在本书第三章讨论。

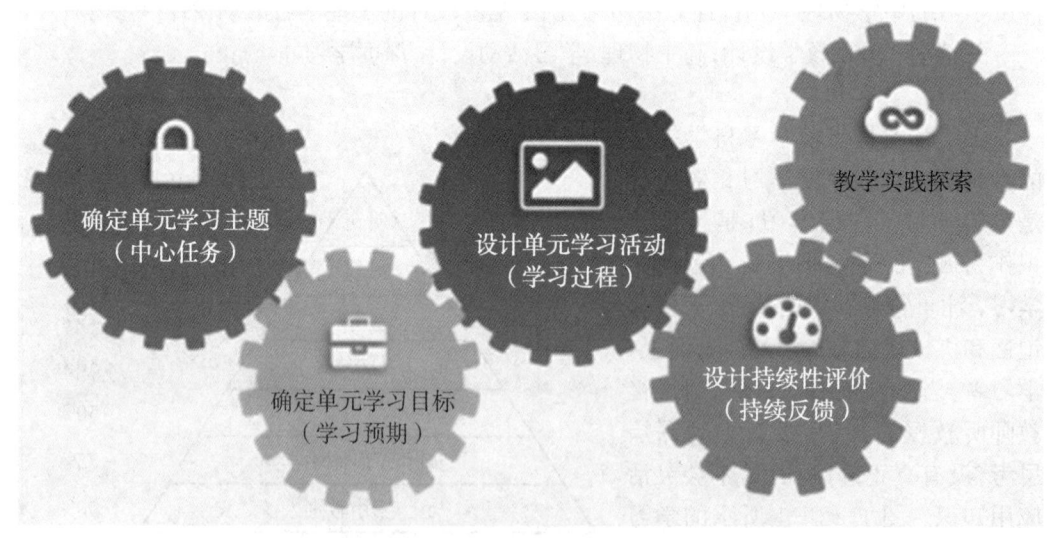

图1-2-2 单元教学改进活动

一、确定单元学习主题(中心任务)

确定单元学习主题的思路应该是:从学科核心素养和学科思想方法入手,进行单元整体规划,从核心教学内容开始,挖掘承载的学科核心素养,寻找情境素材,确立挑战性任务。

具体步骤是先分析某单元在教材中的整体地位,提炼该单元的核心思想、方法与技能,然后梳理本单元的主要学习过程,提炼单元学习的育人价值,最后分析学生的学习基础,有针对性地进行教学设计。

以高中物理第一章"运动的描述"为例：

【单元地位和作用】

（1）内容主旨

"运动的描述"在高中物理课程设置中属于高一年级的第一章，其无论在知识、技能还是物理学习方法上与初中物理学习要求有很大的不同，同时，这一章对整个高中阶段的学习都有示范和引领作用。

在本章的学习中，学生将会初次学到众多思想方法，如第一次学习建立物理模型，即质点模型；第一次建立矢量和标量的概念，如位移、路程、速度、加速度；第一次用比值法对物理量进行定义，出现了"变化率"的概念，如位置的变化率、速度的变化率；第一次运用无限逼近（极限）的思想方法，如瞬时速度的定义与测量；第一次较系统地感悟科学探究的一般方法，问题提出、假设、推理、实验等。这些思想方法的学习是之后学习牛顿运动定律、周期运动、机械能，乃至电磁运动的基础，运用数字化信息系统DIS和频闪照片测定位移、速度、加速度的实验技能，也是后续物理实验的基本技能。

从学方法上来讲，学生刚开始接触教材的"情景—探究—应用"形式，刚开始使用对话式的文本，如"助一臂""大家谈""问题与思考""拓展视野"等；刚开始应用DIS，了解器材并进行运动学参量的测量；刚开始进行自主科学探究，如"自主活动"栏目；习题的考查形式也与初中要求有很大的不同，开始学习用文字、关系式、图像描述简单的实际运动，需要进行规范化训练。这些学习方法、教材和资源利用方法、实验操作技能等，都是在本章教学中教师应落实的内容。教师应帮助学生尽快掌握学习方法，适应高中阶段的学习生活。

（2）学习过程

基于学生的大量生活经验、课堂演示实验与教师的讲授，学生知道研究物体运动时可以将其抽象为质点的条件，体会抓主要因素忽略次要因素的思想方法；通过观察频闪照片、坐标图，理解位置的变化。在学生理解位移的物理意义后进行实验探究。测量做直线运动物体位移的大小实验可分为两个学习过程：①了解和学习使用DIS。②进行实验操作，测量位移，体验和探究对物体所做匀速直线运动的描述方法。

基于图像和实验演示等讲授与讨论过程，体验用比值法定义物理量。通过解读平均速度与瞬时速度的区别与联系，理解无限逼近的极限思想在物理学中的作用。然后进行实验探究，了解光电门传感器的原理，学习使用光电门传感器测量运动物体速度的方法，讨论实验方案，设计实验步骤，体验实验中运用无限逼近思想方法的过程。

类比速度的定义方法，运用比值法探究描述物体运动速度变化的快慢，类比瞬时速度的物理意义，理解瞬时加速度与平均加速度的区别与联系，认识用匀速直线运动等效替代变速运动的方法，通过分析运动图像理解用图线描述物体运动规律的方法，通过DIS描绘 $v-t$ 图线，进而测量加速度大小，运用初中学过的向量加减法运算，分析和理解加速度方向的含义。

（3）育人价值

通过第一章的学习，学生将初步了解"平均"到"即时"的极限思想以及经典力学中基本物理量的连续思想，从 $s-t$ 图到 $v-t$ 图的解读方法以及朴素的时空观，并且有了初步的从"基本量"到"导出量"的物理量分类思想。

教师在教授本章时，充分利用学生熟悉的情景以及DIS实验、频闪照片等技术，通过学生自主合作的探究学习，感悟物理模型和物理概念的引进、物理规律的建立都来自实际，并不抽象，从而激发学生学习兴趣，使其消除畏难情绪，提高学习信心。通过运动学与我国交通的联系，感悟我国交通事业的发展，认识物理学与社会的联系。通过运用物理方法研究运动学问题，感悟科学思想和科学方法的作用及其生命力。

在学习过程中，学生将至少经历三个实验过程，通过交流讨论，探究位移传感器工作原理等过程，科学探究的素养将得到初步的提升，并且在处理实验数据和认识力学定律的过程中，学生将会形成正确的科学态度，初步认识到实验与理论学习的关系。

(4) 学习基础

经过初中物理的学习，学生已经初步掌握运动学的基本知识，知道物体运动快慢可以用速率来表示，知道匀速直线运动的定义。初中物理还学习了一些基本的测量方法和器材的使用，如刻度尺、测力计等。初中数学还学习了向量的概念，以及求向量和与差的方法。本章将对如何描述物体的运动进行剖析，学生通过学习这一章内容可以掌握建立质点模型的方法，理解比值法定义的速度、加速度，理解矢量的方向性，学习运用DIS进行测量的基本技能，将来能够处理较复杂的运动学问题，会分析频闪照片，会应用图像分析物体运动规律。这些都是后续章节的学习基础。

二、确定单元学习目标（学习预期）

确定单元学习目标的基本思路应该是：先明确核心知识，构建知识结构框架，然后挖掘知识承载的学科核心素养，再去寻找承载核心知识的实际问题或者任务，最后调研学情、学生需求，确定单元学习主题（图1-2-3）。

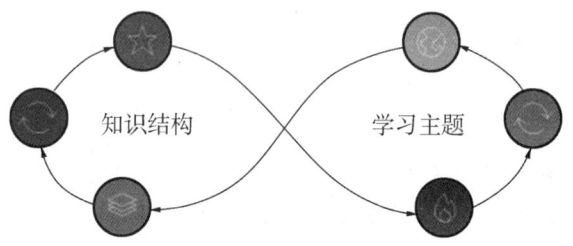

图1-2-3 知识结构与学习主题

以高中物理第一章"运动的描述"为例（图1-2-4）：

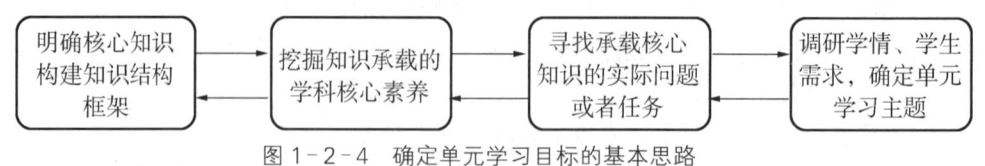

图1-2-4 确定单元学习目标的基本思路

【单元教材教法分析】

(1) 教学要求

1.1 理解质点，理解质点是一种理想化的物理模型。

1.2 理解位移，理解位移与路程的区别。

1.3 理解平均速度和瞬时速度，知道它们的区别与联系。

1.4 理解加速度。

1.5 知道数字化信息系统(DIS)，会用DIS测量运动物体的位移、平均速度和瞬时速度。

1.6 会用DIS测定做匀加速直线运动物体的加速度。

(2) 单元知识结构

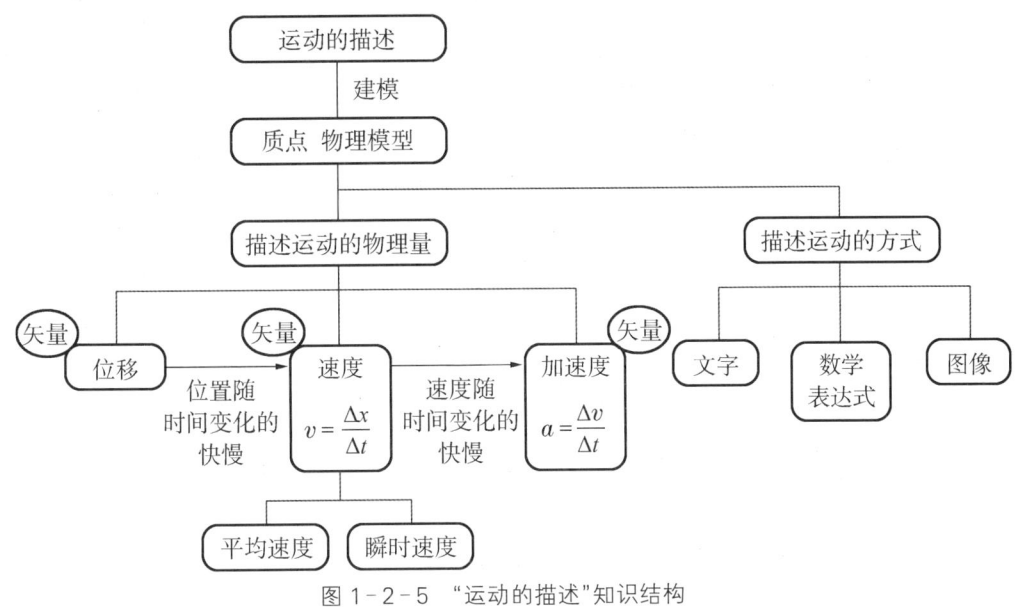

图 1-2-5 "运动的描述"知识结构

【单元教学目标设计】

表 1-2-1 单元教学目标设计

编号	内容	学习水平	
		合格考水平	等级考水平
1.1.1.1	理解质点,理解质点是一种理想化的物理模型	2	2
1.1.1.2	理解将实际物体抽象为质点的条件	2	2
1.1.2.1	理解位移,理解位移与路程的区别	2	2
1.1.2.2	理解位移的矢量性,理解描述位移的方法	2	2
1.1.3.1	了解数字化信息系统 DIS	1	2
1.1.3.2	会用 DIS 测量运动物体的位移	2	2
1.1.4.1	知道变速直线运动	1	2
1.1.4.2	理解平均速度和瞬时速度,知道它们的区别与联系	2	2
1.1.5.1	会用 DIS 测量运动物体的瞬时速度	2	2
1.1.6.1	理解加速度的概念	2	2
1.1.6.2	理解加速度方向是速度变化的方向,会用矢量减法确定加速度的方向	2	3
1.1.7.1	会用 DIS 测量运动物体的瞬时速度	2	2

学习流程：

图1-2-6 "运动的描述"学习流程

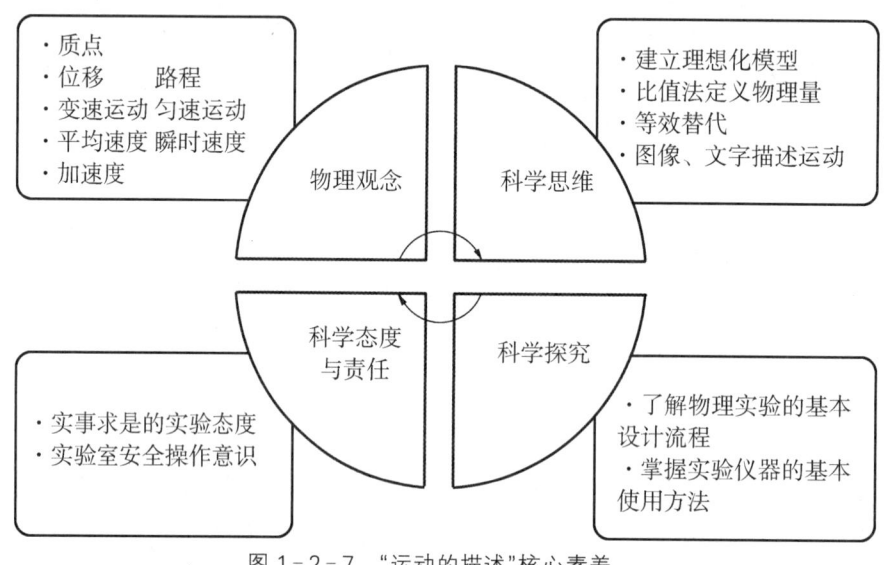

图1-2-7 "运动的描述"核心素养

三、设计单元学习活动（学习过程，具有挑战性的任务）

设计单元学习活动的思路是：基于单元核心知识，融合学科核心素养和学科思想方法，设计能激发学生参与度的教学活动，设计贯穿整章的具有挑战性的任务，也就是长、短任务结合（图1-2-8）。

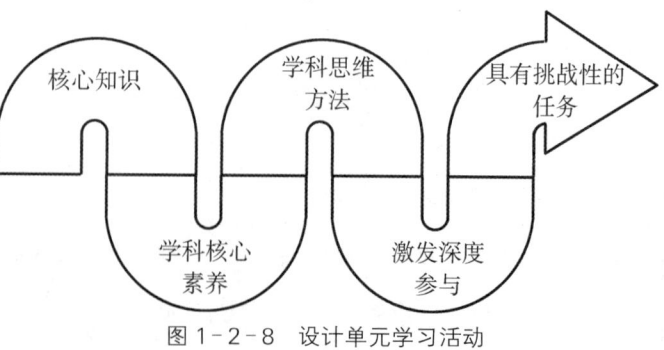

图1-2-8 设计单元学习活动

教学中的真实案例，高一第一课时中的知识点：参照物。教师上课经常会举例："如果你不小心迷路了，要叫你的家人来接你，你怎么描述你在哪里？"那自然就提到了找一个标志性的参照物，描述我在参照物的什么方位。可是实际上课的对话是这样的："老师，我可以手机上发个定位给我爸妈啊。"老师："那如果你的手机没有定位功能呢？如果你的手机没电呢？""手机怎么会没有定位功能，没电了我可以借别人的啊！""那我们假设……"事实上，经过单元整体分析会发现,在这节课的科学知识应用方面,就有北斗和 GPS 导航系统工作原理的学习任务,这本来就是应该学习的知识。所以我们现在这堂物理课已经变成"如果你迷路了怎么办?发个定位给家长来接你,那有没有思考过,手机怎么知道你在哪里?通过卫星通信是怎么确定你的位置的?"实际上大多数手机不需要卫星信号也可以定位(手机定位优先以周围通信基站为参照物,多数情况下已经可以描述位置,还可辅以所连接的 Wi-Fi 位置描述),本单元我们的任务之一就是通过查阅资料和实验,研究手机的定位方法,可以设计一些实验来证明在无卫星定位信息的时候,只要有蜂窝网络通信或者 Wi-Fi 通信,手机也可以定位。这些任务完成以后,学生自然掌握了参照物和位置的描述方法,同时达成了多项核心素养的培养目标。

表 1-2-2 "参照物、位置"课堂对话

曾 经		现 在	
如果迷路了怎么办?	发定位啊!	如果迷路了怎么办?	发定位啊!
发不了定位怎么办?	有手机怎么会发不了?	手机怎么知道你的位置?	用 GPS 全球卫星定位系统
手机没有定位功能怎么办?	手机怎么会没有定位功能?	卫星怎么会知道你在哪里?	地球表面根据经纬度建立了坐标系,有参照物了
没有手机怎么办?	怎么会没有手机?就算没有可以向他人借用啊!	GPS 系统和手机配合,如何来描述你的位置的?	双方手机上有同一张地图,有同一个参照系
假设我们在一个没有手机没有他人的地方迷路了,你怎么办?	好的,老师,您开心就好!	手机定位真的都是靠 GPS 吗?作为问题课后继续研究	主要通过多个基站位置以及多个 Wi-Fi 源位置进行定位

本单元的另一个活动设计是运用 Video Physics 软件研究小车的运动规律。通过运用软件神奇地测出小车运动规律,学习频闪照片的实验原理。实验中发现该软件对物体运动速度要求很高,不能太快,因此根据原理提出新的替代方案,提取视频关键帧进行分析。学生朱彦达高一寒假时在这些活动的启发下进行了一项研究——"基于手机视频的车辆瞬时速率测量"获得全国数理化竞赛一等奖,这项研究大大降低了测量车辆速度的成本,未来在大学里配合信息技术,有可能孵化成新的实用产品(图 1-2-9)。

 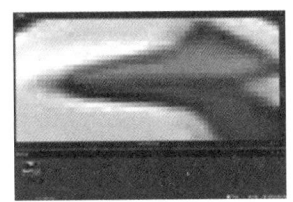

与汽车速度表对比,车速在60 km/h以下时误差不超过2 km/h

图 1-2-9 基于手机视频的车辆瞬时速率测量

可见,单元整体设计的研究给我们以课时为单位的传统备课活动带来更高层次的视角,也为教学研究活动给出了方向性的指示。基于核心素养设计单元学习活动,有机整合单元知识结构与单元主题活动,设计恰当的具有挑战性的任务,是本人较长一段时间研究的主要方向。

以高中物理必修第一册第三章"牛顿运动定律"为例:

【单元学生活动设计】

(1) 活动目标结构

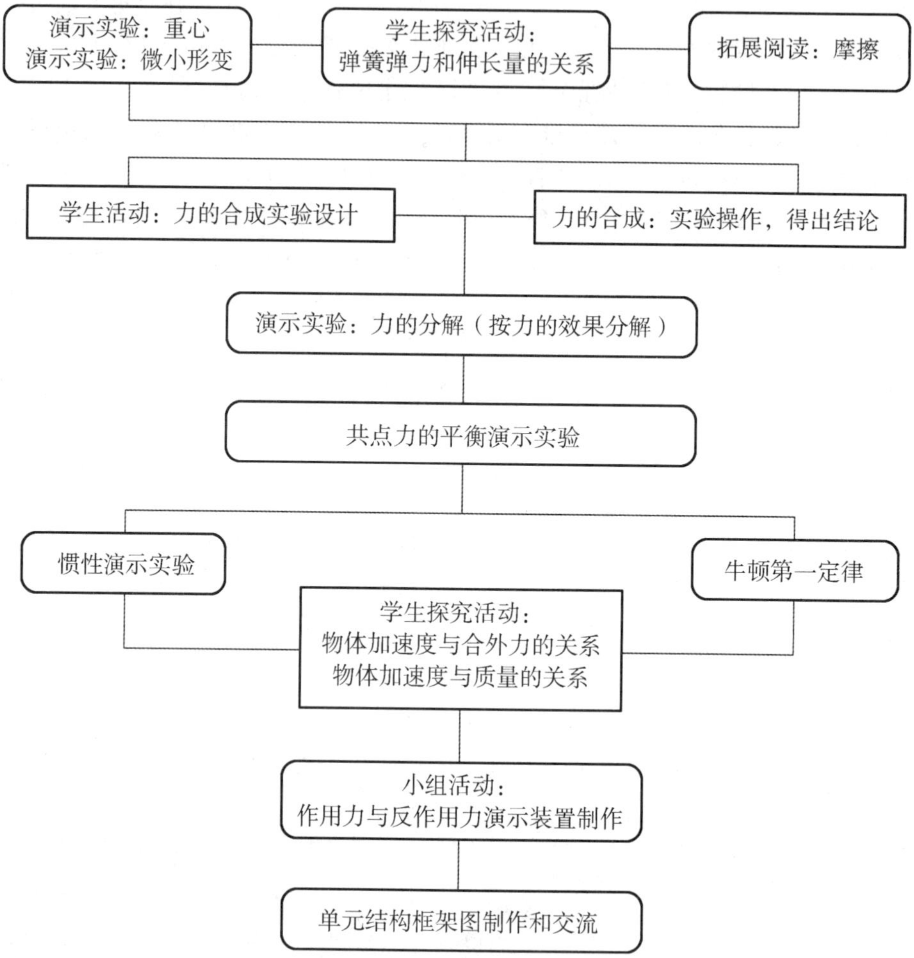

图 1-2-10 "牛顿运动定律"学生活动目标结构

(2) 活动流程

先通过教师演示实验来说明重心、微小形变、摩擦力的判定等生活中常见力的特点,让学生回顾已有知识的同时学习新的知识,了解力的分类方法。第二课时初,研究力的合成,通过教师引导和学生的实验方案设计,小组间对比交流,明确实验方案。通过实验方案的制订过程,让实验原理变得清晰,使每个实验步骤的目的得到明确。学生进行实验操作,记录实验数据并通过力的图示法进行数据处理。在此过程中,根据学生水平的差异,可以将实验设定为探究性实验或者验证性实验。对于数据处理的结果进行合理的评估,得到共点力的合成规律。再通过 DIS 教师演示实验,得到力的分解规律以及将力按照作用效果分解这一解决力学问题常用的方法。通过课外活动"帆船逆风而行"和"四个鸡蛋撑起一个人",让学生开展课外的实践研究来体会力的分解的应用。之后将力的合成与分解应用于研究共点力平衡时物体的受力情况,并通过平行四边形定则和正交分解法来研究特定的物理情景,加深对共点力平衡条件的理解。

（3）活动内容（以演示实验：重心为例）

实验内容：

在三角形纸板上贴上画有同心圆的纸，使纸板重心与圆心重合，然后往空中扔纸板。让学生观察纸板以重心为中心旋转的情况。再用各种形状的纸板，找到重心，装上类似轴的东西，使纸板能像陀螺一样旋转。用此现象告诉学生，并不一定只有像陀螺一样圆形的东西才可以旋转。

所需材料：

各种形状的硬纸板，纸张，画有同心圆的纸，蝶形螺栓，袋形螺母，牙签，改锥，剪子。

实验方法和要点：

① 准备几张画有同心圆的纸。

② 把纸板剪成三角形的形状，用数学方法求出三角形重心的位置。

③ 用圆珠笔顶着求出的重心位置，确认是否平衡（按说应该用笔尖顶着，但实际操作有难度，所以可以用笔的大头来顶，这样多少会有些误差，但同样可以确认是否平衡）。

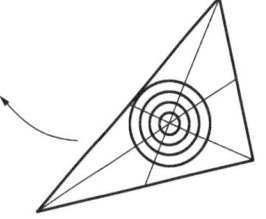

图 1-2-11　三角形的重心

④ 将纸板的重心与同心圆的圆心重合对准，然后用胶带粘在一起，如图 1-2-11 所示。

⑤ 将纸板抛向空中，不管你用什么方法向上抛，纸板都以重心为中心做旋转运动。

⑥ 让重心与圆心偏离，再粘在一起然后抛出，就会看到除了重心以外，其他的点都不会成为纸板旋转的中心。

然后，穿过重心安装转轴，便可以为学生演示它能成为陀螺的实验。

⑦ 在重心的位置开个孔，在纸板两侧分别用蝶形螺栓和袋形螺母固定。注意要让袋形螺母在下边，从上边抓住蝶形螺栓来转动拧紧。这时可以问学生："这个能够变成陀螺吗？"因为刚才看到了三角形纸板的实验，所以大多数学生恐怕都会回答可以成为陀螺。但是，也有相当数量的学生对"不是圆形的东西也能变为陀螺"存有疑问。通过实验，学生会看到其充分旋转的样子，所以，不用说那些有疑问的学生，就连回答是的学生也感到很惊讶。

⑧ 求出其他图形的纸板重心，做成陀螺试试看，几乎都能很好地旋转。让学生看了多次实验后，学生也想亲自动手试试看。

可让学生做小一些的陀螺。用稍厚的纸做成 10 cm×10 cm 大小即可。用改锥在纸上开孔，将孔开成牙签粗细大小。

在智力测试类书籍中经常会看到根据实验求重心的问题，很多学生都感到很棘手，其实，我们只要把它当作制作陀螺的问题，学生就会很积极地计算求证。计算正确与否，通过旋转陀螺即可清楚地判明。这样，计算变成了一种乐趣，学生自然就有了学习的欲望，一个个跃跃欲试。

延伸：

我们还可以把小型的纸板陀螺放在手指上，看它在水平方向的转动情况。

说明：

所有的运动都能够分解为重心的移动和以重心为中心的旋转运动。因此，通过对这两种运动的理解，我们就能以自然界的多种现象来理解牛顿力学。

贯穿多个单元的长任务让物理知识的学习变得有血有肉，而且相关学习素材在生活中随处可见,学生可以越过物理量符号层面深入挖掘知识的内在意义,在研究中学习。教师要引导学生深入分析和思考,使学习成为一个探寻意义、获得新知的过程。教材中前后章节中相关内容的呼应,能帮助学生更好地理解和体验物理核心知识和思想方法,也更能体会科学知识的无穷魅力。

贯穿多个单元的长任务示例:汽车运动问题(长期活动议题)。

汽车中的物理知识就是一个很好的物理学科长期活动议题(图1-2-12),该议题分阶段进行,高一阶段可以进行如下子议题的研究:学运动学章节时研究目的地描述、仪表数据、交通拥堵信息、GPS原理、测速原理等;学牛顿定律章节时研究启动、制动、超速超载的危害性、相关交通法规制定依据、气囊等各种安全装置的触发工作原理等;高二阶段可以研究电磁学方面的议题,如汽车电瓶作用、发动机点火与电瓶充电、电动汽车超大功率电机、车载电路与功率匹配原理、ABS防抱死系统、KERS动力回收系统等。一辆汽车上有16 000多项专利技术,几乎每一项技术都是工程师们的天才创意,大多数都可以成为中学物理学习的研究活动素材。研究这些学问既能激发学生的学习兴趣,又能让学生领略科学技术魅力的同时学好物理知识,将物理学习从"滑块""小球"的世界中解放出来。

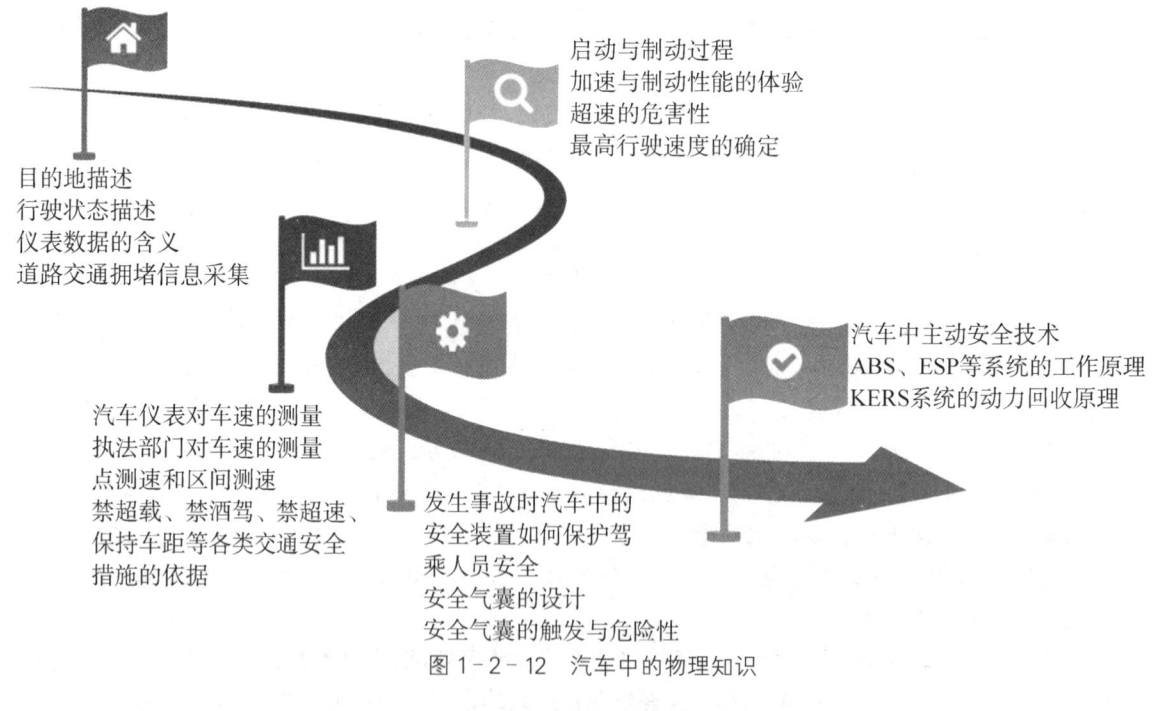

图1-2-12 汽车中的物理知识

表1-2-3 汽车中的物理知识

学习任务	适用单元与学段
目的地描述 行驶状态描述 仪表数据的含义 道路交通拥堵信息采集	第一单元 直线运动 高一年级第一学期

(续表)

学习任务	适用单元与学段
启动与制动过程 加速与制动性能的体现 超速的危害性 最高行驶速度的确定	第三单元　牛顿运动定律　高一年级第一学期
汽车仪表对车速的测量 执法部门对车速的测量 点测速和区间测速 禁超载、禁酒驾、禁超速、 保持车距等各类交通安全措施的依据	第四单元　周期运动　高一年级第二学期 第五单元　功和能　高一年级第二学期
发生事故时汽车中的安全装置如何保护驾乘人员安全 安全气囊的设计 安全气囊的触发与危险性	第三单元　牛顿运动定律　高一年级第一学期 第五单元　功和能　高一年级第二学期
汽车中的主动安全技术 ABS、ESP等系统的工作原理 KERS系统的动力回收原理	第八单元　磁场　高二年级第一学期 第九单元　电磁感应　高二年级第二学期

深度学习正成为中学物理教学改革的目标，单元教学改进是改革正在实施的策略，指向深度学习的单元教学改进是将改革的两大要素进行融合，必将带来教育质量和学习效果的提升。

参 考 文 献

[1] 吴志明.促进深度学习的问题驱动教学研究——以"光的直线传播"为例[J].中学物理教学参考,2017,46(23):4-6.
[2] 方红德.指向核心素养的深度学习在单元复习课中的实施策略——以粤教版《圆周运动》单元复习课为例[J].中学物理,2017,35(23):6-8.
[3] 伍远岳.评价学生知识获得的标准[J].中国教育学刊,2013(2):64-67.
[4] 姚林群,郭元祥.新课程三维目标与深度教学——兼谈学生情感态度与价值观的培养[J].课程·教材·教法,2011,31(05):12-17.
[5] 刘新选.高中物理翻转课堂试微——以"超重和失重"教学为例[J].物理教学,2015,37(01):40-43.

教学设计示例1：探究影响向心力大小的因素*

一、教学任务分析

本设计依据的教材是上海市《高级中学课本物理拓展型课程(试用本)》高一年级第一学

---

* 本课例获得2019年中国教育部"一师一优课"评选"部级优课"。

期"第三章 匀速圆周运动 A 向心加速度 向心力"。本章由基础型课程关于圆周运动的运动学知识拓展到动力学知识，建立向心力、向心加速度概念，深入理解物体做圆周运动的原因，加深对力和运动变化关系的理解，巩固复习之前学习的牛顿运动定律，也为后续学习振动、功和能的知识奠定基础。这节课是本单元拓展型课程的第一课时，在理解圆周运动规律的基础上通过实验、分析、推理等过程，进一步理解向心力、向心加速度的概念，是本单元学习的核心内容。

物体做圆周运动需要的向心力以及向心力的方向、作用、来源等相关知识在基础型课程中已经学习过。本课在此基础上将重点放在用实验探究"向心力与哪些因素有关"的问题上，得到向心力的计算公式，将为学生进一步完善动力学知识，形成完整的运动和相互作用观念打下坚实的基础。

本设计的教学对象是上海市实验性示范性高中选学物理的学生，通过之前的学习，学生已经了解向心力的概念，知道描述圆周运动的各个物理量及其关系，并经历了多次小组成员协作、讨论、交流的学习过程，具备了处理问题的一般思路方法：提出问题—分析问题—解决问题。但由于走班教学，学生来自不同班级，合作学习方面没有高一时那么积极、和谐，DIS实验基础也稍显薄弱，所以，本课通过实验设计，引导学生进行分析、思考，巩固实验探究能力。

本设计通过一个实验现象提出问题"向心力大小与哪些因素有关"，引导学生根据目标分步骤去解决这个复杂问题，通过运用控制变量法，借助DIS向心力实验仪进行研究。在探究过程中，如何控制变量、如何处理图像数据得到实验结论是本节课的难点。本设计采用的方法是先根据视频内容进行大胆猜测，然后介绍器材的结构原理，结合上述猜测内容讨论设计最便捷高效的实验方案，最后由学生自主完成实验操作、数据处理与图像分析。在此过程中，学生将经历完整的科学探究过程，逐步培养发现问题、提出问题、分析问题、解决问题的能力。同时，学生在"做、想、讲"三个方面进行了体验，丰富了学习经历。本节课的重点放在科学探究过程的实践、科学方法的运用和相关知识的应用上，对改变学生学习方式来说具有重要意义。

本课例还运用信息技术，通过网络平台推送预习视频并进行问题投票，落实了课前预习与反馈的学习环节，反馈信息成为课堂教学设计的重要依据，进行了翻转课堂的尝试。

二、教学目标

物理观念 理解向心力大小与哪些因素有关，初步学会使用探究"向心力与哪些因素有关"的实验仪器、实验方法及数据处理和分析的方法，学会用向心力公式处理一些实际问题，进一步形成运动和相互作用观念。

科学思维 感受分析、比较、归纳、控制变量等科学方法，感受物理规律的实际应用。

科学探究 通过实验，经历完整的科学探究过程；感受控制变量的方法；在小组同学代表交流实验过程及实验结论的过程中，运用交流与倾听的学习方法。

科学态度与责任 通过观察、实验等探究过程，激发好奇心和求知欲，养成乐于研究事物的习惯，在实验探究的过程中，体验交流、合作的团队精神。

三、教学重点与难点

教学重点：用DIS向心力实验仪探究向心力公式。

教学难点：实验过程中控制变量法的应用和对图像数据的分析。

四、教学资源

DIS向心力演示仪，英知网在线学习平台等。

五、教学设计思路

本课的教学设计是首先利用网络平台推送一个实验现象视频,并提出一些问题落实预习环节,通过网络预习的结果统计引出问题"向心力的大小与哪些因素有关?"然后根据 DIS 器材的特点分析、讨论,确定验证向心力公式的实验设计;接下来体验向心力与多个物理量关系的实验,收集数据并进行数据处理,感受控制变量法的实际过程;最后进行知识运用与课堂小结。

本设计要突出的重点是:向心力公式的探究,实验方案的设计。为突出重点,本设计在提出问题后,经过分析、推理,让学生体验、交流、讨论后说出自己的意见,设计出合理的方案,之后才进入核心环节进行动手实验。通过这样的设计,试图激发学生的探究意识,逐步培养学生的探究能力,形成良好的科学素养。

本设计要突破的难点是:学生实验过程中控制变量法的应用和对图像数据的分析和处理,采用的是先教师示范,引导学生分步骤解决复杂问题,然后由学生合作共同完成图像的分析,进而得到实验结论。

六、教学流程

1. 教学流程图(图 1-2-13)

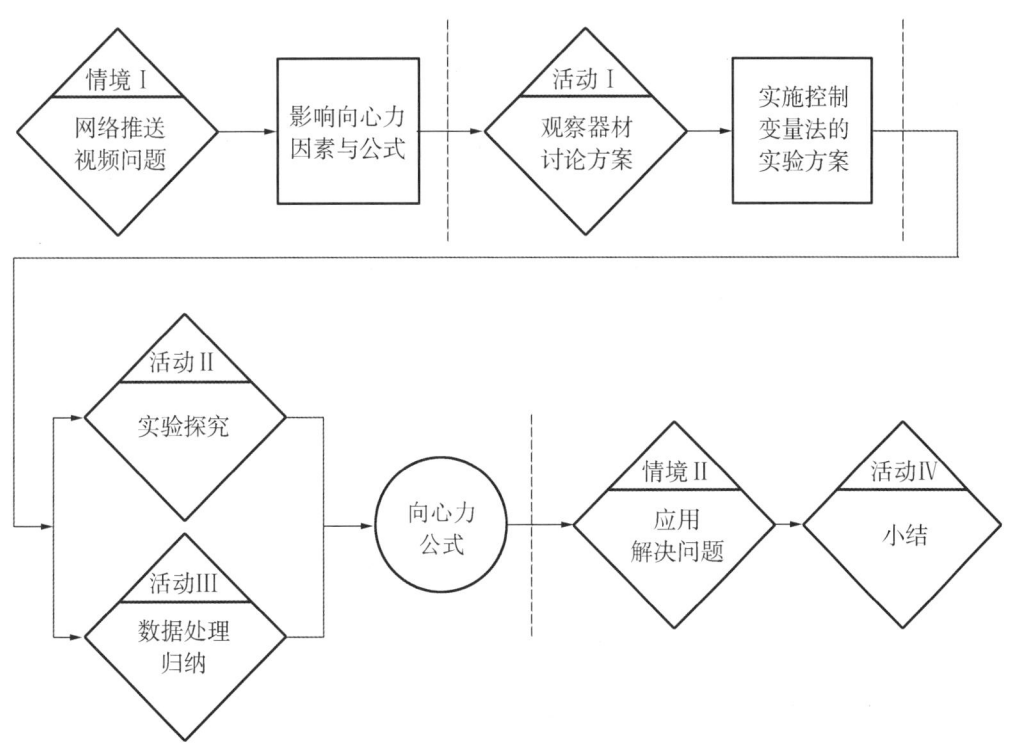

图 1-2-13 "探究影响向心力大小的因素"教学流程图

2. 教学流程图说明

情境Ⅰ 预习反馈

利用网络平台推送一个实验现象视频,并提出一些问题落实预习环节,通过网络预习的结果统计引出问题:向心力的大小与哪些因素有关?

活动Ⅰ　观察、分析、讨论

根据DIS器材的特点分析、讨论,确定控制变量法的实施方案,完成验证向心力公式的实验设计。

活动Ⅱ　学生实验探究

分组实验,用控制变量法探究向心力F与质量m、角速度ω、圆周运动半径r的关系。

活动Ⅲ　学生数据处理、交流

利用软件分析数据图像,各组交流数据与实验结论,合作完成验证向心力公式的任务。

备注:此活动是为了落实教学目标(初步学会使用探究"向心力与哪些因素有关"的实验仪器、实验方法和数据处理及分析的方法)而设计,同时给予学生交流实验过程及实验结论的机会,培养学生交流与倾听的学习能力。

情境Ⅱ　应用

知识运用,进行简单的计算,并解释实验视频中的现象。

活动Ⅳ　小结

总结思维方法、实验与数据处理过程,提升能力。

3. 教学主要环节

本设计主要可分为四个主要的教学环节。

第一环节:网络平台推送预习,反馈预习情况并提出问题;

第二环节:根据DIS器材的特点分析、讨论,确定验证向心力公式的实验设计;

第三环节:体验向心力与多个物理量关系的实验和数据处理,感受控制变量法的实际过程;

第四环节:知识运用,进行简单的计算,并解释实验视频中的现象。

4. 板书设计

> 一、向心力公式
> 二、控制变量法
> 三、数据处理
> 四、小结

5. 作业布置

完成实验报告课后思考题,观看在线课堂视频并完成习题。

教学设计示例2:"嫦娥"探月——揭秘"月球快递"的背后*

上海市大同中学　李樑(物理)　徐希来(数学)

一、学科单元分析

本设计依据的教材是上海市《高级中学课本物理高中二年级第二学期(试用本)》"第十三章　宇宙　A　万有引力定律",标准是《普通高中物理课程标准(2017年版2020年修订)》。物体做圆周运动的规律及相关知识、万有引力定律在前期课程中学生已经学习过。本课在

---

* 本课例作为新颖原创的物理、数学跨学科融合课例,在2020年12月22日上海市课程领导力项目研讨活动中,作为"机制建设"项目组展示课,向来自全市的教育专家展示,得到专家的广泛好评。

此基础上结合时事热点,从相互作用与运动、能量守恒等角度,探究"嫦娥"五号从月球返回地球的问题,增强学生分析和解决问题的能力。

作为数学核心素养之一的数学建模搭建了数学与客观世界联系的桥梁。在《普通高中数学课程标准(2017年版2020年修订)》中设置的必修课程、选择性必修课程均包含数学建模活动与数学探究活动模块。数学建模既是应用数学解决实际问题的基本手段,也是推动数学发展的动力。数学与天体力学相互交织促进天文学发展就是一个经典的例子,而且至今仍然迸发着活力。选择天体物理问题为学生创设一个数学建模的活动载体。

本设计的教学对象是上海市实验性示范性高中选学物理的高三学生。通过之前的学习,学生已经了解本课涉及的大部分知识,并经历了多次小组相互协作、相互讨论、相互交流的学习过程,具备了处理问题的一般思路方法:提出问题—分析问题—解决问题。但从未在课堂中进行跨学科、项目式问题探究,物理和数学知识之间关联分析的经历较少。本课通过热点问题分析,引导学生进行跨学科分析、思考问题,提升探究能力。

单元目标:本设计通过了解"嫦娥"五号从月面起飞返回地球的过程,提出问题"为什么要绕月飞行?""如何进行变轨?"引导学生根据目标分步骤去解决这个复杂问题,通过运用相互作用、牛顿运动定律、能量守恒定律进行分析。本节课的重点是计算卫星的环绕速度,知道第二宇宙速度,难点是对第二宇宙速度的理解。本设计通过综合物理、数学知识,运用牛顿定律进行分段计算累加,对比运用能量守恒分析来理解第二宇宙速度的含义,培养学生发现问题、提出问题、分析问题、解决问题的能力。数学课程标准中的A、B、E类选修课程均包含有微积分的内容,微元、分段累加的方法能帮助学生深刻领会微积分的思想。在此过程中,学生将了解人类对宇宙天体的探索过程,认识科学定律对探索未知世界的作用,通过关注物理学定律、数学知识与航天技术等现代科技的联系,感受相关专业的研究方向与意义,进而对生涯发展方向有进一步思考。

二、教学目标

物理观念 知道万有引力定律,认识万有引力定律的重要意义;会计算卫星的环绕速度,知道第二宇宙速度,形成初步的能量观念;初步学习数学物理方法,体验发现并提出问题,抽象假设,构建模型,确定参数求解,检验并改进的数学建模活动。

科学思维 感受分析、比较、归纳、类比等科学方法,体会守恒的思想,领悟从守恒的角度分析问题的方法,感受物理规律的实际应用。

科学探究 经历用万有引力定律分析简单的天体运动的过程,在小组同学研讨的过程中,运用交流与倾听的学习方法。

科学态度与责任 通过对航天器运动规律的探究,了解人类对宇宙天体的探索过程,关注物理学定律与航天技术等现代科技的联系,认识物理规律的普适性,认识科学定律对人类探索未知世界的作用。

三、教学重点与难点

教学重点:会计算卫星的环绕速度,知道第二宇宙速度。极限思想以及曲线方程的应用。

教学难点:探究第二宇宙速度的在探月工程中的作用。数学理论知识的建模应用。

四、教学资源

网络教学平台,视频、演示文稿、图片等。

五、教学设计思路

本课的教学设计是首先利用网络平台推送"嫦娥"五号探月的相关资料,并提出一些问题落实预习环节,通过网络预习的结果统计引出问题"为什么要绕月飞行?""如何进行变轨?"然后将问题分类进行分组分析、讨论,确定环绕速度的计算方法,知道第二宇宙速度的含义;最后进行知识运用与课堂小结。

本设计要突出的重点是:会计算卫星的环绕速度,知道第二宇宙速度。为突出重点,本设计在提出问题后,让学生经过分析、推理,交流、讨论后说出自己的意见,并根据数据拟定合理的方案。通过这样的设计,激发探究意识,逐步培养学生的探究能力,形成良好的科学素养。

本设计要突破的难点是探究第二宇宙速度在探月工程中的作用,采用的是从数学和物理角度跨学科分析同一个问题,通过对比和类推,理解第二宇宙速度的含义。

六、教学流程

1. 教学流程图(图 1-2-14)

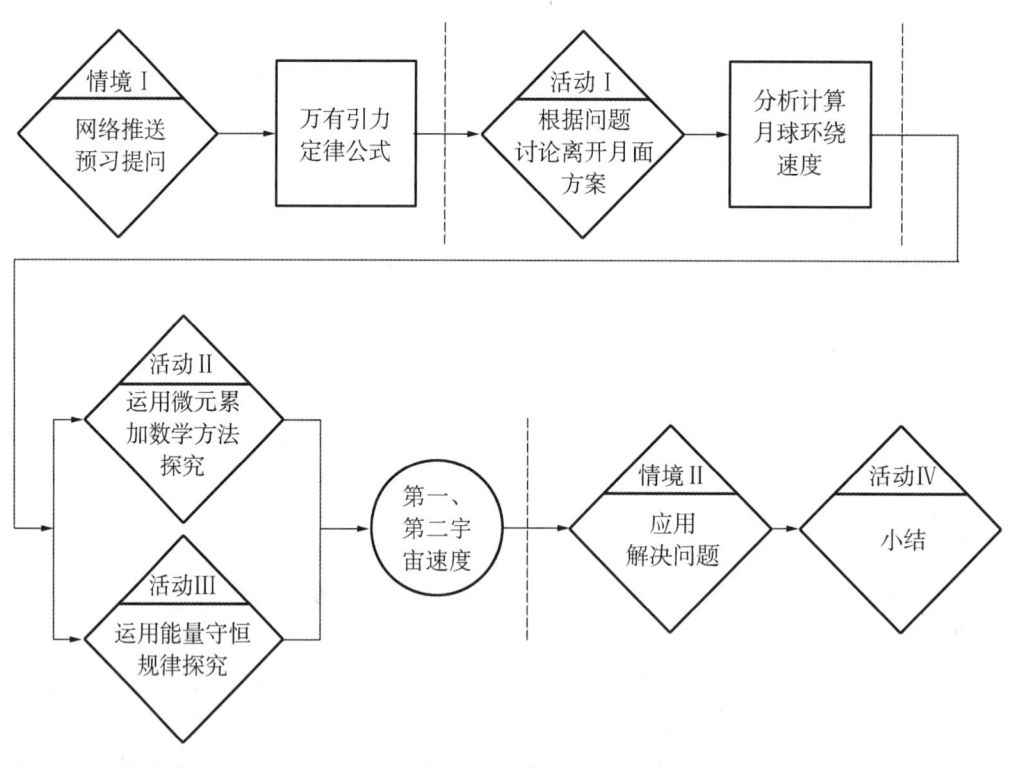

图 1-2-14 "'嫦娥'探月——揭秘'月球快递'的背后"教学流程图

2. 教学流程图说明

情境Ⅰ 预习反馈

利用网络平台推送"嫦娥"五号探月相关资料,并提出一些问题落实预习环节,通过网络预习的结果统计引出问题:"为什么要绕月飞行?""如何进行变轨?"

活动Ⅰ 观察、分析、讨论

提出"嫦娥"五号离开月面的方案,进行推理与计算,确定月球环绕速度。

活动Ⅱ 学生数据处理,分组探究

分组分析探究,通过微元累加的方法,推出月球逃逸速度。

活动Ⅲ　学生分组探究

分组分析探究,通过能量守恒的思路,推出月球逃逸速度。

备注:此活动是为了进行跨学科综合应用数学、物理知识而设计,同时给予学生交流讨论的机会,培养学生交流与倾听和学习他人想法的能力。

情境Ⅱ　应用

知识运用,进行简单的计算,并分析"嫦娥"五号返回地球环绕轨道的方法。

活动Ⅳ　小结

总结思维方法、数学物理问题的处理过程,提升能力。

3. 教学主要环节

本设计主要可分为四个主要的教学环节。

第一环节:网络平台推送预习,反馈预习情况并提出问题;

第二环节:提出"嫦娥"五号离开月面的方案,进行推理与计算,确定月球环绕速度;

第三环节:提出"嫦娥"五号脱离月球引力束缚的方案,进行推理与计算,确定月球逃逸速度,类比理解地球第一、第二宇宙速度;

第四环节:知识运用,进行简单的计算,并解释"嫦娥"五号返回地球环绕轨道的方法。

4. 板书设计

> 一、万有引力公式
> 二、问题提出
> 三、月球与地球的环绕速度、逃逸速度
> 四、小结

5. 作业布置

完成课堂学案思考题。

教学设计示例3:超重与失重*

一、教学任务分析

牛顿运动定律是经典力学的基础,对解决力学问题有特别重要的作用,它揭示了物体运动和受力之间的关系,是自然界中反映物体机械运动的普遍规律之一,所以它也是整个机械运动部分的重点。超重与失重是牛顿第二定律的一个应用。

本节课的授课对象是上海市大同中学高一年级学生,学生在前一个单元已经掌握了受力分析的基本技能,本单元中已经学习了牛顿第一定律和第二定律,对力和运动的关系有一定的分析能力,已经历"运用DIS探究加速度与力、加速度与质量的关系"实验探究过程,对DIS系统的使用有一定经验。本节课是高中物理拓展型课程之一,运用了实验和理论探究的方法,让学生自己经历分析、归纳、讨论等过程得出结论,激发学生的学习兴趣,生成透过现象看本质的物理意识。通过本节课的学习,让学生体会如何利用牛顿第二定律来解决实

---

* 笔者作为上海市物理教师代表,在2019年12月第六届全国基础教育课程教学改革研讨会暨深度学习教学改进项目成果交流会中执教本课例,引起广泛讨论并获得好评。

际问题,真正理解超重、失重的条件与本质所在,这是本节课教学所要达到的目的。

二、教学目标

物理观念　理解超重与失重现象;会分析超重和失重现象的成因;掌握牛顿第二定律,形成运动与相互作用的观念。

科学思维　通过观看视频、DIS实验、学生活动,对超重失重现象定性观察,感受测量、分析的方法。

科学探究　通过归纳物体发生超重与失重现象时的受力情况,感受分析、比较、归纳等科学方法,感受物理规律在实际生活中的应用。

科学态度与责任　通过观看录像、开展有关超重与失重的实验探究,激发学生的好奇心和求知欲,养成乐于研究周围事物的习惯。

三、教学重点与难点

教学重点:理解超重与失重现象。

教学难点:运用牛顿第二定律联系实际分析超重与失重现象。

四、教学资源

1. 多媒体:PPT课件、视频录像。

2. 互联网授课平台:www.enrichist.com 英知教育网。

3. 实验器材:钩码、DIS实验器材[力传感器、力传感器(无线)、加速度传感器(无线)、数据采集器、计算机]等。

五、教学设计思路

本设计的基本思路是:以情景和实例为基础,通过观察录像、演示实验,感受超重与失重现象,用牛顿运动定律解释产生超重和失重现象的原因。

以典型示例为切入点,通过在线平台进行预习,提出问题,通过课堂分析、讨论,巩固用牛顿运动定律解决有关超重和失重力学问题的技能,最后通过在线平台进行练习反馈。

本设计要落实的重点是:对超重与失重现象的认识。方法是:通过观摩录像和学生小实验感受超重和失重现象。

本设计要突破的难点是:运用牛顿第二定律联系实际分析超重与失重现象。方法是:通过应用牛顿第二定律进行分析,揭示超重、失重现象的本质;通过讨论、交流、归纳,得出由物体加速度方向判断发生超重或失重现象的规律。

六、教学流程

1. 教学流程图(图1-2-15)

2. 教学流程图说明

活动Ⅰ:由在线平台预习视频并进行投票反馈。

活动Ⅱ:由投票结果引入,提出问题。

讨论:引入视重概念。

活动Ⅲ:分析电梯上升运行过程中视重发生变化的过程。

录像:电梯运行过程中的超重与失重实验。得出超重与失重现象的概念。

运用受力分析的方法分析问题。

活动Ⅳ:通过受力分析,运用牛顿第二定律研究电梯上升时的加速度。

录像:电梯运行过程中的超重与失重实验。得出超重与失重现象产生的条件。

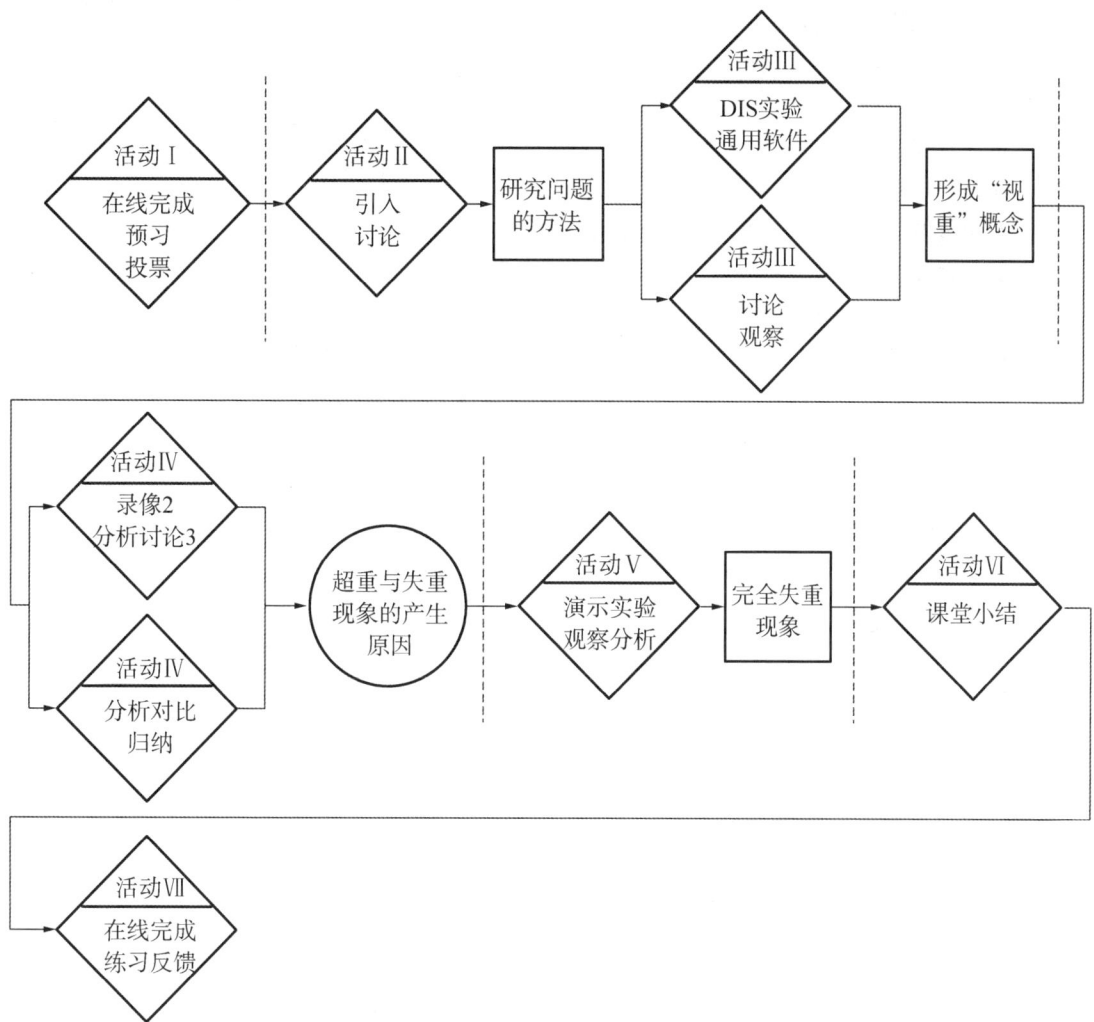

图1-2-15 "超重与失重"教学流程图

运用对比、归纳的方法分析问题。

手持下端挂一重物的力传感器做下蹲、起立动作时,读取力传感器上的示数。

活动Ⅴ(待定):教师运用传感器测量自由下落的砝码对力传感器的拉力与加速度关系。

实验:DIS实验、学生实验。

活动Ⅵ:总结思维方法,用物理定律分析实际问题的能力提升。

活动Ⅶ:由在线平台完成练习并进行反馈。

3. 教学主要环节

本设计可分为五个主要的教学环节。

第一环节:通过在线平台完成预习,并激发问题、投票反馈。

第二环节:通过对实验录像的观察、记录、分析,得出超重和失重现象的概念。

第三环节:通过对比观察、分析、归纳,得出产生超重和失重现象的原因。

第四环节:通过DIS实验,应用牛顿第二定律解决超重与失重的实际问题并了解完全失重状态。

通过应用知识分析预习中有分歧的问题进行巩固。

第五环节:课堂小结,课后完成在线练习并进行反馈。

七、教学过程

第一环节:

活动Ⅰ　预习反馈

利用在线平台完成预习,并激发问题、投票反馈。

第二环节:

活动Ⅱ　观察、分析、讨论

引入预习中的问题进行讨论,通过DIS实验,形成"视重"概念。

视重:物体对支持物的压力或对悬挂物的拉力。

第三环节:

活动Ⅲ、活动Ⅳ

学生运用"记忆弹簧秤",体验和观察弹簧秤在竖直方向运动情况发生变化时,示数的变化情况。在探究超重和失重规律时,某同学手持下端挂一重物的力传感器完成一次下蹲、起立动作。传感器和计算机相连,经计算机处理后得到力传感器上读数随时间变化图像(图1-2-16)。

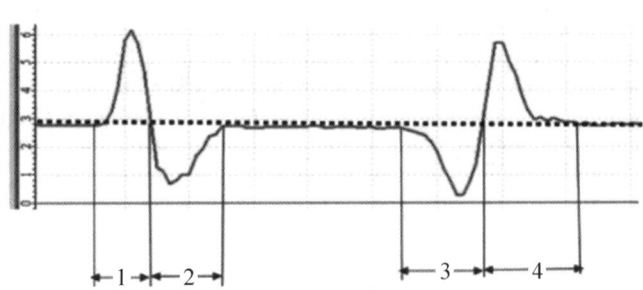

图1-2-16　力传感器读数

DIS演示实验手持下端挂一重物的力传感器完成一次下蹲、起立动作。

电梯中的超重和失重实验。(引发学生思考)

(1) 钩码所受的重力变化了吗?

(2) 力传感器测得的是什么物理量?

超重:物体对支持物的压力或对悬挂物的拉力大于自身重力的现象。(视重>实际重力)

失重:物体对支持物的压力或对悬挂物的拉力小于自身重力的现象。(视重<实际重力)

实验观察与分析:

钩码质量:$m=\underline{0.2}$ kg,钩码重力:$G=\underline{1.96}$ N($g=9.8$ m/s^2)

表1-2-4　超重和失重实验　实验现象与分析

运动情况	视重大小	超失重情况	受力分析 (标速度、加速度方向)	表达式
静止	1.96 N	无	F ↑ □ ↓ G　$v=0, a=0$	$F-G=0$

(续表)

运动情况	视重大小	超失重情况	受力分析 (标速度、加速度方向)	表达式
加速上升	>1.96 N	超重	F↑ □ v向上 a向上 ↓G	$F-G=ma$ $F=G+ma$
减速下降			F↑ □ v向下 a向上 ↓G	
匀速上升 匀速下降	1.96 N	无	F↑ □ v向上/下 ↓G $a=0$	$F-G=0$
减速上升	<1.96 N	失重	F↑ □ v向上 a向下 ↓G	$G-F=ma$ $F=G-ma$
加速下降			F↑ □ v向下 a向下 ↓G	

学生填写表格内容。进行受力分析、写出表达式。观察、思考、归纳。

教师指导学生做实验记录、分析。

总结：

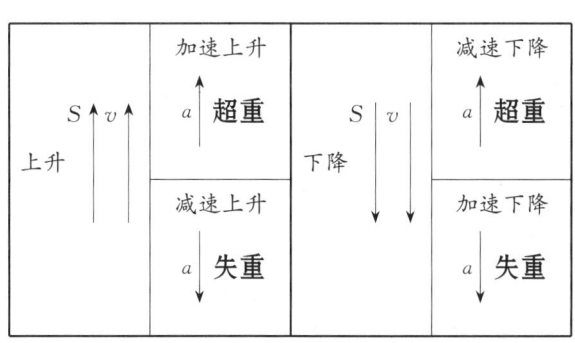

在实验录像里,电梯从1楼上升至5楼的实验中,力传感器测得的最大示数是2.07 N,最小示数是1.84 N。求这两种情况下电梯的加速度。(g 取 $9.8\ \text{m/s}^2$)

小结:物体的超重、失重现象与速度无关,仅决定于物体的加速度。

对钩码进行受力分析,受重力和支持力:

加速度 a 方向向上:

$$F - mg = ma$$
$$F = m(g + a) > mg \quad \text{超重}$$

加速度 a 方向向下:

$$mg - F = ma$$
$$F = m(g - a) < mg \quad \text{失重}$$

物体获得向上的加速度时发生超重现象,物体获得向下的加速度时发生失重现象。

第四环节:

活动 V

DIS演示物体做自由落体运动时的完全失重现象。

完全失重:当物体有向下的加速度且 $a = g$ 时,物体对支持物的压力或对悬绳的拉力为零,发生完全失重现象。

发生完全失重现象,并不是物体重力完全消失了。物体所受重力仍不变,只是重力完全提供向下的重力加速度 g,对外表现出来视重为零。

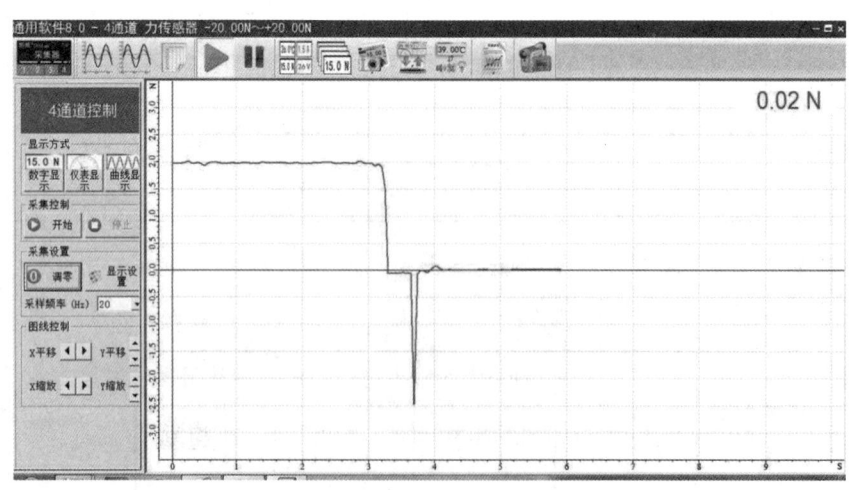

图 1-2-17 力传感器实验图像

完全失重现象应用。

分析讨论跳楼机从开始下坠到停止过程中,座椅对人的支持力发生怎样的变化。

分析讨论"天宫一号"公开课中的水球是否受到重力作用。

第五环节：
课堂小结（板书设计）。

> 一、超重：视重＞实重
> $$F-G=ma$$
> 加速度 a 方向向上
> 二、失重：视重＜实重
> $$G-F=ma$$
> 加速度 a 方向向下
> 三、完全失重：视重＝0
> $$G=ma$$
> 加速度 a＝重力加速度 g，方向向下

注意：

1. 在地球表面，不论是超重、失重或完全失重现象，物体所受的重力是不变的。
2. 物体的超重、失重现象与速度无关，仅取决于物体的加速度。
3. 解决问题时必须先确定研究对象，明确研究对象运动状态，做好受力分析。

作业布置：

1. 运用课堂所学的方法，用手机慢拍功能能拍摄漏水瓶子的视频，观察水瓶自由下落时水是否还会从瓶中漏出，拍摄成功的同学可上传至在线课堂供大家交流展示。
2. 完成学案后的习题，并通过在线课堂进行反馈。

八、教学反思

本堂课在大同中学和大连二十四中学都开展了教学，利用网络拓展课堂的探索比较有效，课前的预习对于学生提出问题、建立新概念非常有益，既有对生活中现象的提炼，也有深入的思考，课后的练习反馈与实验视频照片上传交流，使课堂得到了真正的延伸，学生们在课堂上看到了精彩实验，自己在课后也可以进行操作研究，并且可以在全班同学共享平台上进行展示和讨论，对学生有积极的促进作用。

从本质上来说，网络课堂的应用是将课堂学习在时间和空间上进行了拓展。学生从观看教师提供的资料到思考教师提出的浅显问题，过渡到在课堂中深入研究，搞清楚了具体原理，课后再加以应用、验证或者迁移研究类似的问题，课堂教学只是这个问题学习的一小部分，真正提高了学习的效率。

本堂课中应用了无线DIS传感器，它对实验演示教学很有帮助，如在本节课中需要演示自由落体状态下的拉力大小，普通的有线设备无法实现。还可以运用高速摄影技术研究短时间内发生的物理现象，如：苹果手机用1080p清晰度，可以达到120帧/s，降低一些清晰度到720p，甚至可以达到240帧/s，最高可以将运动过程放慢8倍（普通视频拍摄为30帧/s），加上可用的各种视频分析软件，给学生和教师提供了一个研究问题的有力工具，值得推广。

这节课也有一些遗憾，由于课堂容量大，上课过程中一直担心时间来不及，给学生表达和讨论的时间少了，在一些细节问题上还可以更多地放开给学生讲，这样使教学更到位。

教学设计示例 4：牛顿第一定律 惯性 *

一、背景和教学任务简介

上海市大同中学是一所被首批认定的上海市示范性高中，执教班级学生水平总体良好，学生基础较统一，学生经过高一教材教学已基本适应"二期"课改教学。本次上课教材为《高级中学课本 物理 高中一年级第一学期（试用本）》。具体教学内容"第三章 牛顿运动定律 A 牛顿第一定律 惯性"。本节学习的惯性和牛顿第一定律，是在初中已学知识基础上的进一步深化。学习惯性和牛顿第一定律将为后续的牛顿第二定律，乃至整个力学的学习奠定基础。

本节教材要求从伽利略与亚里士多德的"对话"开始，介绍著名的理想斜面实验，而后经过笛卡尔的补充，到牛顿得出牛顿第一定律，最后说明物体的惯性现象及其相关应用。本节的重点是理解牛顿第一定律和惯性，而对理想斜面实验思想方法的理解、推理是本节的难点也是核心所在，课堂上仅仅进行介绍和说明略显无力。

本节课通过演示"推木块"现象，介绍亚里士多德关于"力是维持物体运动的原因"的观点，体会仅仅根据生活经验和表面现象，往往会得出错误的结论。

通过演示将小木块装上轮子，摩擦力大大减小，小木块速度减小得很慢，发现现象："摩擦力的大小会影响物体运动速度减小的快慢"。

通过学生讨论，设计实验细节，研究摩擦力大小对物体运动速度变化快慢的影响，运用已学过的知识分析实验中需要控制的变量和需要变化的条件。

通过学生实验，比较在三种不同摩擦系数的物体表面上小球运动距离的大小，发现越光滑的平面，小球运动速度变化得越慢这一规律。

演示实验：运用DIS光电门传感器测量水平气垫导轨上滑块的瞬时速度大小，观察在摩擦力非常小的情况下速度变化也非常小的情况。

总结实验设计和学生实验以及演示实验所呈现的规律，并根据实验发现的规律进行合理推理，得出"摩擦力为零时，物体将保持匀速直线运动"的结论，通过学生操作和教师演示以及逻辑推理，体验伽利略理想斜面实验的推理过程和方法。

用演示实验模拟伽利略对斜面实验的推理过程，并介绍伽利略根据斜面实验得出的结论"维持物体运动不需要力"，然后介绍笛卡儿对伽利略结论的补充，最后说明牛顿总结得出牛顿第一定律。

指出牛顿第一定律并不是真实的由实验现象得出的定律，而是以可靠的实验为依据，突出主要因素，忽略次要因素，用科学推理的方法概括出来的。定律是否正确要通过实践来检验，给学生以科学方法的教育。

最后让学生分析生活中常见的惯性现象，巩固所学知识，同时使学生感悟物理知识与现实生活的紧密联系，激发学生求知的欲望。

学习本章内容，为高中物理学习开一个好头，开始就让学生对所学内容感兴趣是学好这一章内容的关键。本节课内容是通过观察实验、学生自己设计实验方案并实施实际操作，从而对惯性现象有感性认识，达到提高学习兴趣的目的。

---

* 本节课例获2009年度黄浦区教学评比一等奖第一名。

二、教学目标*

1. 知识与技能

(1) 知道牛顿第一定律。

(2) 理解伽利略理想实验的推理过程。

(3) 理解力和物体运动的关系。

(4) 初步学会分析、概括、推理等科学思维方法。

2. 过程与方法

(1) 观察惯性现象,感受从纷繁的现象中探求事物本质的思想方法。

(2) 在设计和动手实验的过程中体验伽利略理想实验的思维方法与过程,感受概括、推理的科学研究方法。

3. 情感态度价值观

(1) 通过伽利略的斜面实验,了解理想实验,激发热爱科学、乐于探究的兴趣。

(2) 通过科学史的简介,领略去伪存真的科学态度和严谨的科学作风。

三、教学重点与难点

教学重点:牛顿第一运动定律、惯性。

教学难点:伽利略理想实验的推理过程,对牛顿第一运动定律和惯性的正确理解。

四、教学资源

1. 伽利略斜面实验:三根导轨,一根布条,一根毛巾,小球等。

2. 气垫导轨、滑块等。

3. 惯性实验:投影仪、小车、木块等。

五、教学设计思路

本设计包括"牛顿第一定律"和"惯性"两部分内容。

本设计的基本思路:以实验和推理为基础,按人类对力和运动关系的认识过程组织教学,将原本完全抽象的理想实验具体化,重点放在让学生设计实验并动手实践,体验伽利略理想斜面实验的思维和推理过程,并向学生介绍牛顿第一定律的得出过程,使学生在获得知识的过程中,了解物理学发展的历史,体会人类对规律的认知过程。

本设计要突出的重点是:牛顿第一运动定律和惯性。主要方法为:以实验设计和动手实验为基础,加上合理的推理,让学生体验伽利略理想斜面实验的思想方法和思维过程,进一步理解牛顿第一定律。结合学生的亲身体会,运用实验和动画演示,对日常生活中的实例进行分析,巩固对牛顿第一定律和惯性的认识。

本设计要突破的难点是:伽利略理想实验的推理过程;对牛顿第一运动定律和惯性的正确理解。方法是:通过演示实验,揭示生活中一些被其表象所掩盖的事物的本质(如轻推一个物体,它就动,不再推它时,它便停止,但当摩擦力减小以后,撤去推力,物体将持续运动一段时间后再停止),为理解力和运动的关系作好必要的铺垫,然后用设计实验、动手实验、教师演示实验和逻辑推理四个步骤使学生能亲身体验伽利略对斜面实验的推理过程、理想实

---

* 本课例保留了2003年发布的《普通高中物理课程标准(实验)》中的三维课程目标。

验的思维过程;在得出牛顿第一定律并定义惯性后,通过对比牛顿第一定律和惯性的区别与联系,正确理解牛顿第一定律和惯性。

本设计强调学生的主动参与,重视概念的形成过程以及蕴含在过程中的科学方法的教育,通过实例使学生感悟知识与生活的联系,认识知识的真实价值。

完成本设计的内容需1课时。

六、教学流程

教学流程图(图1-2-18)

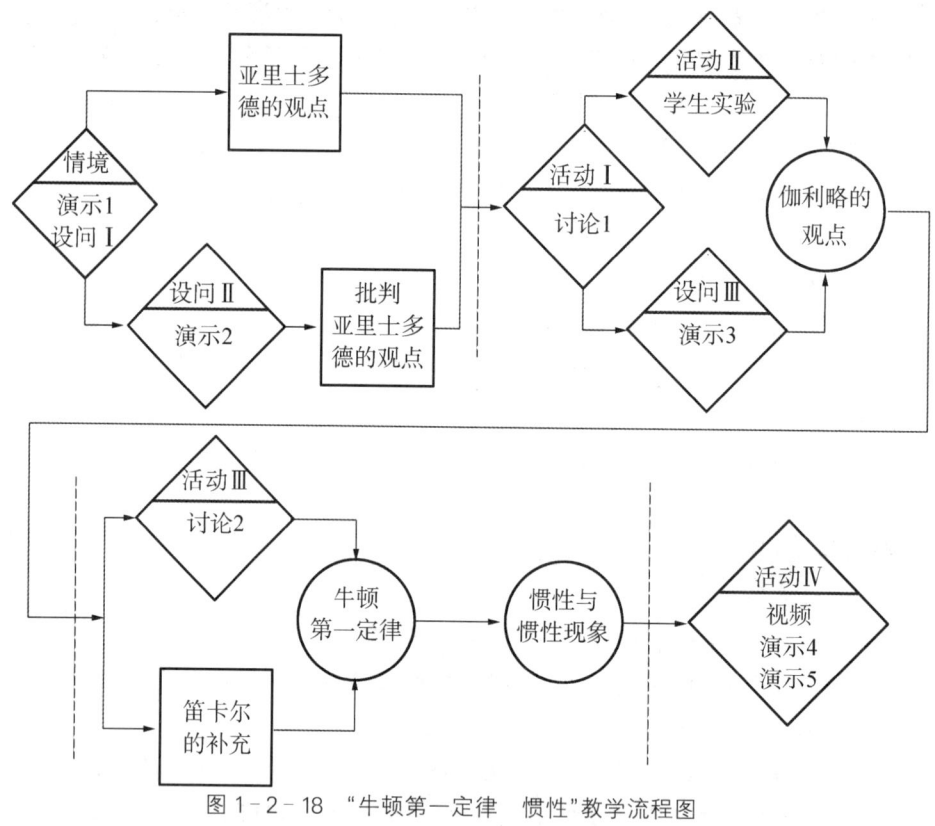

图1-2-18 "牛顿第一定律 惯性"教学流程图

七、教学过程(案例实录)

教学过程
引入部分: 【演示】观察桌面上静止的小木块,然后轻推小木块,使小木块缓慢运动,当手离开小木块,小木块几乎立即停止运动。 【教师】在刚才的实验中,仅由实验表面现象可以得出什么结论? 【学生】仅由实验表面现象可以得出结论"维持物体运动需要力的作用"。 【教师】这就是亚里士多德的观点,是亚里士多德通过对日常生活的观察得到的结论。 (板书"亚里士多德:力是维持物体运动的原因。") 【演示】如果给木块装上轮子,看到的现象有什么不同? 【学生】给木块装上轮子,摩擦力大大减小,推动小木块运动后,当手离开小木块后,小木块继续向前运动一段较长的距离后才停下。 让学生通过观察到的现象,得出亚里士多德关于"物体运动需要力维持"的判断是错误的。

(续表)

教学过程

新课部分：
【活动】讨论设计实验——如何运用所提供的器材研究摩擦力的大小对物体运动速度变化快慢的影响？
【教师】运用提供的器材，如何比较摩擦力大小对物体运动速度变化快慢的影响？需要控制哪些变量？如何控制这些变量？需要改变哪些条件？如何改变条件？需要比较哪些数据？这些数据如何反映物体运动速度变化的快慢？
【活动】学生实验——研究摩擦力的大小对物体运动速度变化快慢的影响。
实验过程：让小球从导轨上滑下，根据运动学知识，速度减小的快慢由加速度表示，加速度的大小可以由减速过程位移的大小来反映，因此小球最终在水平导轨上滑动的距离大小反映小球速度减小的快慢。
　　在导轨上铺设不同材料改变水平段导轨的摩擦力大小，比较小球滚动距离的大小。
　　为控制小球在水平段导轨上的初速度相同，须保证每次小球均从同一高度处由静止开始下滑。
　　得出初步结论：越光滑的平面，小球滚动距离越大，说明在水平导轨上小球速度变化得越慢。
【演示】用水平气垫导轨和 DIS 实验系统光电门传感器测量瞬时速度，当数据显示摩擦力非常小的时候，速度的变化也非常小。
【教师】当摩擦力越来越小，可以发现物体运动速度变化也越来越慢，这个实验现象可以得出什么新的推论吗？
【学生】如果摩擦力足够小，物体运动速度大小几乎不改变。若摩擦力变为零，物体就可以一直运动下去，速度大小不改变。
【教师】这个结论是从实验得出的吗？摩擦力为零可能吗？
　　当摩擦力为零时，物体将保持匀速直线运动的结论是建立在实验的基础上，根据实验现象，摩擦力越小对物体运动速度的影响越小。经过推理，忽略了次要因素摩擦力的影响，得出物体运动的主要性质是：如果物体不受力，则将维持原来的运动状态。
【教师】介绍伽利略的观点和理想斜面实验，演示斜面实验装置。
【教师】伽利略根据理想实验，得出"物体运动不需要力维持"的结论。
　　（板书"伽利略：维持物体的运动不需要力。"）
【学生】总结理想实验的思想方法：理想实验是以可靠的实验事实为基础，突出主要因素，忽略次要因素，通过抽象思维深刻揭示自然规律。理想实验并不是一个真实的实验。理想实验不可能用真实的实验来直接验证，只能在实验条件不断逼近理想情况时，其实验结果也不断向理想情况逼近。
　　（板书"理想实验的方法：以可靠的事实为基础，突出主要因素，忽略次要因素，通过抽象思维揭示自然规律。"）
【活动】讨论——比较伽利略的结论、笛卡尔的提炼与牛顿第一定律的区别。
　　（板书"牛顿：一切物体总保持匀速直线运动状态或静止状态，直到有外力迫使它改变这种状态为止。"）
【学生】通过比较可以看出，牛顿第一定律的表述概括了前人的研究，进一步提炼形成了规律。
【教师】牛顿第一定律的意义在于：
　　1．物体在不受力时，总保持静止或匀速直线运动状态。
　　2．一切物体都有保持静止与匀速直线运动状态的性质，即惯性。
　　3．物体运动状态的改变需要力。
　　（板书"惯性：物体保持原来匀速直线运动或静止状态的性质。"）
新知识应用：(STS 实例分析）
　　（板书"利用惯性和防止惯性造成的不利影响。"）
【演示】甩体温计、打开塑料袋、抽出压在重物下的纸。
【学生】分析实例，巩固用惯性解释日常生活现象的方法，通过一组日常生活的实例进行模拟，并根据亲身体会说明人们是如何利用惯性的，加深对惯性的理解。
【演示】视频演示汽车安全带、安全气囊的发明。
【学生】通过视频分析安全带、安全气囊、头枕的作用，加深对惯性的理解，体会运用物理知识避免惯性造成的不利影响。
反馈与作业：
　　作业布置：阅读课本 P76 历史回眸——牛顿生平。
　　　　　　　练习册 P70 基本训练 A 组 1—8 题。

(续表)

教学过程
【教师】物理世界确实精彩,物理知识的确与生产、生活、科技息息相关,今天,我们亲自动手实验探究摩擦力大小对物体运动速度变化快慢的影响,初步了解了惯性现象的应用如此广泛。物理世界还有很多未知的领域等待同学们去探索,利用物理知识服务于人类,还有太多的新技术新发明等待我们去研发,物理世界的大门向同学们敞开,让富有朝气、充满智慧的同学们去拥抱吧!今天的课就上到这,谢谢大家!

八、教学反思

任何教学设计都应切合学生实际,新一轮课改明确要求:教学应丰富学生经历,学习过程是一种体验、反思、自我构建的过程,结合学生实际创新开展物理教学。

本人在这堂课中对教材中的伽利略理想斜面实验进行了再加工,由演示、说明改为学生讨论、设计实验探究摩擦力大小对物体运动速度变化快慢的影响,通过实验亲身体会摩擦力越来越小时,物体运动速度变化得越来越慢。由教师用气垫导轨和光电门定量研究摩擦力非常小时,物体运动速度的变化情况。最后根据这些实验事实,学生能够自然进行合理的推理,得到摩擦力如果变为零的理想状态下,物体运动速度不发生变化的结论。这个过程将原本完全抽象的理想斜面实验变成学生动手体验的实验,将理想斜面实验的抽象推理过程转化为了实验现象表明的一个变化趋势,让学生在学习过程中自然而然地接受了理想化实验的重要思想,这样这节课的难点就迎刃而解了。

在这堂课的设计过程中,器材导轨的准备是难点。通过对大量材料的试验,发现用窗帘导轨进行适当弯曲以后最合适,用法是:取常见的窗帘导轨长约 1.6 m,材质一般是铝合金,可以直接弯曲,在距一端约 30 cm 处弯曲约 45°,即做成了一个斜面和水平面连接的导轨。要注意及时将导轨的两端锋利处磨平,以避免操作人员挫伤。开始上课之前可以在导轨的高端和水平段的起点分别用记号笔做个记号,作为小球释放的起点和水平导轨上放置布条的起点,刚开始可以不必告诉学生,当学生讨论发现需要控制小球释放位置和水平布条的起点时。告诉学生已经做过记号可以直接使用。

本实验使用实验室常用的 2 cm 直径金属小球,导轨上铺设的布条可以采用普通衣服面料的布条与毛巾条。使用毛巾条时,小球将在水平导轨中间处停下;使用布条时,小球将停在导轨末端。如果发现小球停止的位置不理想,可以适当改变小球释放的位置以使实验效果最佳。

这节课的引入部分是教学过程中较难处理的环节,因为这些知识在初中学生已经接触过,学生往往对所有的问题总是用初中教材中的惯性定律来回答,这样后面的教学过程无法展开。本人设计了一系列的问题将话题引导到这节课研究的思路上来。

"推木块"现象:讲台上静置一块木块,请同学回答(四个问题同时出现)。

问题 1. 怎样可以使木块运动起来?

问题 2. 怎样可以使木块运动得更快?

问题 3. 在木块运动的过程中撤去推力会怎样?

问题 4. 怎样使木块做匀速直线运动?

关键问题(紧接上述四个问题):仅由此现象可以得出什么推论?(提问时强调"仅由此现象"让学生明白是根据表面现象得出的结论,而不是直接用惯性来解释)

同学们，你们同意这种观点吗？

同学积极发言：不同意。

可能的回答有：

撤去推力后木块停下来是因为有摩擦力的影响。

运动中的木块撤去推力后也不是马上停下来，要滑行一段距离停下来，这段运动过程并没有推力作用。

（引导关键问题）如果给木块装上轮子，摩擦力大大减小，看到什么现象？摩擦力大小会影响木块运动速度减小的快慢吗？

（学生的回答有很多，以上问答对展开下一步教学比较有用，可以尽量引导学生向这个方向思考）

这节课中介绍完伽利略的理想斜面实验和惯性定律，需要转移到牛顿第一定律。我利用一个凑巧的历史时间来完成了自然的转移：很凑巧的是，在伽利略逝世那一年，另一位伟大的物理学家诞生了，他就是牛顿。他常说：我能够看得更远，只不过因为我站在巨人的肩膀上。他所指的"巨人"中，就有伽利略和笛卡尔。牛顿在伽利略、笛卡尔等人研究的基础上，系统地总结出了三条运动定律，其中包含了牛顿第一定律：即一切物体总保持匀速直线运动状态或者静止状态，直到有外力改变它为止。

这节课有一个小小的遗憾，关于如何避免惯性的不利影响，本人一直在寻找关于高速列车上抛出一个馒头砸昏人的报道视频，可惜没能找到，如果读者能找到这个视频放在课堂中讨论，效果将会非常好。

总之，实验教学是物理教学永恒的主题，开发、自制一些教学仪器，尽可能把演示实验变成学生实验、课后小实验。课堂内研究性学习是在教师有序把控下进行的，是一种探究性尝试，物理教学应注重物理方法论思想的自然渗透。

物理源于生活而高于生活，使物理教学鲜活起来，才能提高学生的学习兴趣，让我们一起努力，使物理课堂教学充满无穷的乐趣、志趣、情趣。

九、专家点评

这是一堂设计巧妙的物理课。通过生活中的小工具改造的学生实验与教师的演示实验结合，让所有参与本堂课的人，亲身体会了理想实验的思维方法和实验过程。在课堂总结的时候，学生恍然大悟，原来我刚才正是经历了这个过程，使物理思想方法的学习在学生实验活动中潜移默化地达到了非常好的效果。这堂课的学生实验设计中教师将生活中常见的窗帘导轨加以改造，并且完善细节处理，创新的实验设计在课堂教学中起到了良好的效果。教师能自主开发制作一些教学仪器，并且把演示实验变成学生实验，让学生在动手实验的过程中，经历科学思维的过程，不知不觉中掌握科学探究的能力，这正是物理课堂教学所追求的目标之一。

张主方

第三节 "运动的描述"单元教学设计案例

一、单元教学任务分析

1. 单元内容分析

本单元出自《普通高中教科书物理(沪科版)必修第一册》"第一章 运动的描述"。"运动的描述"是学生认识机械运动的开始,也是学习力学知识的基础,影响后续运动、运动和力、机械能等相关知识的学习,掌握本章的内容对后面的学习起着重要的作用。本单元包含两部分,一是物理模型、描述运动的物理量的建立,二是描述运动的方法(图1-3-1)。结合初中学过的匀速直线运动,构成了直线运动的基础知识,为后续匀变速直线运动等其他运动的学习做好知识与方法的储备。

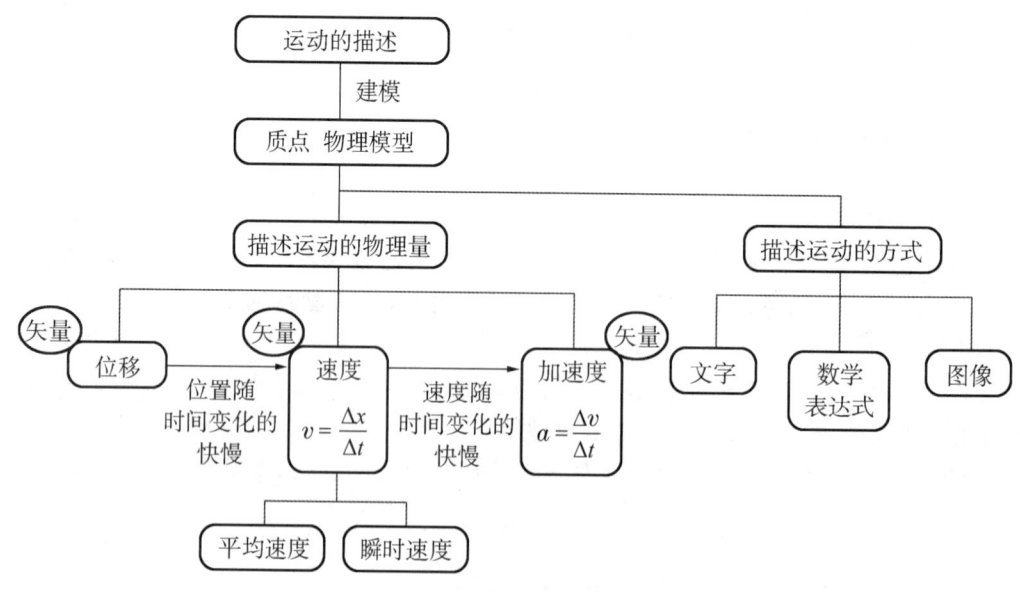

图1-3-1 "运动的描述"内容结构图

学习本单元后,学生应该能够对生活中一段真实的直线运动用位移、速度、加速度随时间的变化情况作出粗略的描述,因此,结合学生身边最常见的直线运动"百米赛跑"确定本单元的学习主题,用"百米赛跑运动的描述"来引领本单元的学习。

> **分析**
>
> 在对课标必修模块内容整体分析后,完成单元规划,确定引领性学习主题。这里的单元内容分析,主要是用最简单文字反映出分析的结果。
>
> 第一段主要阐明本单元与前后单元之间的关系,表述本单元内容的地位与价值。接下来是本单元的内容结构图,反映了设计者对本单元的结构化认识。第三段文字主要阐述内容情境化的结果,确定了引领本单元学习的主题。

2. 单元学习价值确定

表 1-3-1　单元知识点与学科核心素养

编号	核心内容	物理观念	科学思维	科学探究	科学态度与责任
1	质点	◎	●	○	○
2	位移	●	◎	◎	○
3	速度	●	●	◎	◎
4	加速度	●	●	◎	◎
5	公式 图像	◎	◎	●	◎
单元学习价值	本单元设立在百米赛跑的直线运动情境下,在高中阶段第一次对运动进行定量描述,为下一单元运动规律的学习做好准备。通过位移、速度和加速度的学习,理解这些物理量随时间的变化可以描述物体的运动过程,体会模型建构方法、极限思想和抽象思维,以上方法和思维路径也是之后学习中需要逐步运用的重要思想方法。能用文字、公式和图像表述物理规律,学会用各种实验工具记录做直线运动物体的位移-时间图像、速度-时间图像,体会科学实验在物理学习中的作用				

> **分析**
>
> 随着《普通高中物理课程标准(2017年版2022年修订)》的公布,教育改革已步入学科核心素养时代,需要教师将知识传授与素养培育深度融合。这张表格主要帮助教师从素养层面提炼单元内容的学习价值。其中●表示高相关性,◎表示中相关性,○表示低相关性。如:"质点"是高中学习的第一个物理模型,需要从科学思维的模型建构要素认识"质点"建构的过程,体会建构物理模型的思维方式,因此,"质点"这个核心内容在"科学思维"方面相对于核心素养的其他三个方面是高相关性的。

3. 学情分析[1]

学生在初中阶段已学习过直线运动的基础知识,知道路程、速度的含义。但对速度的方向完全没有概念,对于矢量与标量的理解不深刻。生活中学生常能接触到"快""慢"等形容词,但仅仅把它们理解为运动的快慢,即速度,而对于速度变化的快慢则没有认识。同时,对于"物理量的变化"和"物理量的变化率"的认识几乎为零。对瞬时速度有模糊概念,但对"无限逼近"的思想方法在瞬时速度概念形成中的作用没有认知。由上述分析确定教学可能存在的难点:理解"无限逼近"的思想方法在瞬时速度概念形成中的作用。理解加速度是描述速度变化快慢的物理量。理解加速度的方向是速度变化量的方向而非速度的方向。

二、单元教学目标确定

1. 核心任务分析[2]

本单元的核心任务是描述运动员的百米赛跑。将运动员抽象为质点模型后,逐一分析他位置的变化——位移,位置变化的快慢——平均速度、瞬时速度,速度变化的快慢——加速度,最后迁移到用数据表格、x-t 和 v-t 图像来描述运动员在操场上起跑运动的全过程。

2. 单元教学目标[3]

在描述百米赛跑运动员的位置变化、位置变化的快慢、速度变化的快慢中建立位移、速度、加速度等物理概念,学会用文字、公式、图像等方式定量描述运动,能从运动的视角分析自然与生活中的有关简单问题。

经历建立质点模型的过程,能在特定情境下将物体抽象为质点,体会建构物理模型的必要性及方法;在建立速度、加速度等概念的过程中,体会研究物理问题的极限方法和抽象思维方法。

通过测量位移、速度,初步学会使用 DIS(数字化实验)器材获取数据,用表格、图像等方式呈现数据,分析数据归纳得到初步的结论,知道测量存在误差。

通过运动描述的学习,认识物理学是对自然现象的描述;在测量位移、速度和加速度的实验中,体会与人合作、实事求是的科学态度。通过了解我国交通事业的现状和发展情况(如磁浮列车等),体会科学进步对人类生活和社会发展的影响,知道科学·技术·社会·环境存在相互联系,激发振兴中华的使命感和责任感。

三、单元教学结构创建

1. 单元教学结构

表 1-3-2 教学结构列表

核心任务及其分解		教学内容	课时安排
描述运动员的百米赛跑	描绘物体运动轨迹	质点 物理模型	1

---

[1] 主要立足学生视角,分析学生在该单元学习的难点。
[2] 根据引领性学习主题确定单元核心任务。表述单元内容与核心任务之间的关联。
[3] 基于核心内容与核心素养的关联分析得出的单元学习价值,结合单元核心任务确定素养导向的学习目标。分四段表述教学目标,每一段针对核心素养的一个方面。但在教学任务设计时,应该将素养的四个方面综合起来思考。

(续表)

核心任务及其分解		教学内容	课时安排
描述运动员的百米赛跑	描述物体位置随时间的变化	位移 $x-t$ 图像	2
	描述物体位置变化的快慢	平均速度、瞬时速度 $v-t$ 图像	2
	描述物体运动速度变化的快慢	加速度	2

分析

  这部分是单元教学的关键，需要将内容结构通过核心任务及其分解转化为教学结构，并用像表 1-3-2 这样的表格清晰呈现单元教学的结构和安排。

  创建教学结构的关键是将挑战性学习任务合理分解为若干子任务，且与单元学习内容紧密结合，并呈现一定的逻辑关系，为了清晰、简洁地呈现单元的结构，表格中仅列出本单元的教学主干部分。

2. 核心任务说明

【核心任务】描述运动员的百米赛跑。

【活动资源】运动员一段百米赛跑的频闪照片，中国运动员苏炳添打破百米赛跑亚洲纪录的视频，运动员百米赛跑的分析数据，学生运动会百米赛跑在跑道侧方正对运动员拍摄的一段比赛视频，视频分析软件（如 tracker 软件）。

【活动系列】

表 1-3-3　教学活动及设计说明

对应课时	活动过程	设计说明
第 1 课时	**分析交流**：利用百米赛跑（部分）频闪照片，分析交流运动员百米赛跑过程中，哪些点能更好反映运动员的整体运动？ **示范验证**：在学生讨论的基础上，用百米赛跑的视频和视频分析软件，示范验证学生的想法	学生经历了质点模型的建构过程，知道将物体抽象为质点的条件后，设计一个解决真实问题的活动 教师的示范验证过程，既是教会学生使用视频分析软件来验证自己的想法，更是引导学生体会证据是物理研究的基础
第 2 课时	**观察讨论**：播放一段中国短跑名将苏炳添冲过终点，裁判宣布比赛成绩为 9.92 s 的视频。讨论 9.92 s 成绩是表示时间还是时刻？	引导学生从不同视角分析，一是将 9.92 s 理解为运动员跑 100 m 所需的时间，对应 100 m 路程；二是假设起跑为计时起点，9.92 s 是刚好冲过终点线的时刻，对应终点线位置

(续表)

对应课时	活动过程	设计说明
第3课时	**实例分析**：根据运动员在不同时刻的位置数据，描述出他做直线运动中位移随时间的变化关系	学会用文字、数学表达式、$x-t$图像三种方法来描述做直线运动的物体位移随时间的变化关系。体会图像对物体整体运动的描述更加形象、直观
第4～5课时	**计算讨论**：通过计算运动员在最后10 s内、1 s内、0.1 s内的"速度"，讨论哪一个"速度"更接近最后撞线速度？	通过计算一段时间内的平均速度，理解平均速度是对运动快慢的粗略描述，体会等效替代的思想。通过不断减小Δt计算平均速度，理解瞬时速度的概念，体会极限方法
第6～7课时	**问题解决**：学校运动会中，运用实验工具获得一段运动员百米赛跑的$v-t$图像，利用所学知识描述这段运动	这是运动的描述最后一节课，通过拍摄一段运动会百米赛跑的视频（起跑或者冲线），用视频分析软件获取$v-t$图像，讨论速度是否变化、是否存在加速度、加速度是否变化等

第四节　高一物理单元活动作业实践与学生反馈
——贯穿单元知识的长作业与创新实验

　　经过高一第一学期的学习,学生已经形成运动与相互作用的观念,能用其解释自然现象、解决实际问题;能感受科学探究的一般过程和方法,从不同角度思考问题,追求科技创新;具有科学探究意识,具有设计探究方案和获取证据的能力,能正确实施探究方案,使用不同方法和手段分析、处理信息,描述并解释探究结果,准确表述、评估和反思探究过程与结果;感悟科学方法在人类认识自然和应用中的作用。这正是笔者在作业中落实的物理核心素养:物理观念、科学思维、科学探究、科学态度与责任。基于核心素养设计作业与创新实验任务,帮助学生正确认识科学本质,激发学习和研究物理的好奇心与求知欲,在完成长作业的过程中主动与他人合作完成拍摄实验视频和配音剪辑等后期工作,锻炼了基于证据和逻辑发表自己见解的能力。

　　为落实"双新"实施要求,笔者通过文件精神、课标、新教材的学习,结合深度学习理论知识,在一线课堂实践单元长作业与创新实验,期待在培养学生创新能力与个性化学科特长方面有所突破。

　　在单元教学设计过程中,加入了单元长作业环节。长作业以单元知识综合应用为基础,所设计的单元作业从解决实际问题的真实情景项目入手,以学生重点活动为主线,辅以团队合作讨论、教师指导、巩固习题。每项长作业不但巩固了课本知识内容,也解决了一些实际问题,体验了团队合作,还充分体会了学科知识与生活实际的联系。

　　创新实验是本次实践的重点:

　　1. 在第一单元"运动的描述"的长作业中,给学生两个选择,可以根据教师推荐的中学物理创新实验读物,选择一个感兴趣的家庭实验,完成家庭实践活动并拍摄视频,视频需本人出镜;也可以写一篇读后感,结合读书体会谈谈对高中学习生活的展望。全年级绝大多数学生选择了拍摄实验视频,并且有不少高质量视频提交。经评选,选择质量高的视频与学生交流改进后,发布于在线学习平台、学校哔哩哔哩账号进行展示。有提升空间的视频,还可以进一步应用,如在科技节展示等。

　　2. 每个单元设计至少一项创新实验作业

　　第二单元"匀变速直线运动"长作业:应用本单元知识的创新实验作业,要求学生动手完成"滴水法测重力加速度"家庭实验并拍摄视频上传。由于是单元知识应用,且是定量实验,难度要求提高不少,学生感叹,这是国庆长假最难的作业,但是很有乐趣。

　　第四单元"牛顿运动定律"布置的长作业如下(图1-4-1):

（1）设计一个实验方案并实施，测量上海某列地铁启动时的加速度大小，完成一份实验报告，格式可参照前期实验报告，需有实验目的、实验原理、实验器材、实验步骤、实验数据与处理、误差分析六大环节（可附实验视频）。

（2）观光电梯是许多商场的景观设施之一，请通过查询资料、观测分析、推理计算，估测电梯运动时的加速度。用两周时间完成这项任务，并填写下列任务表。

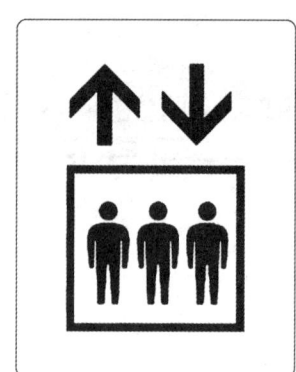

(a)地铁列车　　　　　　　　(b)观光电梯

图1-4-1　"牛顿运动定律"长作业活动

表1-4-1　单元实验任务表

探究步骤	探究记录
探究方案	
实验原理	
数据记录	
分析推理与数据处理	
结论	

设计说明：本单元的长作业要求学生用两周时间完成，考虑到高一上学期学生还没有学习撰写实验报告，所以提供了探究过程和探究记录表格，引导学生进行方案设计、原理分析、数据记录、数据处理和结论表述。

分级评价标准：

表 1-4-2　估测电梯运动加速度实验评价标准

评价等第	合格	良	优
实验方案	对电梯运动建立基本的模型，选用合适的物理规律，有基本有效的数据测量手段	能用拍摄视频等方式对位移、时间等进行有效测量，建立基本准确的运动模型	能采用不同方式分析解决问题，有较强的证据意识，能建立较精准的运动模型
分析与数据处理	能用物理公式进行运算，估测结果合理	能从所拍视频中提取有效信息，转化为表格或者图像，并据此进行测算，结果合理	能有意识地提高测量和分析推理的精度，采取有效手段减小误差
结论表述	对电梯不同阶段的加速度有粗略推理估算	能较准确地将电梯的运动分成多个阶段分析，能准确表述结论，并客观评价估测结论	能主动对不同方式得到的结论进行全面综合的评价

优秀学生作业展示：

记一次难忘的寒假作业

高一(3)班　朱潇文

　　国际大都市上海，交通发达，出行便利。在这种优越的生活环境下，我们乐此不疲地享有诸多资源，也应多少有一点知其所以然之心。

　　寒假往往是短暂但充实的。"扛"着低温带上器材，穿梭在人来人往的地铁站——这一次，我绝不是为了乘坐千万元级的出行工具，而是为了完成一次"测量地铁加速度"实验。

　　我提出的第一种方案是观察者目测方案，类似于上学期的"双光电门测小车运动加速度"，但由于这一种方案难以多次测量以减小误差，最终经过一定的思考分析以及对实际情况的考虑，选择使用了铅垂法进行测量：利用铅垂线使物体在静止时沿绳竖直下垂，在地铁加速时通过测量绳子与竖直面的夹角，从而计算出加速度。在准备阶段，事先进行了测量数据至待求量的转换运算。

　　实验当天，就地取材，在便利店买到了细线 10 m，相同的橡皮 6 块。其中细线要尽量轻、细以减少空气阻力以及线本身重力的干扰；而橡皮要保证尽量规则，以防止在线自由下垂时重心未知及俯视面不与水平面相齐平所带来的受力分析困难从而造成系统误差。当然，我还需要一部有慢动作摄影功能的拍摄设备——这个有现成的，我借到了爸爸的一部手机，能进行 4 倍、8 倍、32 倍的不丢帧摄影。当然，实验地点也需要经过分析挑选，我最终选择了 9 号线一段较为平直的道路。

　　在实验时，发现干扰因素远远比事先预计的要多得多，因此，通过邀请到一位学长进行协作拍摄，尽可能测试多组数据以便减小误差。

　　在测量结果分析阶段，由于细线偏角角度不定且偏差较大，临时构建了"最大加速度"以及"最小加速度"，并利用反三角函数，近似算出了两组解值。然而，在误差分析时仔细观看视频，发现了"拍摄角度偏差""地铁左右晃动"等众多可能影响结果的因素，最重要的是，橡皮本身拥有的惯性会导致角度偏转量增大，这也是非常值得开展进一步分析的一个因素。

实地考察带来的不仅仅是对于物理知识进一步的理解，更是一种科学素养的提升。通过这一次实测，加深了我对于物理的热爱。所谓"纸上得来终觉浅，绝知此事要躬行"，也正是如此，将实验结论与实际生活相联系对于物理学习有着不可替代的重要性。

"重视理论，立足实际，将理论与实际相结合，方能迸发出创新的思维火花。"——我将牢记这一浅显而深入我心的理念，伴我在学习的征程中前行。

应用物理、理解物理、爱上物理

高一(2)班　陈致昊

刚拿到寒假作业单，我就被一项别致的物理作业吸引住了——"测量上海某一列地铁启动时的加速度大小！"这一刻，许多熟悉的物理模型在我脑中闪过：非惯性系中的固体或流体、车厢和与之接触的物体之间的相互作用、用频闪相机记录物体的运动……然而最终，我选择了借用现代科技手段。

我联想到的是平时用来记录骑车实时数据用的手机App，它应用了GPS定位系统，以秒为单位实时刷新着较为准确的速度值（精确到0.01 km/h）。定下了方法，我马上开始初步构思实验步骤：测量—数据处理—误差分析。

第二天回家路上，我就开始了实验的第一步——测量。从西藏南路站上地铁，我迫不及待地打开手机App，却惊讶地发现自己的定位点变成了灰色！我马上反应过来——西藏南路地铁站在地下，所以GPS信号很弱。后来，我等到地铁驶上高架的虹桥路站后才开始记录，最终记录了虹桥路站→延安西路站→中山公园站→金沙江路站共三个地铁加速减速过程的速度值。

回到家后，我把测量到的三个运动过程的具体速度输入电脑。首先，我观察地铁速度的变化，发现在大约30 s后速度值的变化趋近于0，于是我选择0～30 s为启动过程对应的时间段，并以该阶段为研究对象。由于App记录的速度单位为km/h，我又用Excel表格一次性把单位转换成m/s，并绘制出速度(m/s)-时间(s)的关系图像。同样是用Excel的函数功能，我求出了地铁在0～30 s内的加速度大小，并绘制加速度(m/s^2)-时间(s)关系图像。最后求出其加速度平均值——0.495 701 m/s^2。

可是当我再次审视绘制出的两个图像，立即观察到有几个明显的"凸起"和"凹陷"处，我随即翻看对应的几组数据，发现这几组数据中，速度值趋近于0，且与前后数据相差较大。而加速度值也偏大，甚至与前后数据相差了一个数量级，而且方向与地铁速度方向相反！我又回想在地铁上的情形……结合以上几点，我得出结论——这是地铁的紧急制动。因为实验所求的是地铁"启动时"的加速度大小，所以我舍去了这几个"异常点"，并重新求得加速度大小的平均值——0.722 685 m/s^2。

最后，我回顾完成这项"测量上海某一列地铁启动时的加速度大小"实验的过程，并写下实验报告。在这次独立实验中，我亲身体会到了科学研究的魅力、把平日所学付诸实用，实践了科学的严谨。至此，我不禁赞叹物理学习的奇妙，在仅仅一项作业中包含了如此之深的研究空间，感谢老师给了我们这个应用物理、理解物理、爱上物理的机会！

测定地铁加速度实验感想

高一(3)班　刘诗婷　何晔

实验部分(刘诗婷)：2021年2月18日下午,我带着准备好的实验器材——小球、轻绳以及卷尺来到了8号线地铁耀华路站。为了不影响其他乘客,我来到了列车末尾处。一开始由于拍摄高度要与悬点平行,选择将绳子系在了拉手上,但是在实验过程中发现拉手会来回摆动,使得悬点不固定,于是我在下一站将悬点改成了车厢上方的横杆。在实验过程中,我发现小球在运动中期并不如预期做单摆运动,而是逐渐变成了圆锥摆。再者,原先预期两站距离较远实验现象应该越明显,也与实验结果不相符合。为了尽可能解决这些问题,找到最明显的实验现象,在和组员商量后,我们坐了很多站地铁,拍摄了很多视频,并逐一测量好摆长数据。最终,从中选取了一开始做单摆运动现象最明显的一个视频,并在之后的数据分析中将圆锥摆现象列入误差分析。

数据处理部分(何晔)：实验数据处理也是实验必不可少的一环,我们小组采用的是利用球绳装置测量地铁加速度。在实验最初我们确定需要测量的量有:小球质量 m、绳长 l、地铁加速时绳子与竖直时的夹角 θ。选取加速时的地铁作为参考系对小球进行受力分析。忽略空气阻力,小球仅受三力作用:近地表面受到的重力,绳对其的拉力以及在非惯性参考系中所受的惯性力。列出原始方程并求解后发现:地铁加速度 a 与 m、l 无关,而与 θ 和重力加速度 g 相关,其中小球质量远大于绳的质量,绳长至少应比小球直径大一个数量级,此时小球方可近似视为质点。绳子质量忽略不计,这与利用单摆测定重力加速度的器材条件是相同的。经查阅,上海附近的 g 约为 $9.794\ \text{m/s}^2$,那么 θ 的测量就成了最大的问题。为了解决 θ 的测量问题,我提出了两种方案:第一,最朴实的做法,直接使用量角器测量偏角,但马上就被否决了,因为当绳子偏离竖直位置后,测量的基线就不存在了,根本无法进行测量;第二,就是在与小球偏转平行的平面上拍摄绳子处于竖直和偏移最大量的照片,后期利用PS进行照片重叠,使两种状态在一张照片上同时显现,这样就可以方便地进行角度 θ 的测量。事实证明,这种数据处理方法是可行且成功的。误差不可避免,经多次实验,将测得的多组数据求平均以减小误差,最终测得上海地铁8号线列车启动时的加速度。

有趣的作业

高一(8)班　腾越

寒假前我惴惴焉地打开收到的作业清单,打开后却发现有两条特别的作业:数学的商品满减建模和物理的测量地铁加速度。看到它俩我不禁对寒假提高了一丝期待。

经过短暂的规划,我看中了一道根据水面倾角推算小车加速度的题目,原理清晰,现象明显。第二天下午,我带了一瓶矿泉水、一个玻璃杯、一部手机上阵。到了地铁上,给杯中倒上水,静待列车启动。可与我激动的内心不同的是,列车加速运动过程中的水面只有一个很小的、微微晃动的倾角,好似生怕我揭示出加速度的秘密。发现事情没那么简单,我拿出手机慢镜头拍下了这个现象。回到家中,我将拍摄的镜头拉满了整个电脑屏幕,量出了三角比,换算成了加速度并分析了误差。

本次物理实验过后,书本外的知识增加了!比如冷知识:地铁车站一块正方形砖边长 $60\ \text{cm}$、一节车厢 $19\ \text{m}$;还有热知识:高峰时段列车的加速度会比低谷时列车的加速度小一些。换作平常的我,扛着书包站在地铁里就不会发现这种现象。物理实验能让我们超越平时所做的题目,去直观探索生活中的现象。比如下次我站在地铁列车上,就不用担心启动时站不稳了——实验现象告诉我把身子侧过来5°就能抵消加速度,甚至会感觉肩上的书包轻了一点。物理实验也能潜移默化地提高我们的科学素养,特别是科学实践的能力。卡文迪什的第一个实验肯定不会是测万有引力常量,他小时候就很可能自己测过马车的加速度。

第五节　基于学生最近发展区的学习支架创设

摘　要：基于最近发展区理论,教师根据深度学习的特征,结合启发式、探究式、讨论式、体验式等学习方法的特点,设计适合学生的不同模式的学习支架,是引发深度学习的有效手段。本文总结了为中学物理创设学习支架的模式,基于五个基本环节的侧重点,提出了六种教学设计中常用的学习支架类型,并以物理校本选修"航空科技创新"课程的开发设计为例,探讨了学习支架创设在课程设计中的应用。

关键词：最近发展区;学习支架;支架式教学;课程开发

教学设计是根据教学对象和教学目标,确定合适的教学起点与终点,将教学诸要素有序地、优化地安排,形成教学方案的过程。关注学生的发展,关注学生的学习经历,引导学生成为学习的主体,在学习过程中使学生的核心素养得以提升,是教师追求的教学目标。为了实现这一目标,教师可以借助维果斯基提出的最近发展区理论进行学习支架的创设(图1-5-1)。该理论思想的关键在于以学生现有的知识能力水平为基础,引导学生"奋力一跃";实现其潜在水平的发展,促进学生自主建构新知的同时,引导学生进行深度学习。

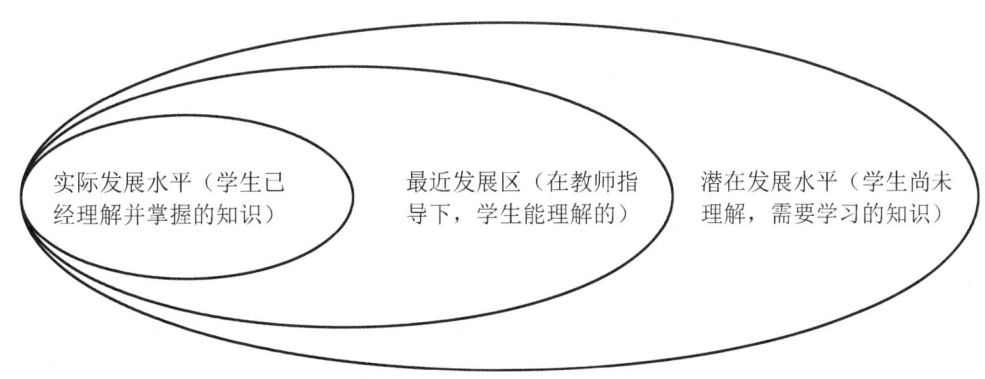

图1-5-1　最近发展区理论示意图

维果斯基提出,创造最近发展区就是学习最本质的特征,教师在教学中起着主导作用,学生在教学中具有主体地位,教学的本质是基于学生现存的障碍而提供帮助,以更好地完成学习任务。设计"学习支架",基于学生现存的困难和障碍提供帮助的教学过程,就是支架式教学。

一、引发深度学习的支架式教学模式

"支架"英文为"scaffold",又可以翻译为"脚手架",源自建筑行业,原意是脚手架,指用来建造或修整建筑物时使用的临时性结构。美国心理学家布鲁纳最先将支架用于学习领域,喻指为学习者提供的暂时性支持,将支架比作为一种培养学生知识和技能的手段,是知识、能力水平较高的人或者教师为学生创造的一种支持条件。如果把支架的搭建与学生的教育进行类比,将学生所要达到的能力水平比喻成我们将要建成的高楼大厦,学生的"学"就是自身不断积极构建、自我完善的过程,而教师的"教"就可以看作是建筑物中所需要的支架,通过教师的"教",能够为学生提供自我建构的支持,这种支持可帮助他们完成独自所不能完成的任务,帮助学生从现有发展水平上升到较高发展水平,进而达到预期的目标。

支架式教学模式(The Scaffolding Instruction mode)是在皮亚杰的建构主义理论基础上,融合维果斯基的"最近发展区"理论所形成的一种教学模式,其一经提出,就引起了国内外广大教育工作者的兴趣。虽然专家学者们对支架式教学的定义有所不同,但不可否认的是支架式教学都强调了教师在教学过程中支持、引导、协助的作用,进而使学生积极构建新知识的过程。

支架式教学,通过一系列的教学环节搭建不同类型的支架,让学生进行不断地建构、完善,将学生的智力从一个水平提高到更高的水平上。根据具体的教学环境,为学生提供能够激发学生最近发展区的学习内容,激发学生的一系列发展潜能,引导学生突破自己的最近发展区,使他们能够将学到的知识进行内化,以达到潜在高层次水平,以此继续推动学生其他能力水平的发展,达到引发深度学习的目的。

深度学习是一种以学生高阶思维发展为导向的学习,是指在主动加工、深度理解的基础上,学生能够批判性地学习新知识,并将它们融入原有的认知结构中,经过高水平的思维过程,灵活地运用所学的知识来解决实际问题的一种学习方式。深度学习具有五个特征:全身心主动投入学习,促进生活经验与所学知识相互转化,将所学知识转化为社会实践,掌握知识内容的本质属性与内在联系,学会评判知识及其学习过程。

根据深度学习的特征,注重批判性地理解,强调知识整合,关注迁移应用与问题解决,着重发展高阶思维能力的学习支架创设,是帮助学生穿越最近发展区、实现深度学习的高效途径。

二、支架式教学模式中的学习支架分类

支架式教学以学生为主体,充分发挥学生的积极性、主动性,创造性地完成对所学知识的建构和能力的提高。它的基本思路是在学生的现有水平与所要达到的学习目标水平之间搭建支架,帮助学生为他们提供正确的导向,然后通过学生与学生、学生与教师之间的合作交流,使学生的认知水平提升到更高水平,从而完成教学任务。支架式教学模式由创设情境、搭建支架、独立探索、协作学习、效果评价五个基本环节构成(图1-5-2)。

图1-5-2 支架式教学模式的五个基本环节

根据侧重点不同,支架可分为范例支架、问题支架、建议支架、工具支架、图表支架和实验支架六种类型。支架的选择与设计是支架式教学中的一个重要环节,教师要根据教学内容以及学生的最近发展区设计出符合学生认知发展水平的支架,从而使学生在原有认知水平上建构出新的知识。在教学设计时,针对不同类型的教学内容,也要选择不同类型的支架。

1. 范例支架

范例支架是指在学习新知识之前为学生提供一个例子,其实质就是提供某种意义上的参考,让学生从中受到启发,以顺利完成学习任务。例如,当学习到"弹力"这一节时,教师可以带着学生回忆之前学习过的有关重力的知识:"前面我们学习了重力的产生原因以及重力的三要素(大小、方向、作用点)。"通过对重力相关知识的进一步深化,紧接着可以提问学生:"类比于重力,如果我们要学习一种新的力,是不是也可以从这几个方面入手呢?"从而使学生有了研究的方向和思路,对弹力的学习也就会变得容易。

2. 问题支架

问题支架是学习过程中最常见的支架,有经验的教师用不同层次、不同角度的问题搭建学习支架,随着这些问题的不断解决,学生的学习也就逐渐深入。比如,加速度是一个非常重要的物理概念,难点在于它比较抽象,所以为了使抽象的概念变得具体,从而让学生更易理解加速度的概念,可以通过一系列的问题作为支架:①加速度是表示什么的物理量?②加速度是如何定义的?③加速度是矢量还是标量?④如果是矢量,那其方向如何确定?⑤物体做匀加速直线运动时加速度恒定吗?⑥速度大,加速度也就大吗?⑦加速度大,速度变化一定大吗?这一系列的问题都能激发学生的探究欲望,从而逐步引导学生对加速度概念的理解和建构。

3. 建议支架

当学生在独立探究或者合作学习的过程中陷入困境时,教师可以适当提供建议来帮助学生走出困境。与问题支架相比,建议支架更直白,往往能直击要害地指出问题的关键所在。比如用DIS测定小车运动加速度,获得 $v-t$ 图像后进行数据处理时,可以提出一些建议:①小车在轨道上运动的 $v-t$ 图像是一条倾斜的直线,反映了速度随时间均匀变化的规律。②移动光标,在图像上任意取两点并连接起来,求出连线的斜率也就是所求的加速度。学生通过教师提供的建议支架,更容易理解方法背后的原理。

4. 工具支架

很多物理概念、物理规律都比较复杂抽象,在教学过程中,为了保证学生对知识的同化、顺应以及概念的内化、建构,让学生顺利完成学习任务,教师可以为学生提供一些工具支架让学生自主完成学习。教师所提供的支架有很多种形式,比如上课所用的教学课件、书籍、实验仪器、电子白板、投影仪等各种多媒体。例如,在学习静摩擦力时,对于学生来说静摩擦力是比较抽象的,为了让学生更直观地体会到静摩擦力的存在,课堂上教师可以播放事先准备好的有关静摩擦力的教学视频,比如人站在手扶电梯上匀速上升的过程,用手握住玻璃杯使其不下落的现象等。工具支架不仅可以带动学生进行自主的实验探究,还可以提高学生的积极性,让学生更形象地理解物理概念,掌握物理知识。

5. 图表支架

图也是语言中的一种,即视觉语言,它作为传递的媒介,能传递重要的信息,从某种意义上来说,图比文字更容易识别和理解所传递的信息,它可以直观地表达物理概念、定理、规律之间的联系,常用到的有表格、流程图、概念图等。比如,在学习牛顿第三定律之前,学生会学习一个概念叫作相互作用力,但是学生容易将平衡力与相互作用力两个知识点相混淆,所以在教学过程中,可以将它们通过一个表格来进行对比分析,比较平衡力和相互作用力之间的异同,从而使学生牢固掌握这一知识点。

6. 实验支架

物理是一门以实验为基础的学科,实验教学不仅使学生的观察能力和动手能力得以增强,学生的分析能力、语言表达能力以及交流合作能力都会随之增强。实验支架作为课题引入时能直观形象地引起学生的认知冲突,在概念或者规律课的教学中,对学生认识概念、规律方面也起到积极的作用。比如,在课堂上,为了让学生更加切身体会到静摩擦力的存在,教师可以让学生伸出自己的右手,手掌向下放置在水平桌面上,当左手稍用力推右手的时候,右手却没有被推动,而此时右手就受到了桌面对其的静摩擦力的作用。教师演示实验的同时学生也做,不仅活跃了课堂气氛,还激发了学生的学习兴趣。

借助信息化工具的模拟实验同样可以作为实验支架。比如,在学习牛顿第二定律之前,学生要通过实验探究加速度与力、质量的关系。如果按照传统的实验方法,用打点计时器来探究,首先课时安排不允许,而且实验结果误差很大,物理规律不明显。教师一般会采用 Flash 动画演示,然后直接将结论讲出,但是学生并没有真正理解其中的含义,只能机械地套用公式。当采用数字化实验系统后,采用控制变量法,在很短的时间内就能测得数据,并且通过计算机自动生成 $a-F$ 图像,实验结果准确率高,同时也能激发学生的好奇心,从而提高教学效率。

三、学习支架的创设与应用

"航空科技创新"课程是笔者开发实施的一门 CIE 创新体验课程*,也是基于新课标物理学科选修课建议方向"物理学与技术应用"开设的物理选修课程,与上海交通大学航空航天学院教师携手开发。

整个课程在高一高二分为递进的三个阶段。第一阶段:无人机知识学习、制作、操作,培养兴趣;第二阶段:软件工程类、工程结构类、飞行技术类等分类课程项目化学习;第三阶段:学生自主设计课题进行研究。其中第一阶段与第二阶段的学习要求有较大落差,从兴趣、操作层面提升到专业技术领域,理解用"工程实践思维"解决实际问题的方法,对教师和学生来说都是不小的挑战。第二阶段的第一单元"灾害分析与无人机设计"的教学,就是根据支架式教学模式,创设学习支架进行设计的。

接下来就以"灾害分析与救援无人机设计"的教学为例,列举围绕学生最近发展区精心设置的教学环节所创设的具有启发性和层次性的不同类型学习支架,说明如何逐步引导学生进行探究,体验运用"工程实践思维"分析问题、解决问题的过程,发掘学生的潜在能力,提升学生的核心素养。

● 试飞活动,体验技术

教学环节:程控机试飞。

---

* 本设计方案获得上海市跨学科案例评比一等奖,入选 2020 年度中国国际教育装备博览会"赋能教育"专题教育案例展。

教学内容：程控机飞行操控体验。试飞程控无人机，感受无人机飞行的特性，体会和对比其与遥控机相比的优势。

学生活动：练习操控程控无人机自主飞行，分析对比相对于遥控机的技术优势。

【设计意图】 实验支架和范例支架的融合实例：观察和体验传感器辅助控制，理解程序控制无人机控制运行方式的时效性和优缺点。

● 创设情境，课题引入

教学环节：创设情境问题。

教学内容：情景问题引入，如地震灾害的影响，救灾现场的重重困难；观看关于地震的视频片段，着重介绍交通不畅通、通信中断的情况，播放空军空降灾区视频；分析引导，如让学生了解地震灾害中面临什么样的环境？是否有设备可以替代冒着生命危险跳伞空降的士兵？揭示课题，如能否利用程序控制的无人机可进行自主决策不受通信限制；能否利用空中平台以便不受地面交通情况限制；能否制作拥有高空视野指挥救援的良好设备。

学生活动：观看地震与空军空降视频片段，讨论视频内容，总结地震地区的环境特征，分析对救援设备的要求和解决问题的可能。

【设计意图】 问题支架和工具支架的融合实例：学生总结出救援无人机在地震场合的优势，引导学生学会"观察环境—分析问题—抽象特征"的问题分析方法，形成尊重生命的意识，感受灾难中"一方有难、八方支援"的互助精神。

● 观察对象，分析特征

教学环节：用工程实践性思维分析案例。

教学内容：话题引入，如何解决实际情境中较复杂的问题；思维方法介绍，以医生解决"如何医治病人"的问题为例子，描述医生如何分析病情并实施救治，总结出"工程实践思维"，运用该分析方法，分析救援无人机如何完成"救援任务"。思维分析引导，类比医生诊断与救治病人的过程，"诊断"灾害环境特点，提炼特征对比程控无人机技术特点，运用"工程实践思维"分析救援无人机需配置的功能。

学生活动：观看相关视频资料，观察救援对象，分析救援需求特征，用"工程实践性思维"实际分析各类救援无人机的特征。组成研究小组，讨论确定研究方向、初步计划等。

【设计意图】 建议支架和工具支架的融合实例：学会"观察对象—分析问题—抽象特征—分析特征—设计方法"的问题解决思路，并尝试用这种方法分析问题。

● 工程实践，能力提升

教学环节：工程设计实践。

教学内容：总结特征，思维分析引导（分析特征—设计方法）：介绍针对各类特征的传感器与功能模块，引导学生寻找设计方向，如侦察无人机、医疗侦测无人机、清障无人机、通信中继无人机等。动手设计：根据所列的无人机特征，设计每个人所设想的无人机，并且对无人机关键功能进行诠释。

学生活动：填写方案设计表，说明小组设计的救援无人机功能与研究方向，现场展示交流。

【设计意图】 工具支架和图表支架的融合实例：通过观察、实验等小组探究过程，具有团队协作的意识，体会研究活动组织形式的规则意识，培养应用理论知识分析问题的能力、整体设计能力、团队合作与交流的能力。

●团队合作,交流反馈

教学环节:评价反馈。

教学内容:引导学生根据本节课的思考和实践结果,完成方案设计表,进行过程评价;对其他小组的设计进行评价与反馈。

学生活动:完成方案设计表,进行互评。

【设计意图】图表支架与效果评价实例:过程记录,评价与总结。

在未来的教学中,支架式教学模式的应用会越来越频繁。如果学生的核心素养有所提高,支架式教学模式也会受到越来越多教师的青睐。总之,随着科技的发展和教育理念的更新,传统教学模式逐渐发生改变,支架式教学模式在教育领域的受重视度也会越来越高,基于支架式教学模式的教学设计也会愈加广泛应用。

············ 参 考 文 献 ············

[1] 中华人民共和国教育部.普通高中物理课程标准:2017 年版[M].北京:人民教育出版社,2018.

[2] 中华人民共和国教育部.普通高中通用技术课程标准:2017 年版[M].北京:人民教育出版社,2018.

[3] 黄猛.基于支架式教学模式下的物理教学设计[D].重庆:重庆师范大学,2019:1-4.

[4] 秦莉萍.创建学习支架 提升学生思维[R].2021.

[5] 韩珊珊,阮瑾怡.由易及难 层层深入——基于最近发展区理论的教学设计[J].上海中学数学,2019,(Z2):17-19.

[6] KIRSCHNER P A, SWELLER J, CLARK R E. Why Minimal Guidance During Instruction Does Not Work: An Analysis of the Failure of Constructivist, Discovery, Problem-Based, Experiential, and Inquiry-Based Teaching [J]. Educational Psychologist,2006,41(2):75-86.

第二章

高中物理实验教学实践之理

物理学科核心素养是学生在接受物理教育过程中逐步形成的适应个人终身发展和社会发展的必备品格和关键能力。物理学既有理论又有实验(实践),在物理学中,理论的发展离不开实验的推动,实验的发展也离不开理论的指导,物理学就是在理论与实验的相互碰撞中逐渐演变发展的。

物理实验不仅能提高中学物理教学效率,而且还能通过物理实验加深学生对物理概念、规律的理解,培养学生的观察能力与动手操作能力,锻炼学生逻辑推理能力和质疑创新能力,进而养成严谨的科学态度,掌握正确的科学方法来开展学习。

物理实验教学是物理教学的重要形式之一,物理实验教学可以全方位提升学生物理学科核心素养,包括:物理观念的形成;科学思维能力与科学探究能力的锤炼与提高;科学态度与情感价值观的培养。由此,我们可以看出物理实验教学能很大程度帮助学生提升学生物理学科核心素养。此外,物理实验教学不仅可以激发学生的学习物理的兴趣,点燃学生对物理学习的明灯,还可以很好地培养学生的观察能力、逻辑推理能力、动手操作能力、综合分析能力、交流沟通能力,也能培养学生的团队合作意识,使学生具有正确的科学态度,明确要承担的学习责任,而这些意识与能力的培养正是物理学科核心素养的具体要求。

本人在上海市"二期课改"和"双新"实施中,均参与了上海市教师实验教学培训资源开发与教学视频录制工作,编写了一些实验教学设计和课堂教学实例,在选修课程的开发实践中,也进行了一些跨学科融合实验教学设计的尝试,在本章呈现部分素材,与读者共同探讨。

第一节　开发实验资源,培养探究能力*

哲学家怀特海曾经说过:"进步的艺术在于在变化中保持秩序,在秩序中保持变化。"世界正在发生巨大变化,教育的巨变也正在发生。随着教育改革的深化和全球化、信息化的迅猛发展,基础教育面临着前所未有的挑战。我国已经开展了多次教育改革实践,当前基础教育课程改革的具体目标之一,就是要"改变课程过于注重知识传授的倾向,强调形成积极主动的学习态度,使获得基础知识与技能的过程同时成为学会学习和形成正确价值观的过程"。物理学是一门以实验为基础的科学,在物理学中每个概念的建立、每个定律的发现都有其坚实的实验基础。实验赋予了物理学科深厚的思想和内容,它是一个在有目的地改变事物的过程中观察事物、探索规律的科学研究方法。

在物理教学过程中,实验教学是不可替代的。它可以激发学生的新鲜感,培养学生学习物理的兴趣;可以让学生真真切切地体验物理,轻易突破教学中的重点、难点,有效提高教学质量;可以提高学生科学探究能力,通过实验自主探寻物理事实的解释和其中深藏的规律;还可以培养学生实事求是的科学态度、严谨的作风和坚韧不拔的意志。

然而教学中所做的物理实验大多是教学实验,它与物理学家进行的科学研究实验既有联系又有区别,虽然在本质上有许多共通之处,但教学实验是有选择地把一部分研究或者探索物理现象和规律的实验和事实,在集中的时间段内展现给学生,或由学生完成探究。如何开发教材中的实验资源？如何有效利用实验提高教学质量、培养学生的科学探究能力？

经过一段时间的思考、研究和实践,我们从以下几个方面来实现这些目标。

一、深入解读课程标准,高质量完成规定的实验任务

我认为,高质量完成实验教学任务不仅是要完成教材中要求的演示实验和学生实验,更应该从课程标准的核心素养培育目标着手,把被动地完成实验任务转变为主动根据教学目标安排和开发适合教学的实验,将实验和教学目标落实到位。

案例一:在"物质的微观结构"一节课中,要求学生知道利用扫描隧道显微镜(STM)得到物质表面原子排列的图像,了解科学家对于人类不能直接感知事物的认识手段,并从中领略科学家探测微观世界的精妙方法。我们不但向学生介绍了拍摄到的原子排列图像,还通过录像向学生演示了拍摄这些照片的方法和具体过程,使学生充分体会材料科学领域最先

---

* 本文曾在上海市课程改革论坛进行全市交流,获得与会专家与教师的好评。

进的实验方法,大大激发了学生的兴趣,同时落实了既定的教学目标。

案例二:在"磁场"这一章节中,为了落实"理解磁通量的概念和定义""联系话筒、放音机等实例,揭示日常生活中的电磁感应问题"等教学目标,宋淑光老师自己动手开发了全新的演示实验教具,让原本抽象的物理概念变得有血有肉,顺利突破教学难点,提高了教学质量。

二、积极开发新的课内和课外实验项目

在教材中有许多值得再开发的实验资源,用好这些资源需要我们教师的智慧和努力。充分研究实验的课堂效果,研究学生的课堂心理,我们发现夸张、惊险、玄妙、师生合作的实验往往更能吸引学生的注意力。

案例三:在"多用表的使用"这节课中,我们把解释和说明欧姆表内部结构的过程改为一个学生探究实验"如何用电流表测电阻",提供实验仪器,让学生自行设计实验方案,讨论可行性并动手操作,最后为电流表加上一个根据实验数据画的刻度盘,学生惊奇地发现自己动手做成了一个欧姆表。这个设计既培养了学生的科学探究能力,又很好地突破了一大知识难点,落实了一系列重要的教学目标。

案例四:"机械波"这节课中的发波水槽实验,可以投影演示水波的干涉、衍射等现象,我们在实验过程中,在水中放了一张小纸片,学生可以很清晰地看到在水波向外传播的过程中,纸片不会随水波迁移,这个简单的小实验很好地落实了教学目标。

案例五:在"电磁感应"课中,解释完话筒和扬声器的工作原理之后,为了让学生理解两者结构相同而工作原理不同,我现场用一副耳机当作话筒录音并播放给学生听,录音机里放出来的声音成了验证物理知识最有说服力的材料。

三、运用现代信息技术进行教学实验再开发

充分运用信息技术,培养学生信息意识,提高信息获取、处理和应用的能力,以适应学生在信息时代终身可持续发展的需求。在课堂教学中,我们利用DIS实时采集处理数据,迅速高效地得出实验结论,可以完成一些以前无法实现的实验过程,改进一些传统的实验,而且还能让课堂上有更多的时间来关注实验的科学思想和研究方法。

案例六:在"探究影响单摆周期的因素及其定量关系"这节课中,传统的单摆实验测量摆动周期需要较长时间,因此这个学生实验只能是一个验证性实验。我用DIS设备设计了一个同时测量单摆周期和摆长的实验装置,同时对实验器材进行改进,如:加长了实验用的铁架台,让摆长有足够大的变化范围;用胶木塞代替塑料片来固定悬绳,便于学生改变摆长的同时保证了悬点的固定;将位移传感器的发射器与胶木塞固定在一起并与悬点齐平,保证了摆长测量的精确性;将光电门传感器和位移传感器的接收器固定在一起,使测量更便捷等等。学生可以在几秒内就完成一组周期和摆长数据的测量,从而将一个验证性实验改为探究性实验。这堂课还有足够的时间来归纳数据处理的方法、总结探究的思路。

案例七:在"研究平抛运动"这节课中,以往都是将教材上的频闪照片展示给学生看,宋淑光老师结合计算机技术和数码摄影技术,成功地在课堂上拍出频闪照片,并且用照片分析出平抛运动规律,生动地给学生展示了这个研究物体运动规律的重要方法。

案例八:在"研究气体的压强与温度关系"这堂课中,江凌云老师用DIS通用软件设计了一个学生实验,利用计算机实时采集压强和温度数据,并高效地绘制出 $p-t$ 图像。几乎每

组学生都在成功完成实验后惊奇地发现,图线与温度坐标准确地相交于绝对零度的温度值附近,这堂课的教学目标自然得到了有效落实。

四、重视和发展传统的、简易的实验手段和方法

传统的实验有简单、易操作、灵活性大等优点,适用范围广,易于被学生接受。教师善于用身边常见的材料和器材做实验,往往可以起到出人意料的效果,而且为学生课后自己重复这些实验提供了可能性。同时,传统方法用列表归纳数据、用尺和笔绘图的过程,可以让学生更真切地体会一些重要的科学研究方法。

案例九:在"研究小灯泡的伏安特性"这节课中,我采用传统实验手段设计学生实验,一是为了让学生能经历记录数据、描点、设计坐标绘图的图表法等科学研究过程,二是因为画出的图线在后面的实验过程中可以再度使用,灵活性比较大。

经过一段时间的研究和实践,我们总结了以下开发实验资源的方法和要点:

1. 重视课本中现有的实验资源,将其落实到位。
2. 开拓实验领域,采用新的实验媒介和方法。
3. 充分研究学生的课堂心理,增强实验效果。
4. 善于用身边常见的材料和器材设计实验。

新教材让教师从原来的课程代言人成为了课程的自主开发者,我们正在按照新课程的理念,融合我们自己的教学思想,在实践过程中不断挖掘实验教学的素材和途径,通过实验将自主、探究、合作三种学习方式整合在课堂中。

第二节　教师演示实验 1
运用高速摄影技术研究瞬时变化中的物理现象

我们正处在高度信息化时代,电子产品已经是人们学习、生活中必不可少的重要组成部分,然而我们的课堂教学中仍在大量采用传统教学和实验手段,使课堂缺乏亮点和新意。同时,在新高考"3+3"选考模式的大背景下,需要大规模推进分层走班教学,由于场地和时间等客观原因,课堂的效率相较于改革前有所下降,影响了学生的学习效率,这就对教师提出了更高的要求。对于物理学科而言,因其综合性高、内容多、涉猎广等学科特点,授课时间更显得尤为宝贵。如何运用现代技术提高课堂效率,如何运用高新科技手段突破传统教学和实验的瓶颈,是我一直在思考的问题。

当本人使用的手机更新到了 iOS11 系统,作为物理教师我欣喜地发现手机增加的高速摄影(慢动作)功能,可以成为对物理学科实验研究的一个新的技术支持。

经过多次实验,本人已经完成对该功能的测试和研究,并在"超重与失重"教学中成功地进行了现场实验,在全国物理教学交流中获得同行一致好评。

一、实验器材

1. 具有高速摄影功能的手机一部(苹果手机系统在 iOS10 以上,或 2016 年以后出产的安卓系统手机),可观察手机拍摄视频画面是否有选项可以选慢动作摄影,若有此选项表示手机支持高速摄影慢动作播放功能。

2. 手机摄影支架一个。

二、实验现象

1. 将手机固定在支架上,支架放在稳定可靠处,对准要拍摄的实验设备。

2. 打开手机摄像功能,切换到慢动作视频拍摄画面,此时画面如图 2-2-1 所示,上方时间显示为 00:00:00。

3. 将需要拍摄的对象放入摄影画面进行准备,请拍摄者按下红色拍摄按钮并提示。

4. 开始拍摄后稍等约 1~2 s,使拍摄对象开始运动产生瞬时变化,完成拍摄后关闭摄像功能。

图 2-2-1　拍摄功能界面

5. 回放视频,可以看到放慢4~8倍的慢动作,通过暂停、拖动播放进度条等找到关键片段。

6. 连接计算机导入视频,或者通过微信等平台传输,需要时可利用视频软件进行后期处理。

三、实验选用的建议

可用于研究超重、失重现象,特别是完全失重现象时物体间压力为零、纸杯中的水是否漏出等问题。由于该类状态维持时间短暂,利用慢动作回放可较清晰地看到实验现象。该实验手段对器材和操作要求低,不但可以由教师在课堂中演示,还可以作为学生自主探究实验,在课后由学生自主完成,也为学生探究科学现象提供了现代化有效研究手段。

运用高速摄影技术研究瞬时问题,苹果手机用1080p清晰度,可以达到120帧/s,降低一些清晰度到720p,甚至可以达到240帧/s,播放时默认为30帧/s,所以最高可以将运动过程放慢8倍,加上可选用的各种视频分析软件,给学生和教师提供了一个研究问题的有力工具,值得推广。

发生完全失重现象时,物体间压力为零的实验关键画面如图2-2-2所示,纸杯中的水不漏出实验关键画面如图2-2-3所示。

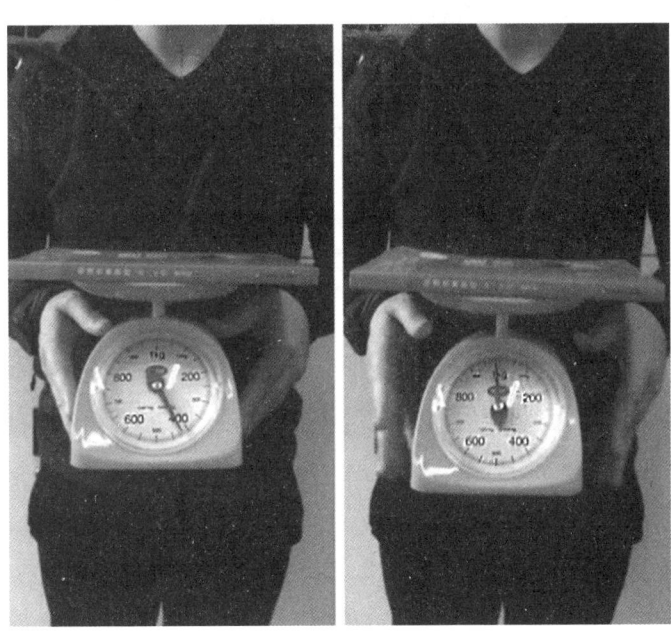

图2-2-2 物体发生完全失重现象时实验现象

图2-2-3 盛水纸杯的完全失重时实验现象

四、注意事项

测试表明,开始拍摄时并不是立即以 120 帧/s 到 240 帧/s 高速拍摄,而是约 1 s 后拍摄刷新率提高到需要的帧数,所以在开始拍摄时拍摄者应明确提示实验者已开始拍摄,稍等 1~2 s 后进行实验,这样可以保证拍摄下来的瞬时过程完整清晰。

第三节　教师演示实验 2
运用气垫导轨和 DIS 研究运动物体速率的变化[*]

一、实验器材

DIS 系统(光电门传感器两只、气垫导轨一组、气源一个、气垫导轨滑块一个、宽度 1 cm 的挡光片一块)。

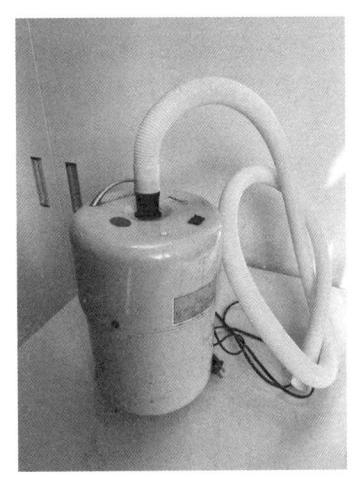

图 2-3-1　气垫导轨和气源

二、组装与操作

第一步:将挡光片固定在滑块上,滑块放在气垫导轨上,气源与导轨正确连接后开启气源。仔细调节气垫导轨使其呈水平,使滑块可在气垫导轨上任意位置静止,然后关闭气源。

第二步:将两个光电门固定在气垫导轨上,间隔约 50 cm。如果不便安装可用两个铁架台固定放置在气垫导轨旁,调整光电门的高度使滑块经过时挡光片可以顺利挡光但又不接触光电门。

第三步:连接数据采集器和计算机,点击计算机图标"DIS 实验室",进入"教材通用软件"。

---

[*] 本实验在 2014 年 12 月黄浦区教学大奖赛参赛课中演示,获一等奖。

第四步:点击上方平铺窗口按钮,使两个计时窗口平铺显示,如图2-3-2所示。

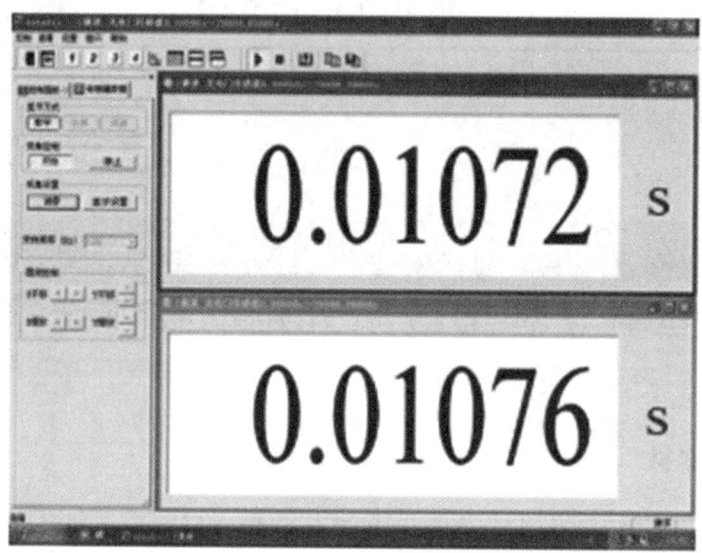

图2-3-2 计时窗口

第五步:分别点击两个光电门时间显示窗口,选择右上方挡光片类型按钮,两个光电门计时方式都选择Ⅰ型挡光片,如图2-3-3所示。

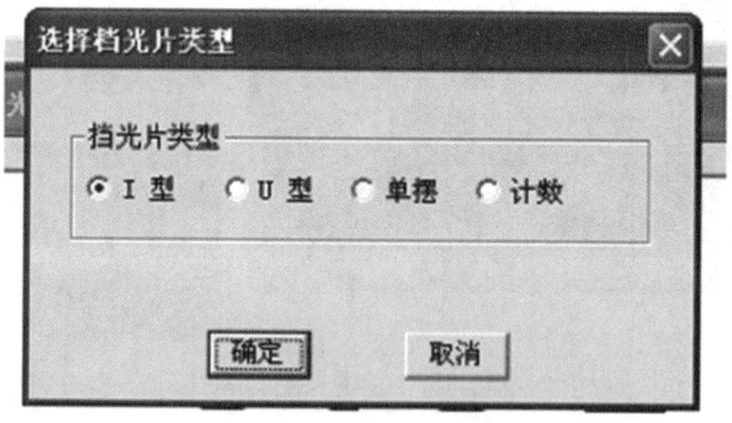

图2-3-3 挡光片类型选择

第六步:打开软件中的数据表格,点击左侧变量按钮新建一个变量L(挡光片宽度),双击对应的空白格输入挡光片宽度0.01(单位默认为米)。

第七步:点击左侧公式按钮,选择力学公式——速度,公式代码填入"$v1$",点击确定。在接下来弹出的对话框中,公式变量s对应表格项L,点击计算表格中的L,时间t对应表格项$t1$,点击计算表格中的$t1$,然后确定;再次点击公式按钮,公式代码填入"$v2$",重复上述过程,用表格项L和$t2$定义速度$v2$。过程和结果如图2-3-4所示。*

---

* 由于在计算机"教材通用软件"中"$t1$""$v1$"中数字未写成下标形成,为方便正文内容与图片进行对应,故在正文中保留"$t1$""$v1$"等写法。

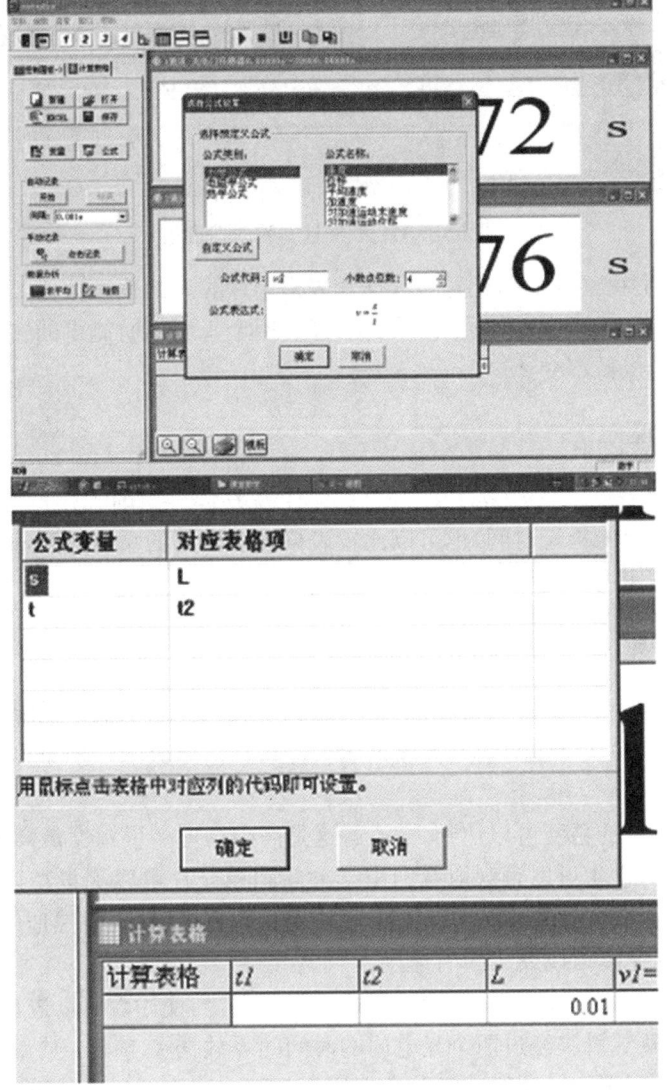

图 2-3-4　公式计算界面

第八步：开启气源，轻轻推动一下滑块，使其自由滑过两个光电门，迅速在另一侧握住滑块并取下，防止其弹回再次经过光电门影响实验数据，关闭气源，此时计时窗口中出现两个挡光时间的记录数据，如图 2-3-5 所示。点击左侧"点击记录"按钮将数据记入表格，此时表格已自动计算出两个瞬时速度值，如图 2-3-6 所示。

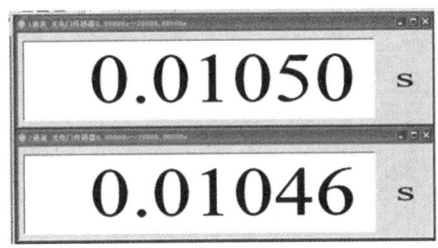

图 2-3-5　计时窗口记录数据

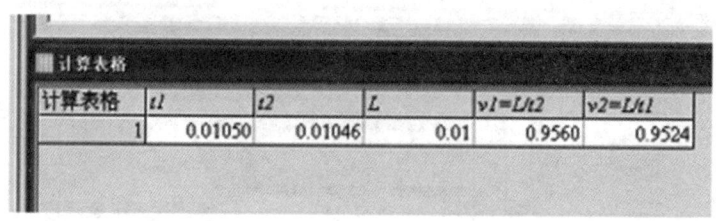

图 2-3-6　软件计算瞬时速度值

第九步：让学生观察两个挡光时间数据和表格中计算出的速度数值，思考瞬时速度的测量方法，比较在微阻力的气垫导轨上滑块先后经过两个光电门时测得的速度，体验做匀速直线运动的物体速度保持不变。

三、选用建议

本实验适用于牛顿第一定律的教学，可让学生观察体验瞬时速度的测量方法。学生可以直接比较两个位置的挡光时间，也可以比较表格自动计算的瞬时速度，进而直观感受微阻力条件下物体运动速度变化情况。

四、注意事项

瞬时速度是运动学中重要的物理量，瞬时速度的定义应用了数学极限方法，如果没有实验加以演示和说明，会使学生对瞬时速度的定义停留在数学极限的抽象思维层面，处于一知半解的状态。

光电门测量时间的精度可以达到 10^{-5} s，这是高中物理测量精度最高的实验仪器之一。通过本实验的演示，学生可以直观地看到用光电门和挡光片可以测量物体运动过程中极短位移内的平均速度，根据观察到的实验现象和测得的数据，能够很自然地体会到足够短位移内物体运动的平均速度可以视为瞬时速度。

实验时气垫导轨调到水平，推动滑块时速度不要太快，使用者可以进行多次测试观察数据进行微调，待调整到滑块经过两个光电门的时间间隔数据在 10^{-4} s 数量级仍然相等，测得的速度数据相近程度很高。这样的实验数据用于观察匀速直线运动的特点非常理想。

本实验还可用于牛顿第一定律的教学，用于观察在微阻力的条件下，物体的运动状态几乎不变这一现象，配合其他的学生实验使用，教学效果理想。

第四节　学生实验 1
用单摆测量重力加速度的大小*

一、实验名称

用单摆测量重力加速度的大小。

二、实验目的

用单摆测量重力加速度的大小。掌握用单摆测量重力加速度大小的原理和方法,选择合适的实验仪器进行实验,获取实验数据;学会用图像法处理实验数据;分析实验中存在的误差,并提出减小误差的方法。

三、实验原理

单摆的振动具有周期性,其周期与重力加速度的大小有关。当单摆做简谐运动时,其周期 T 与重力加速度 g 的关系为 $T=2\pi\sqrt{\dfrac{L}{g}}$,式中,$L$ 为摆长,则当地的重力加速度 $g=\dfrac{4\pi^2 L}{T^2}$。

分别测量单摆的摆线长度和摆球直径,以及单摆做简谐运动的周期,可得重力加速度的大小。

四、实验装置与使用方法

实验装置如图 2-4-1 所示,由铁架台、横杆、夹子、细线、金属小球组成。用长为 1 m 的毫米刻度尺测量悬挂状态下的摆线长度,用游标卡尺测量小球直径,用 DIS 光电门传感器测量摆动周期,用 DIS 通用软件进行数据采集与数据拟合处理。

五、实验操作与数据收集

1. 正确悬挂单摆,上端固定,使之可以自由摆动,测量自然悬挂状态下的细线长度 L_0 和小球的直径 d,摆长 $L=L_0+\dfrac{d}{2}$。

图 2-4-1　单摆装置示意图

---

* 本实验设计已拍摄教学视频,是"双新"实施上海市师资培训课程之一。

2. 在摆球最低点下方放置光电门传感器，确保小球可以正确挡光。连接数据采集器和计算机。使小球偏离平衡位置（摆角小于 5°）由静止释放做小角度摆动。点击电脑图标"DIS 实验室"，进入"通用软件"，点击右上角光电门图标将测量模式调整为"单摆"，如图 2-4-2 所示。

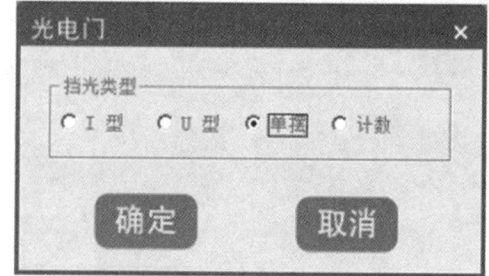

图 2-4-2　设置单摆测量模式

3. 点击通用软件计算表格按钮，在表格界面进行变量设置，手动添加"公式"$F_x=t1*t1$，手动添加"变量"L，双击表格输入摆长数据，并点击"开始"测量，记录周期数据，如图 2-4-3、图 2-4-4 所示。

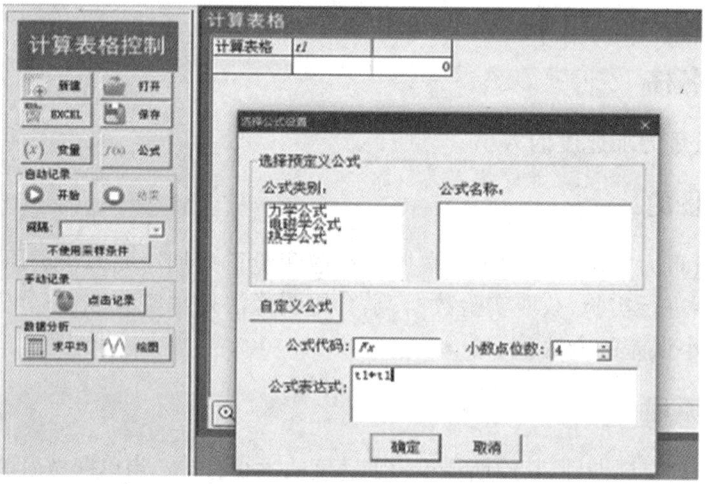

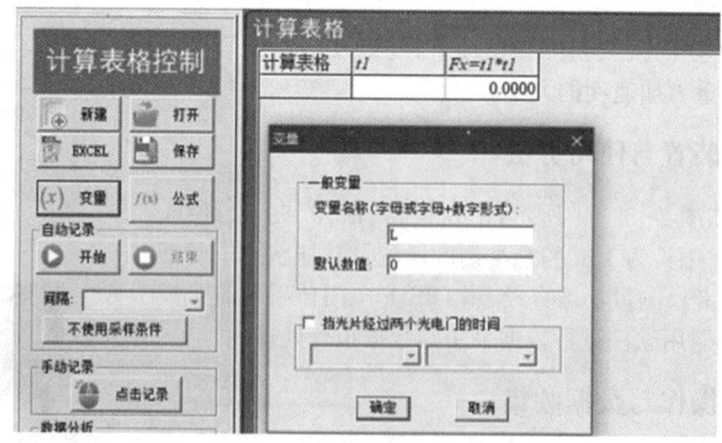

图 2-4-3　在计算表格中进行公式设置

图 2-4-4　在计算表格中进行变量设置

4. 改变摆线长度，重复上述步骤，采集五组以上摆长与周期数据。

六、实验操作要点

1. 将小球拉开一定角度释放后，需从侧面观察确认小球在同一竖直平面内摆动，以防因释放时有侧向初速度,导致小球的运动不在同一竖直平面内。

2. 点击"开始"按钮启动光电门测量,应在摆动一个周期、表格中采集数据成功后,马上点击停止按钮,以防止软件自动持续记录数据。若有多余的数据,点击右键选择删除行即可。

3. 改变摆长时,摆线长度应该在 1 m 左右,过短无法满足摆线长度远大于小球半径这一前提条件,过长则测量摆长会有困难。

七、数据分析与实验结论

1. 点击"绘图"按钮,设置 X 轴采用 L 数据、Y 轴采用 Fx 数据,绘制 T^2-L 图像,如图 2-4-5、图 2-4-6 所示。

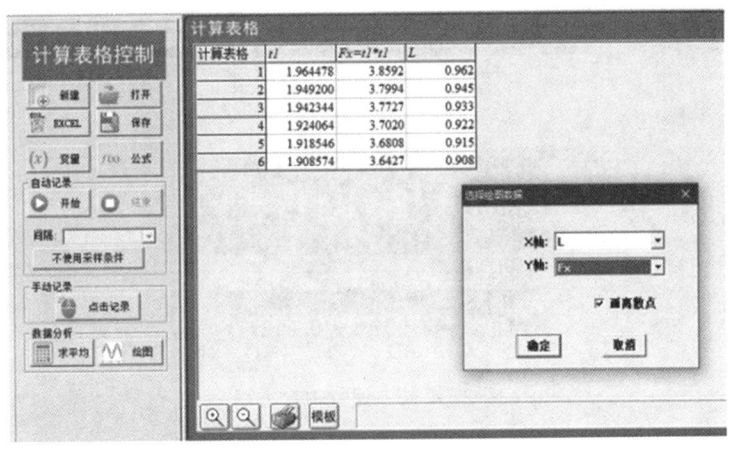

图 2-4-5　设置绘图数据

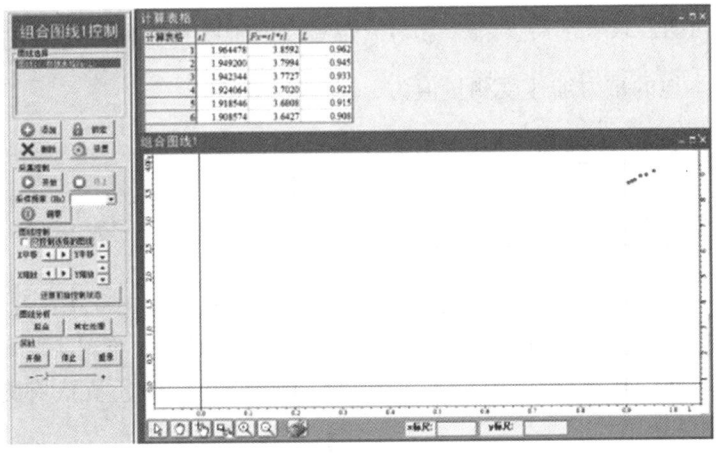

图 2-4-6　绘制 T^2-L 图像

2. 观察数据离散点排布的规律是否接近在同一直线上,若有数据点明显偏离直线,则该点对应数据应重新测量,或舍弃。

3. 点击"拟合"按钮,选择一次函数线性拟合,得到拟合图线与方程,如图 2-4-7、图 2-4-8 所示。

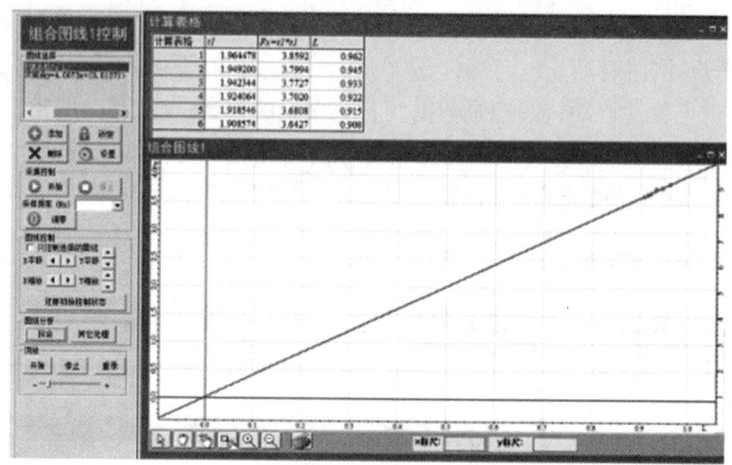

图 2-4-7 线性拟合图线

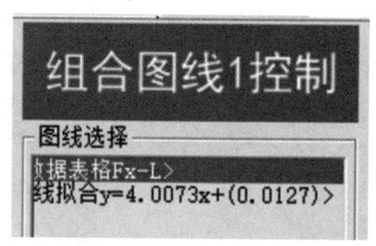

图 2-4-8 线性拟合方程

4. 观察图线,图线几乎过坐标原点,拟合方程中的截距数据约等于零,证明本实验数据与单摆周期规律基本吻合。

5. 由单摆周期公式可推得 $T^2=\dfrac{4\pi^2}{g}L$,故拟合方程中的直线斜率 $k=\dfrac{4\pi^2}{g}$,$g_{测}=\dfrac{4\pi^2}{k}$。

实验结论:本地的重力加速度测量值为_____ m/s^2。

八、探究活动设计建议

1. 类比探究加速度与质量关系实验、探究向心力与角速度关系实验等数据处理过程,分析将图线转换为直线的优点。

将非直线关系的数据图线转换为直线有诸多优点:①可更直观地观察数据分布规律,偏离直线的数据可通过直接观察确认;②直线可延长,可以将规律外推到实验数据未测量到的区域;③直线可较简便地测斜率,用于进一步反映一些定量规律;④直线有更多降低偶然误差的数据处理方法等。

2. 为了减小偶然误差,还可以用什么方法处理这些数据?用 $\bar{g}=\dfrac{g_1+g_2+g_3+g_4+g_5}{5}$ 求平均值与前述数据拟合方式有什么区别?为何要将明显偏离直线规律的数据点舍弃?

取平均值、计算机辅助拟合、计算器回归统计都是有效减小偶然误差的方法。

取平均值是基于随机性原则,可有效减小计算结果的偶然误差;计算机辅助拟合、计算器回归统计则是运用"最小二乘法"数学优化技术,通过最小化误差的平方和寻找数据的最佳匹配函数(可见看高中数学新教材"最小二乘法"教学内容),可更有效地减小误差。

无论用哪种处理数据方法,通过作图,将明显有较大偏差的数据剔除,有助于在后续运算中减小误差。

较好的数据处理方法是作图加拟合。

3. 若实验数据拟合图线明显不过原点,拟合方程的截距较大该怎么办?

这说明本实验的数据不符合单摆周期公式规律。若偏差较大,应仔细排查整个实验操作和数据处理过程,排除错误后重新测量采集实验数据。

若实验数据与直线拟合度较高,又明显不过原点,可进一步分析,由单摆周期公式可得 $T^2=\dfrac{4\pi^2}{g}L=\dfrac{4\pi^2}{g}(L'+x)$,可见该截距可能是单摆摆长测量方法错误导致,可能是漏记小球半径等导致,也可以利用该方法处理一些特殊问题,如后文作业题5。

九、实验教学建议

1. 在实验的操作过程中,应注重实验操作和实验思维:可以当场记录学生实际遇到的各种问题或操作不当情况,及时分享、讨论。

2. 用单摆测量重力加速度的实验中,应设计激发学生探究欲望的问题情境,引导学生进行科学探究:可以以早期的通过重力加速度测量寻找重金属矿的方法作为引入,从而引发探究测量动机。

3. 可设计探究讨论,若没有游标卡尺,仅用刻度尺如何比较准确地获得摆长? 有同学提出将摆线与摆球取下,水平放在刻度尺上进行测量,然后再悬挂,这种操作是否可行? 若答案为不可行,讨论可能会造成什么影响。

4. 可以给学生提供 DIS 位移传感器、停表等器材,引导学生设计更多的实验方案,从而深入体验设计实验、采集数据、处理数据的方法。

5. 本实验数据处理过程由计算机完成。若时间允许,建议安排手工作图处理实验数据的体验,可通过讨论作图要求帮助学生理解作图减小偶然误差的有效手段,对高水平学生还可以讨论计算器回归统计计算结果与作图结果的关系。

建议操作步骤如下:

① 将实验数据记录在表 2-4-1 中。

表 2-4-1 实验数据记录表

小球直径 $d=$ _____,单摆全振动次数 $n=$ _____

实验序号	摆线长度 L_0/m	n 次全振动的时间 t/s	摆长 L/m	周期 T/s
1				
2				
3				
4				
5				

② 用图像法处理数据，在图2-4-9坐标图中选择合适的物理量作为横纵坐标，考虑到摆长是决定单摆周期的因素之一，应将摆长 L 作为横坐标，周期平方 T^2 作为纵坐标。根据实验数据范围选取合适的分度，让实验数据点可分布在尽量大的范围。

③ 在坐标系中描出数据点，并据此作一条直线使数据点近似均匀分布在直线两侧。

④ 测量直线斜率，在直线上相距尽量远处另取两点，读取其坐标为(x_1,y_1)、(x_2,y_2)，据此测得直线的斜率 k，并由 $g=\dfrac{4\pi^2}{k}$ 得出重力加速度的测量值。

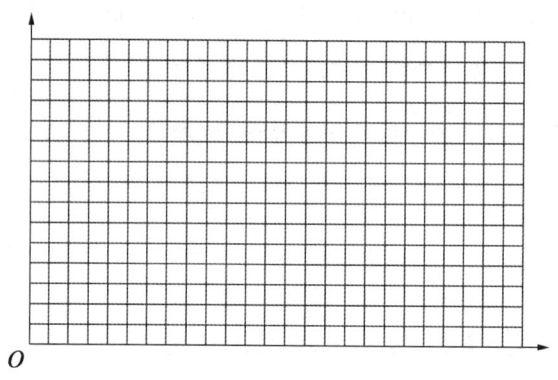

图2-4-9　坐标图

问题讨论参考：

为何作直线使数据点均匀分布在直线两侧可以有效减小实验偶然误差？为何测量直线斜率时需要在直线上另取两点？为何要尽量远？

十、作业设计

思考题

1. 单摆的摆球经过平衡位置时，是否处于平衡状态？

2. 做简谐运动的单摆，在摆角增大的过程中，摆球的速度和回复力如何变化？

3. 若实验测得的重力加速度比当地的公认值明显偏大，请分析可能是什么原因造成的？

思考题参考答案

1. 摆球经过最低点时，切线方向合外力为零，但小球在做圆周运动，最低点时绳子对小球的拉力与小球重力的合力指向圆心提供向心力，故摆球并不是处于平衡状态。

2. 随着摆角增大，摆球的速度越来越小，回复力越来越大。

3. 根据本实验重力加速度的计算公式可知，可能是摆长的测量值大于实际值，或者周期的测量值小于实际值，或者直线斜率的值小于实际值。可由此进一步分析可能的操作原因，如误将光电门测量方式设为 I 或 U 型；如误将绳长加上球的直径值当作了摆长，导致摆长测量值偏大等。

作业题

1. 用单摆测定重力加速度的实验中：

（1）应选用下列器材中的（　　）。

(A) 半径 1 cm 的木球　　(B) 半径 1 cm 的实心钢球　　(C) 1 m 左右的细线
(D) 30 cm 左右的细线　　(E) 停表、三角板、米尺

（2）若在某次实验中,测得细线的长度为 L、摆球直径为 D、单摆完成 N 次全振动的时间为 t,则利用上述量求重力加速度 g 的表达式为_____。

2. 一个学生利用单摆做测定重力加速度的实验,他的具体做法如下:
（1）取一根丝线,一端穿过摆球的小孔,然后打一个结,另一端缠绕在细铁棒上;
（2）用米尺量得的丝线长 20 cm 作为摆长;
（3）将摆球向一侧偏离 15°后放开摆球;
（4）在放开摆球的同时开始计时;
（5）记下摆球完成一次全振动的时间作为周期 T;
（6）把所得的数据代入公式 $g = 4\pi^2 L/T^2$ 即可。
请对学生的实验作出评价意见,指出其中存在的问题。

3. 在"用单摆测量重力加速度"的实验中。
（1）应选用哪种绳_____,应选用哪种球_____,光电门的摆放位置为_____（选填"最高点"或"最低点"）。

(A) 1.2 m 的细线　　(B) 2 m 的弹性绳　　(C) 带孔的小铁球
(D) 带孔的软木球　　(E) 光电门传感器

（2）图 2-4-10 为光电门传感器电流 I 与 t 的图像,则单摆摆动周期为（　　）。

(A) t_1　　(B) $t_2 - t_1$
(C) $t_3 - t_1$　　(D) $t_4 - t_1$

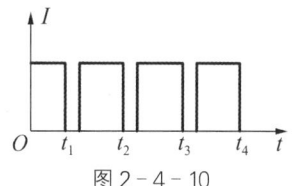
图 2-4-10

（3）甲同学用停表做该实验,但所得周期比该实验得到的大,则可能的原因是_____。

4. 在"探究单摆周期与摆长的关系"实验中,若摆球在垂直纸面的平面内摆动,为了将人工记录振动次数改为自动记录振动次数,在摆球运动最低点的左、右两侧分别放置一激光光源与光敏电阻,如图 2-4-11 所示。光敏电阻与某一自动记录仪相连,该仪器显示的光敏电阻阻值 R 随时间 t 变化图线如图 2-4-12 所示,则该单摆的振动周期为_____。若保持悬点到小球顶点的绳长不变,改用直径是原小球直径 2 倍的另一小球进行实验,则该单摆的周期将_____（选填"变大""不变"或"变小"）,图 2-4-12 中的 Δt 将_____（选填"变大""不变"或"变小"）。

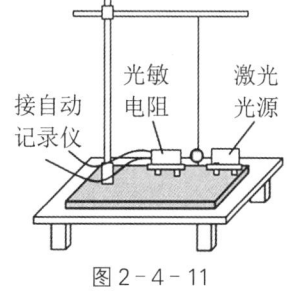
图 2-4-11

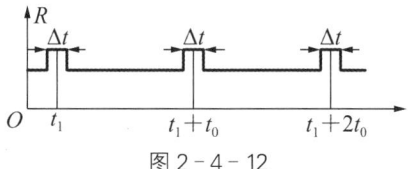
图 2-4-12

5. 在"用单摆测量重力加速度"的实验中,将一单摆装置竖直悬于某一深度为 h(未知)且开口向下的固定小筒中(单摆的下部分露出筒外),如图 2-4-13(a)所示。将悬线拉离平衡位置一个小角度后由静止释放,设单摆摆动过程中悬线不会碰到筒壁。如果本实验的长度测量工具只能测量出筒下端口到摆球球心之间的距离 L,并通过改变 L 而测出对应的摆动周期 T,再以 T^2 为纵轴、L 为横轴,作出 T^2-L 图像,则可以由此图像得出我们想要测量的物理量。

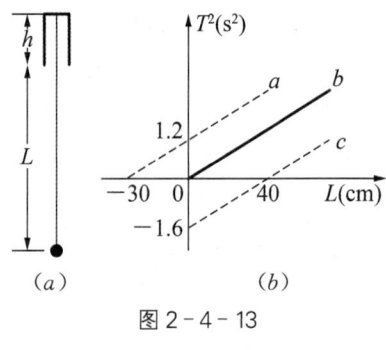

图 2-4-13

(1) 现有如下测量工具:A. 时钟;B. 停表;C. 天平;D. 毫米刻度尺,本实验所需的测量工具有:_____。

(2) 如果实验中所得到的 T^2-L 图像如图 2-4-13(b)所示,那么真正的图像应该是 a、b、c 中的_____。

(3) 由图像可知,小筒的深度 $h=$_____cm,当地重力加速度 $g=$_____m/s^2。

作业题参考答案

1.(1) BCE (2) $\dfrac{4\pi^2 N^2\left(L+\dfrac{D}{2}\right)}{t^2}$

2. 该学生实验操作中每一步都有错误:

(1) 不能将丝线缠绕在铁棒上,这样操作悬点不固定,摆长会随着摆动而发生变化,正确的做法应该是用夹子夹住,使悬点固定。

(2) 20 cm 的摆长太短,一般应使摆长 $L\gg$摆球的直径 d,取 1 m 左右为宜,摆长应为线长加小球半径值。

(3) 偏角大于 10°时,不能近似地认为单摆的振动是简谐运动,应使摆动偏角小于 10°。

(4) 放开小球后计时,不容易做到同步计时,应让小球摆至最低点即平衡位置开始计时(同时在平衡位置下面放置一个标志物)。

(5) 用一次全振动的时间作为周期,误差很大,应用累积法,让摆球摆动 30~60 次,测出总时间 t,再求出周期 $T=t/n$(n 为单摆全振动的次数)。

(6) 一般实验要重复几次,取记录数据的平均值为最终测量结果。

3.(1) ACE 最低点

(2) C

(3) 可能开始计时就提前按下停表了,或停止计时延后按下停表,导致计时结果大于实际时间。可能计数时数错,导致将 $n+1$ 次的振动时间当作了 n 次的时间,导致计时结果偏大。

4. $2t_0$,变大,变大

5.(1) BD (2) a (3) 30,9.86

第五节　学生实验 2
探究变压器原、副线圈电压与匝数的关系*

一、实验名称

探究变压器原、副线圈电压与匝数的关系。

二、实验目的

观察了解可拆式变压器的结构，探究变压器原、副线圈电压与匝数的关系。

三、实验原理

变压器是由原线圈、副线圈和铁芯组成的。交变电流通过原线圈时在铁芯中产生大小和方向不断变化的磁场，铁芯中变化的磁场在副线圈中产生感应电动势，尽管两个线圈之间没有导线相连，副线圈两端也存在输出电压。

实验中用控制变量法，通过改变原、副线圈的匝数，探究原、副线圈的电压比与匝数比的关系。

四、实验器材

可拆式变压器（包括铁芯、两个已知匝数的线圈）、多用电表（或 DIS 交流电压传感器）、低压交流电源、额定电压为 6 V 的小灯泡、若干导线。

图 2-5-1　可拆式变压器

五、实验操作与数据收集

1. 观察如图 2-5-1 所示的可拆式变压器的结构，左、右两个线圈上标明的数字表示线圈的匝数。

2. 交流电源的电压输出端设置为 12 V，如图 2-5-2 所示，用导线将交流电源接入原线圈标明 0、400 的两个接线柱，再用导线将额定电压为 6 V 的小灯泡接入副线圈标明 0、200 的两个接线柱。闭合电源开关，观察小灯泡的发光情况。

---

* 本实验设计已拍摄教学视频，是"双新"实施上海市师资培训课程之一。

线圈上标明的原、副线圈的匝数比 $n_1:n_2=400:200=2:1$，原线圈接在 $U_1=12\text{ V}$ 的交流电源上，用多用电表的交流电压挡测出小灯泡两端的电压 U_2。

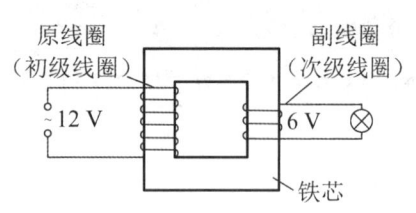

图 2-5-2　探究变压器的匝数比与输入、输出电压之间的关系

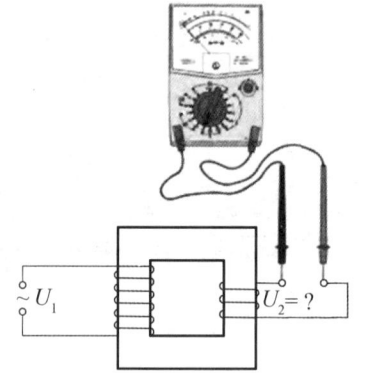

图 2-5-3　用多用表测量副线圈的输出电压

3. 将交流电源的电压输出端设置为 4 V。如图 2-5-3 所示，用导线将交流电源接入原线圈标明 0、400 的两个接线柱，保持原线圈的匝数 400 不变，用多用电表的交流电压挡（或 DIS 交流电压传感器）分别测量副线圈不同接线柱的电压。将相关数据填入表 2-5-1。

表 2-5-1　实验数据记录表 1

原线圈的匝数 n_1	400	原、副线圈匝数比		原线圈的电压 U_1/V	4	原、副线圈电压比	
副线圈的匝数 n_2				副线圈的电压 U_2/V			
副线圈的匝数 n_2'				副线圈的电压 U_2'/V			
副线圈的匝数 n_2''				副线圈的电压 U_2''/V			

4. 将交流电源的电压输出端设置为 2 V。如图 2-5-3 所示，用导线将交流电源接入原线圈标明 0、100 的两个接线柱，保持原线圈的匝数 100 不变，用多用电表的交流电压挡（或 DIS 交流电压传感器）分别测量副线圈不同接线柱的电压。将相关数据填入表 2-5-2。

表 2-5-2　实验数据记录表 2

原线圈的匝数 n_1	100	原、副线圈匝数比		原线圈的电压 U_1/V	2	原、副线圈电压比	
副线圈的匝数 n_2				副线圈的电压 U_2/V			
副线圈的匝数 n_2'				副线圈的电压 U_2'/V			
副线圈的匝数 n_2''				副线圈的电压 U_2''/V			

5. 实验结束必须断开电源开关，整理实验器材，并归纳总结实验结论。

六、实验操作要点

1. 为了确保人身安全，本实验只能使用低压交变电流，所用电压不能超过 12 V，即使这样，通电时也不可用手接触裸露的导线、接线柱。

2. 若使用多用电表，多用电表应选择交流电压挡测电压，先用最大量程挡试测，大致确定被测电压后再选用适当的挡位进行测量。

七、数据分析与实验结论

分别计算变压器原、副线圈的匝数比和原、副线圈的电压比,分析归纳两者之间的关系。

实验结论:在实验误差范围内,变压器原、副线圈的电压比等于两个线圈的匝数比。

误差分析:实验中可在断电后触摸线圈、铁芯,发现其有发热现象,可见导线发热、铁芯涡流等造成的能量损失是变压器损耗的部分原因,将导致变压器输出功率小于输入功率。

减小误差的方法有:选用电阻较小的线圈材料,选取更薄的材料叠层制作铁芯等。

八、作业设计

讨论题

1. 变压器原、副线圈能否交换使用?为什么?

2. 部分同学在实验中听到变压器发出嗡嗡声,根据你学过的物理知识解释这个现象的成因,并指出它会对本实验有什么影响。

讨论题参考答案

1. 一般不能交换使用,因为选用的线材有可能规格不同,所以两组线圈工作的电压和工作电流可能不同,交换使用有可能烧坏变压器的绕组,甚至有电源短路的风险。

2. 这是因为交变电流经过变压器绕组时,在铁芯中产生周期性变化的交变磁通,随着磁通的变化,产生作用力,引起铁芯的振动而发出均匀的"嗡嗡"声。该现象将一部分电能转化为铁芯振动的机械能,导致变压器能量损耗。

作业题

1. 某学生选用匝数可调的可拆变压器来做"探究变压器线圈两端的电压与匝数的关系"实验时,原线圈接在学生电源上,用多用电表测量副线圈的电压。

(1) 下列操作正确的是(　　)。

(A) 原线圈接直流电压,电表用直流电压挡

(B) 原线圈接直流电压,电表用交流电压挡

(C) 原线圈接交流电压,电表用直流电压挡

(D) 原线圈接交流电压,电表用交流电压挡

(2) 该学生继续做实验,在电源电压不变的情况下,先保持原线圈的匝数不变,增加副线圈的匝数,观察到副线圈两端的电压增大;然后再保持副线圈的匝数不变,增加原线圈的匝数,观察到副线圈两端的电压_____(选填"增大""减小"或"不变")。

2. 在"探究变压器原、副线圈的电压与匝数关系"的实验中,操作步骤如下:

① 将两个线圈套到可拆变压器的铁芯上;

② 闭合电源开关,用多用电表的交流电压挡分别测量原线圈和副线圈两端的电压;

③ 将匝数较多的一组线圈接到学生电源的交流电源输出端上,另一个作为副线圈,接小灯泡形成回路;

④ 将原线圈与副线圈对调,重复以上步骤;

以上操作的合理顺序是_____(只填步骤前数字序号)。

作业题参考答案

1. (1) D　(2) 减小

2. ①③②④

第六节　实验报告示例 1

用 DIS 位移传感器研究自由落体运动[*]

姓名_____　学号_____　班级_____　成绩_____

【实验名称】
　　用 DIS 研究自由落体运动。

【实验目的】
　　用 DIS 通用软件分析自由落体运动的 $s-t$ 图像,验证自由落体运动的性质,并测出重力加速度 g。

【实验原理】
　　DIS 数字化信息系统的通用软件是一个功能强大的数据采集和分析系统,利用它可以实时采集数据、实时描绘自定义图线、自动采集数据输入表格、根据表格数据绘图、利用曲线拟合方法分析图线等。
　　本实验就是利用 DIS 的实时采集数据、实时描绘图线和曲线拟合方法,描绘位移传感器在做自由落体运动过程中的位移-时间图线,并用曲线拟合方法分析图线,得到它做自由落体运动的位移-时间方程,同时测得重力加速度 g 的值。

_____
_____。

【实验器材】
_____
_____。

【实验步骤】
　　1. 正确连接位移传感器、数据采集器和计算机,打开 DIS 实验室,进入通用软件界面。
　　2. 选择按钮"组合图线",进入组合图线界面,点击"添加"按钮添加自定义图线,选择 x 轴和 y 轴表示的物理量,自定义其他相关参量。
　　3. 点击开始按钮开始采集数据,从最高点自由释放发射器,使其自由下落到缓冲纸篓中,计算机自动描绘它下落的位移-时间图像。
　　4. 停止记录数据,拖动图线找到数据采集较理想的部分,利用下方按钮选择进行分析

---

　　[*] 本实验为作者在二期课改 DIS 数字信息系统推广应用阶段所创,在黄浦区教学论坛交流,供广大教师借鉴使用。

处理的数据区域。

5. 点击左侧图线分析"拟合"按钮,进行拟合处理,找到拟合度最高的图线,记录下图线的方程。

6. 分析方程表示的物理意义,并得到测量的重力加速度值。

7. 反复多次测量,取平均值。

8. 对实验过程和结果进行评价和误差分析。

【数据采集】

表 2-6-1　实验记录表

实验序号	拟合得到的最理想方程 (长度和时间单位取 m 和 s)	g 测量值/$(m \cdot s^{-2})$
1		
2		
3		
4		
5		

测得的 g 平均值为_____。

【误差分析】

_____
_____。

【试一试】

1. 用自定义表格的方法来采集位移-时间数据,让系统自动将采集的数据填入表格。

2. 利用表格中的数据作图得到位移时间图线,最后进行分析。

第七节　实验报告示例 2
向心力与哪些因素有关*

姓名_____　学号_____　班级_____　成绩_____

【实验名称】

探究向心力大小的影响因素。

【实验目的】

1. 通过实验验证向心力与哪些因素有关,向心力与这些因素有什么关系。

2. 学会运用控制变量法,用 DIS 对有关变量进行测量,学会数据分析的基本方法并得出结论。

【实验原理与实验方案设计】

1. 常见的向心力公式:_____,_____。

影响向心力大小的因素有_____。

2. 本实验的研究对象为穿在细杆上的砝码,结合实验仪器的特点,选用公式_____进行验证,理由是:_____
_____。

3. 采用控制变量法,进行三组实验,分别是:_____
_____。

最后综合三次实验的结论,得出向心力 F 与物体的角速度 ω、半径 r 和质量 m 的定量关系。

【实验器材】

DIS 向心力实验器,计算机等。

1. 实验装置

如图 2-7-1 所示的实验装置(向心力实验器)可供选用,以砝码作为对象,研究其做匀速圆周运动时的向心力与角速度、半径、质量的关系。

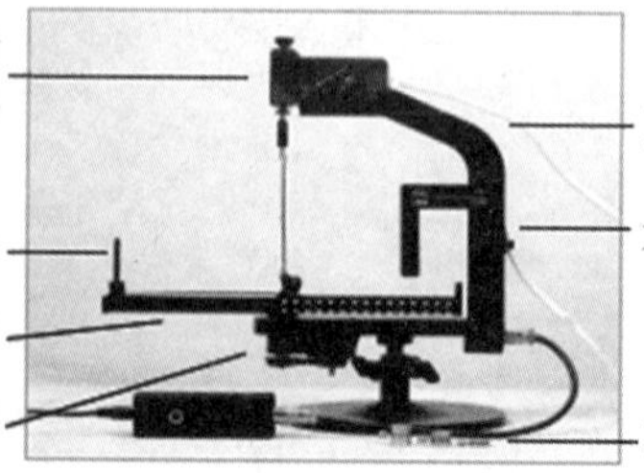

图 2-7-1　向心力研究实验装置

---

* 本实验报告为作者原创实验报告,使用本实验报告的课例获得 2019 年教育部和上海"一师一优课"评选部级优课。

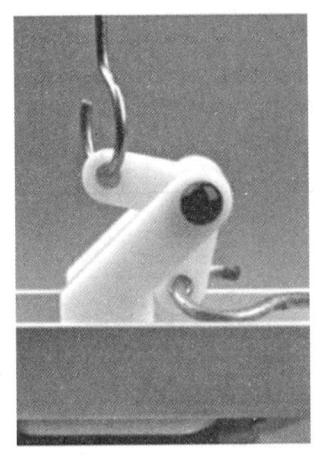
图 2-7-2 圆心处的等臂杠杆

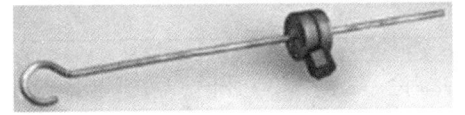
图 2-7-3 砝码与连杆

2. 测量方法

(1) 质量的测量与改变。

提供质量分别为 10 g、20 g、30 g 的三个砝码。

(2) 半径的测量与改变。

利用悬臂上的刻度测量。

(3) 向心力的测量。

(4) 角速度的测量与改变。

【实验步骤与实验数据记录和分析】

实验 1. 保持质量和圆周半径不变,研究向心力与_____的关系。

表 2-7-1 实验记录表 1

参量/单位 实验序号	1	2	3	4	5	6
$\omega/(\text{rad}\cdot\text{s}^{-1})$						
$F_{向}/\text{N}$						

实验操作与收集数据

1. 将光电门传感器和力传感器通过数据采集器接入计算机,将电机控制器与向心力实验器连接后接通电源。

2. 打开相应的专用软件,单击"开始记录",再单击"传感器调零",对力传感器调零。

3. 旋转电机控制器的调速旋钮,缓慢增大角速度,软件自动在 $F-\omega$ 坐标系中采集数据点。将实验时砝码的运动半径 r 及质量 m 录入表格。

4. 单击"停止记录",再单击"获取 ω 值",在 $F-\omega$ 图线上选择一个角速度值,软件自动在表格中给出对应的向心力 F,将其记录在表 2-7-1 中。

数据分析与实验结论

观察软件在坐标系中数据点构成的"$F-\omega$ 图像",是一次函数吗?是否具有抛物线特征?试试看利用图线"一次拟合"和"二次拟合"功能来验证你的猜想。

对数据作进一步的拟合,单击"$F-\omega^2$ 图像",得到的 $F-\omega^2$ 图线。

图线显示出 F 与 ω^2 为 _____ 关系。由此可以说明,在 m、r 相同的情况下,$F\propto\omega^2$。

实验 2. 保持 _____ 和 _____ 不变,研究向心力与 _____ 的关系。

表 2-7-2 实验记录表 2

实验序号 参量/单位	1	2	3	4	5	6

实验结论:在 _____ 和 _____ 相同的情况下,向心力与 _____ 。

实验 3. 保持 _____ 和 _____ 不变,研究向心力与 _____ 的关系。

表 2-7-3 实验记录表 3

实验序号 参量/单位	1	2	3	4	5	6

实验结论:在 _____ 和 _____ 相同的情况下,向心力与 _____ 。

【实验结论】

综合以上三个实验结果,可验证向心力公式 _____ 。

【实验反馈】

你在实验过程中遇到过什么问题?你是如何解决的?

_____

【试一试】

某科研人员随宇宙飞船进入太空绕地球做匀速圆周运动,为了测量物体的质量他设计了如图 2-7-4 所示装置。将待测物体与细线一端相连,把物体放在桌面上,细线的另一端通过桌面上的光滑小孔 O 与弹簧测力计的挂钩相连,弹簧测力计再用细线与飞船壁相连。给待测物体一个初速度,使它在桌面上做匀速圆周运动,利用宇宙飞船中备有的基本测量工具就可以间接地测量物体的质量了。

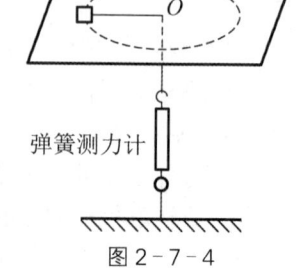

图 2-7-4

(1)看成质点的待测物体在桌面上做匀速圆运动的向心力是由 _____ 力提供的。实验时需要测量的物理量是 _____ 。

(2)待测物体质量的表达式为 $m=$ _____ 。

第八节 跨学科实践
排球起跳和击球中的物理问题*

一、起跳点问题

由视频软件分析可测得运动员起跳初速度和空中运动的轨迹(图2-8-1)。

图2-8-1 第一次助跑起跳击球

第一次一步助跑起跳到击球：
水平初速度 $v_x=1$ m/s,
竖直位移 $y=0.45$ m,
竖直初速度 $v_y=3$ m/s。
由斜抛运动规律
$$\begin{cases} v_y-0=gt \\ v_xt=x \end{cases}$$
可知起跳到最高点的时间约为0.3 s,这段时间内水平方向位移约为0.3 m。

击球时手臂前伸的距离 s 约为 0.5 m。
一步助跑起跳击球的起跳点距球的水平距离应该在 0.8 m 左右。

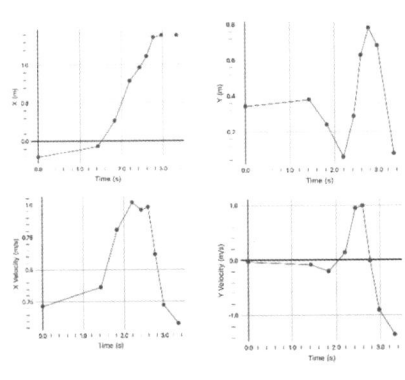

图2-8-2

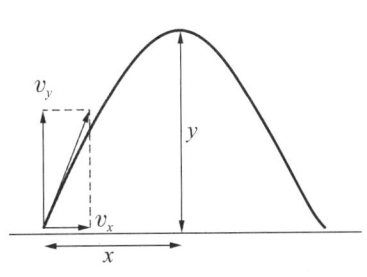

图2-8-3

---

* 本文为大同中学体育教师冯尚欣老师的"排球·正面扣球"公开课提供物理学科教学支持,冯老师的课入选上海市基础教育精品课,并在上海市级活动中多次进行展示。

图 2-8-4　第二次助跑起跳击球

第二次一步助跑起跳到击球：
水平初速度 $v_x=1.8$ m/s，
竖直位移 $Y=0.7$ m，
竖直初速度 $v_y=3.7$ m/s。
由斜抛运动规律
$$\begin{cases} v_y-0=gt \\ v_xt=x \end{cases}$$
可知起跳到最高点的时间约为 0.4 s，这段时间内水平方向位移约为 0.7 m。

击球时手臂前伸的距离 s 约为 0.5 m。

一步助跑起跳击球的起跳点距球的水平距离应该在 1.2 m 左右。

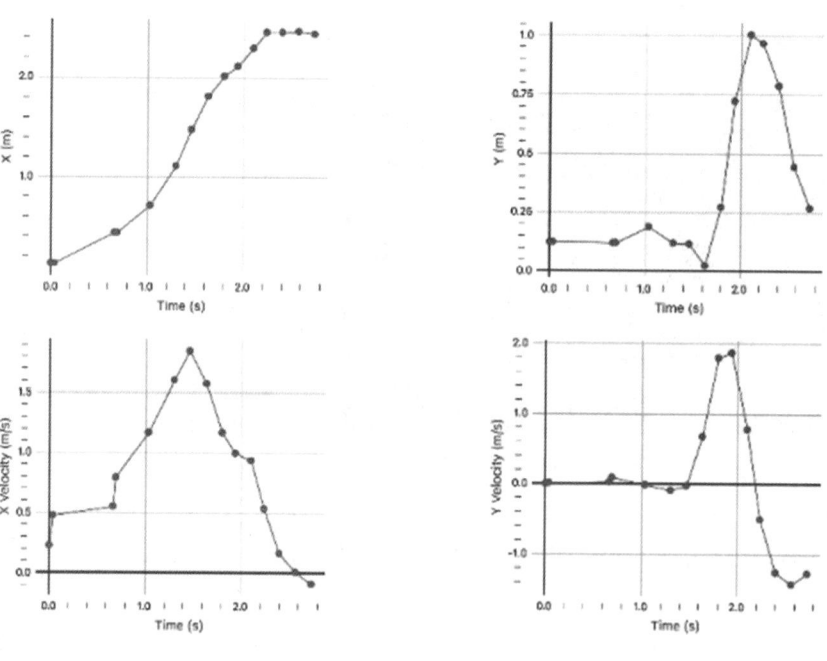

图 2-8-5

二、击球点问题

由于排球有一定形状，不能视为质点，由于击球后球的运动速度很大，可忽略击球后的旋转和运动弧线，设击球时球心的高度 2.5 m，比网高出 0.26 m，水平距离约 0.3 m。

如图 2-8-6 所示，由上述数据可测算出：

球出界的临界角度 $\tan\beta=\dfrac{2.5}{9+0.3}=0.268, \beta=15°$。

球擦网的临界角度 $\tan\alpha=\dfrac{2.5-2.24}{0.3}=0.867, \alpha=41°$。

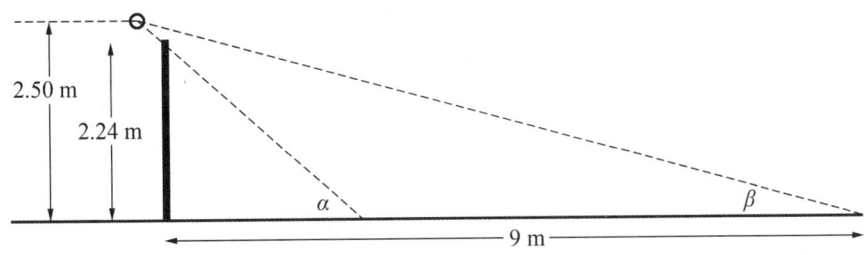

图2-8-6 击球后球出界或擦网临界角度示意图

根据上述角度可分析出合理的击球点范围大致如图2-8-7所示。

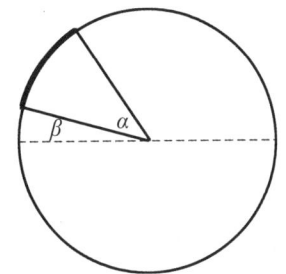

图2-8-7 击球点范围示意图

第九节　创新实验实践
扭矩与无人机控制*

一、课程简介与学情分析

1. 校本课程简介

"航空科技创新课程"是大同中学的校本课程 CIE 创新体验课程之一。CIE，即 Creativity（创造能力）、Innovation（创新意识）和 Entrepreneurship（创业精神）的英语首字母缩写。本课程以无人机的研制为内容载体，通过项目化学习方式，让学生在真实项目情境中，提升发现问题、解决问题能力。

课程针对高一至高二年级学生，分三个阶段——"准备创新"阶段、"体验创新"阶段和"自主创新"阶段实施。"准备创新"阶段主要是以分类项目化学习的方式，让学生在相关子问题的解决过程中，学习、了解无人机的硬件结构、软件工程以及飞行技术等相关基础知识，培养一定的科创能力。"体验创新"阶段让学生以研制一台具有自主寻迹飞行功能的旋翼无人机为目标，体验从需求目标分析、计划制订、研发实施到性能评价的完整科研创新过程。"自主创新"阶段，学生以社团形式自主组队参加无人机相关的竞技比赛，开展相关自主创新探索。本次实验说课的主题"扭矩与无人机控制"是课程"准备创新"阶段工程结构类子项目中的一节课（图 2-9-1）。

2. 学情分析

扭矩平衡是旋翼无人机能实现平稳飞行的必要条件，也是关乎旋翼无人机硬件结构布局和飞行控制的关键问题之一。虽然学生在初、高中物理学科中已经学习过力矩与平衡、作用力与反作用力知识，但航空器扭矩失衡场景通常复杂而短暂，不易观察研究。此外，市场上专业的多轴向扭矩平衡探究设备（图 2-9-2），价格较昂贵，通常为数十万元，且该类设备研究的扭矩问题涉及空间多自由度的刚体转动问题，超出了中学生的知识范畴。为此，教师设计了自制简易航空器扭矩控制测试转台，可满足学生定性、定量探究旋翼无人机扭矩平衡条件的实验需求。

---

* 本课例代表上海参加 2023 年第九届全国中小学实验教学说课评比，在全国五万多位教师的作品中脱颖而出，被评为全国优秀案例，赴天津进行决赛现场展示。李樑老师被评为 2023 年度全国中小学实验教学能手。

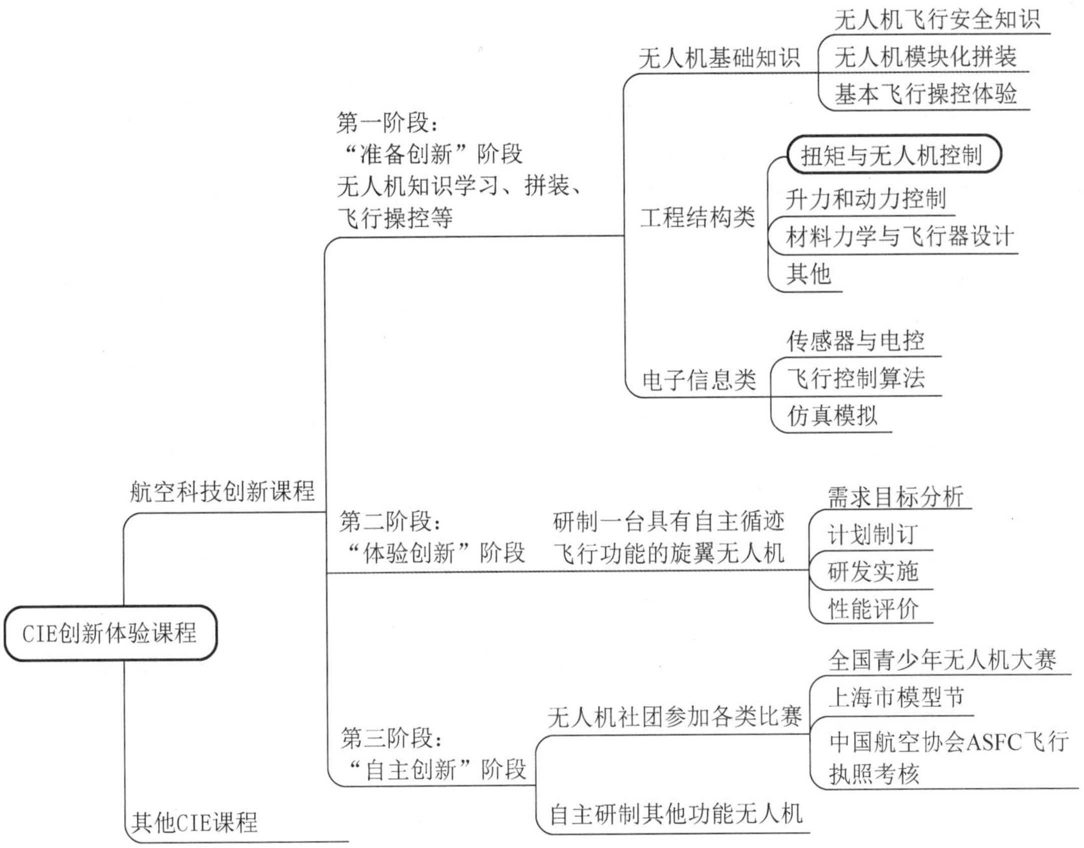

图 2-9-1 本课在课程中的位置

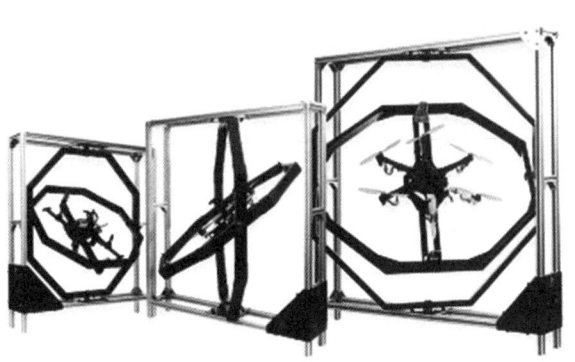

图 2-9-2 多轴向扭矩平衡探究设备

二、实验器材设计

1. 实验器材

自制简易扭矩平衡测试转台,教学用软质桨叶四旋翼无人机,无刷直驱模型直升机,计算机及 INAV 飞控软件和 VOFA 扭力测量软件。

2. 自制简易扭矩平衡测试转台的工作方式

实验基于航空器扭矩失衡时固定机身的单轴自由转台将发生转动这一现象开展。

转台工作方式1：用于定性观察机身的旋转。扭矩失衡的无人机固定在转台上启动时，转台会向一侧持续加速旋转(图2-9-3)，现象直观持久。

转台工作方式2：用于较精确判断无人机扭矩是否处于平衡状态。在转台底边增加两个固定力电传感器，侧面增加螺钉。无人机扭矩失衡时，螺钉将对一侧力电传感器产生压力，结合力臂长度可计算得到对应的扭矩。当两侧传感器的压力值均为零时，可作为无人机扭矩处于平衡状态的判据(图2-9-4、图2-9-5)。

图2-9-3 实验装置1

图2-9-4 实验装置2

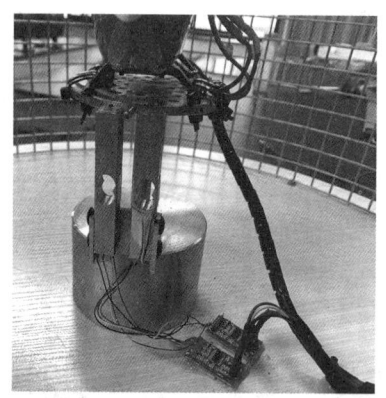

图2-9-5 自制扭矩传感器

三、实验器材创新要点

（1）实验装置结构简单，成本较低，实验现象直观。且配置了安全笼与安全顶盖以及使用软质桨叶，确保了实验安全。

（2）实验装置既可用于无人机扭矩失衡的定性演示，也可用于扭矩平衡的定量分析。

（3）实验装置可适用于多旋翼无人机模型、直升机模型等多种旋翼航空器的扭矩平衡测试。

四、实验教学目标

（1）通过实践比较、总结归纳等科学探究流程，完成旋翼无人机扭矩平衡条件的实验探究，以提升问题凝练、实验方案设计、数据采集、结果分析等科创实践能力。

（2）理解实现旋翼无人机扭矩平衡的不同策略，体验工程创新思维。

（3）经历应用基础学科所学知识分析解决真实问题的过程，感悟基础理论知识学习和科创探索活动的价值，增强对高新科技的关注意识和学习信心。

（4）以小组实践探究和班级集体交流相结合的形式展开学习活动，体验团队协作过程，提升交流表达能力。

五、实验教学设计与实施

1. 实验教学设计重点

（1）按照项目化学习的流程组织实验教学，让学生体验工程实践过程，为后继"体验创新阶段"复杂工程问题的解决奠定基础。

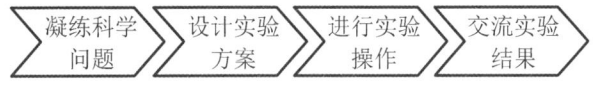

图2-9-6　实验教学流程示意图

（2）根据学生实践探究活动中常出现"重动手操作""轻设计思考"的特点，实验教学强化了"设计实验方案"环节的课堂交流与实验方案优化，并加入"实验操作安全"内容，以培养学生开展研究活动时的安全意识和规范意识。

（3）根据学生的知识背景与认知能力，实验教学强化了"交流实验结果"的课堂互动环节，让学生更充分理解实验意义，深化学生的理解认知，开拓学生的创新思维。

2. 教学实录

（1）凝练科学问题。

学生通过试飞四旋翼无人机时发现的故障，以及观看直升机遇险视频，发现"扭矩平衡"是不同类型旋翼航空器设计时均需考虑的共同问题。不同小组分别将：①探究四旋翼无人机扭矩平衡的条件；②螺旋桨扭矩与转速的关系；③探究直升机模型扭矩平衡的条件等，作为各自小组实验探究的目标（图2-9-7、图2-9-8）。

图2-9-7　观察故障无人机　　　　图2-9-8　观看直升机遇险视频

（2）设计实验方案。

教师讲解实验操作安全注意事项，强调直升机模型桨叶转速较高，必须盖上安全笼方可进行实验。各小组分别制定并优化了方案，如：①拆卸多旋翼无人机不同位置螺旋桨观察旋转方向不同；②测量不同转速下螺旋桨的扭矩；③测量直升机模型扭矩平衡时的旋翼转速比，作为各自的实验方案（图2-9-9）。

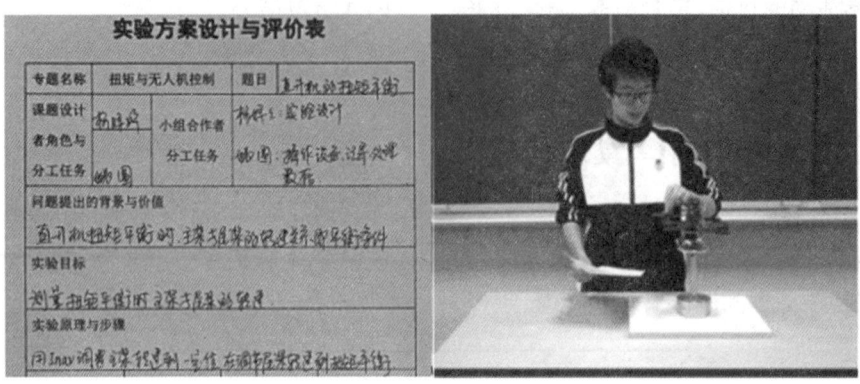

图2-9-9 实验方案交流示例

(3) 进行实验操作。

各小组根据优化后的探究方案，进行实验准备。小组成员合作完成实验探究。通过INAV软件、VOFA软件控制和记录电机转速、压力传感器数据，整理并处理实验数据。

图2-9-10 调整无人机旋翼

图2-9-11 小组实验探究

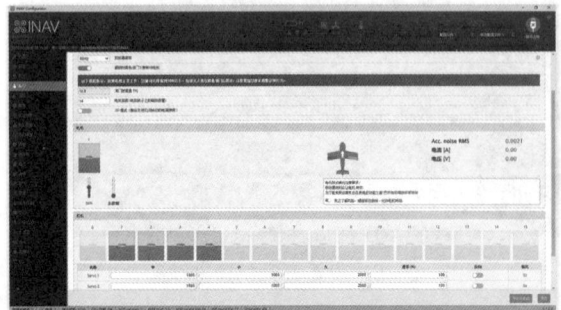

图2-9-12 控制和记录电机转速的INAV软件

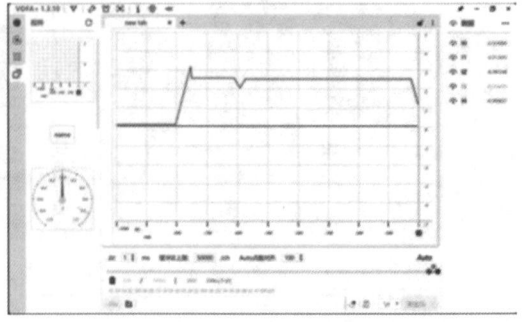

图2-9-13 记录压力传感器数据的VOFA软件

(4) 交流实验结果。

各小组分别得出了如:①四旋翼无人机通过对称旋翼布局及正、反桨设计实现扭矩平衡;②在较小转速范围内,螺旋桨的扭矩大小与转速正相关;③扭矩平衡时,实验的直升机模型的主螺旋桨与尾桨转速比有固定值等结论。

在此基础上,教师启发学生进一步查阅资料思考理解诸如:①所测得的直升机主螺旋桨与尾桨转速的比在直升机动力设计时有何用处?②无尾桨的直升机如何实现扭矩平衡?③是否可在单螺旋桨条件下实现扭矩平衡?④除旋翼飞机需考虑扭矩平衡外,还有哪些场景需要考虑扭矩平衡?等等,以深化学生对本实验的认识。

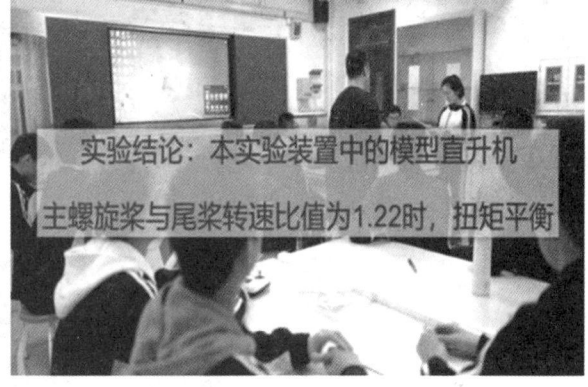

图 2-9-14　学生实验数据展示　　　　图 2-9-15　实验结果交流

六、实验教学效果评价

1. 满足学生实验探究的需要

学生利用自制简易扭矩平衡测试转台成功验证了四轴无人机利用正反螺旋桨对称分布平衡扭矩,以及扭矩平衡时实验直升机模型的主螺旋桨与尾桨存在固定的转速比(图 2-9-17)。

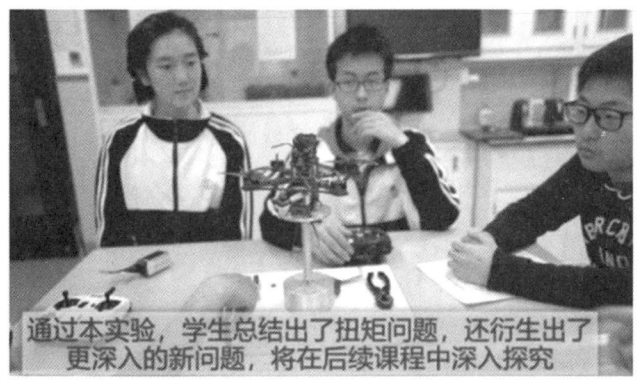
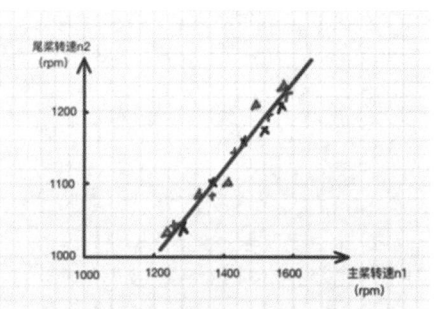

图 2-9-16　实验总结反思　　　　图 2-9-17　部分实验数据图

2. 引导学生将爱好变为探究方向

本课程的学生团队在为期两年的学习中,学习航空相关知识,学会自主设计制作无人机,并全员通过中国航空协会 ASFC 无人机飞行执照考核(图 2-9-18)。学生用自行设计制作的无人机参加各类无人机比赛,屡获佳绩。应邀接受上海电视台、《中国青年报》等媒体采访报道(图2-9-19)。在2023年的全国青少年无人机大赛总决赛中囊括了团体、个人全国冠军(图2-9-20);"王牌飞行员"卢亦悦不但连续三年获得个人赛一等奖,还将障碍竞速赛的全国纪录从31 s提升到了14 s。

将兴趣好奇引向专业知识学习,再由竞技比赛检验创新成果,本课程梳理了一条CIE(创意、创造、创业)理念的创新人才培养路径。

图2-9-18　全员考取飞行执照　　　　　图2-9-19　上海电视台报道

图2-9-20　全国赛冠军

附录

2021"张謇杯"全国中小学优秀自制教具展评活动参评作品技术资料*

一、教具名称

扭矩与无人机控制探究平台。

二、教具的教学意义和价值

"航空科技创新课程"是大同中学的 CIE 校本课程。

"扭矩与无人机控制"是第二阶段工程结构类中的一节(图 2-10-1)。

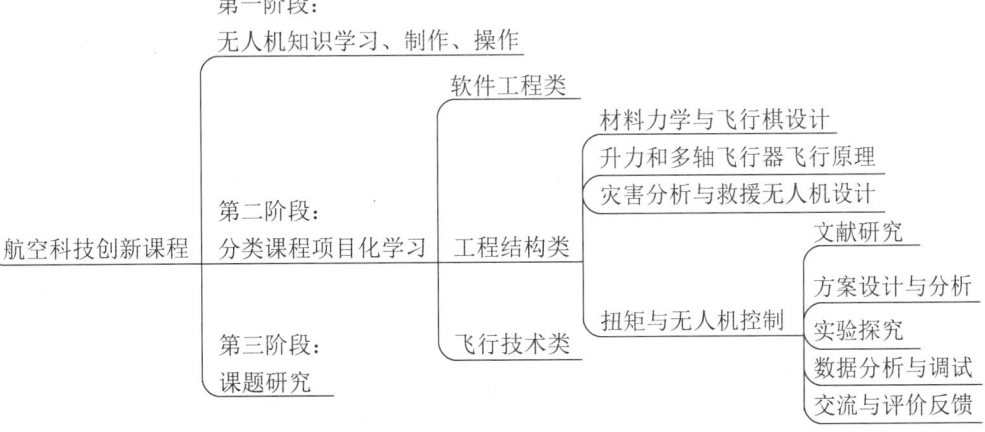

图 2-10-1 CIE 校本课程框架图

扭矩与无人机控制探究实验,以试飞自制无人机发现的故障为情境,探究旋翼航空器机身产生反扭矩的主要原因;运用自主研发制作的飞行控制测试平台,结合力矩及其平衡原

---

* 本教具设计获得 2021 年全国优秀自制教具评比一等奖。

理,在多旋翼无人机稳定控制问题中应用。运用"观察情境—分析问题—抽象特征—分析特征—设计方法"的工程实践性思维,通过设计探究实验方案,实施实验方案,理解扭矩及其与航空器平衡的相关知识。

通常航空器扭矩失衡会导致坠机等后果,因此失控旋转过程往往出现时间短暂,更不易进行实验探究,以往相关的教学内容都是以理论和录像视频为主。

运用自制设备1,学生可以直观地观察到航空器扭矩失衡导致的失控旋转现象,培养学生观察和提炼问题的能力,从而体验工程实践性思维应用,这是本实验设计的第一部分。

本实验设计的第二部分是运用自制设备2,借助信息化手段开展定量实验,用计算机控制电路调整螺旋桨转速,通过传感器测量扭矩数据,用计算机处理数据,对反扭矩进行较准确的测量。数据的处理和显示可以通过计算机直观清晰地呈现,既完成了实验定量探究任务,也锻炼了学生信息技术的应用能力。

运用本教具的实验课,通过创设情境发现并解决问题的项目化学习,团队合作设计方案,通过交流评价改进方案,最后实施方案再进行评价反馈,充分体验了团队合作的优势。

三、教具装置图及说明

1. 自制设备1:无人机扭矩控制演示仪(图2-10-2)

以一台四旋翼无人机及遥控器为基础,自制固定底座和转台,辅以螺旋桨拆卸工具。可观察、体验无人机扭矩平衡效果。当螺旋桨都安装正确,启动时无人机稳定;当拆卸对角一对螺旋桨后,无人机启动时向一侧持续加速旋转;拆卸另一对螺旋桨后,启动时向另一侧持续加速旋转。

图2-10-2 自制设备1:无人机扭矩控制演示仪

2. 自制设备2:飞行控制测试平台(图2-10-3)

图2-10-3 自制设备2:飞行控制测试平台

（1）整个平台以一个拆解的直升机缩比模型为基础，加上模型固定装置、安全笼，可独立控制直升机两处电机，自制扭矩传感器。装置可用于测量直升机主旋翼转动时的反扭矩，定量探究航空器扭矩平衡条件。

平台还包含直升机主旋翼电机与尾旋翼电机动力控制单元、尾桨输出传感器、实验数据收集控制单元、实验数据显示与记录软件、计算机。

本设备用于测量直升机主旋翼转动时的反扭矩，探究利用尾桨产生力矩与其平衡的条件，理解无人机平衡、航向控制等应用原理。

（2）反扭矩平衡是理解水平旋翼航空器平衡控制原理的重点，也是学习飞行控制知识的难点，以往教学中只有理论没有体验和实验探究过程，也没有成熟的用于演示或探究的实验器材，只能自主研发制作飞行控制测试平台。平衡直升机主旋翼的反扭矩作用是水平旋翼航空器平衡控制的典型体现，但直升机价格昂贵体积巨大，不可能拆解用于实验，因此想到了用等比缩小的直升机模型来进行实验。使用成本较低、体积小巧的实验装置，可以在实验室桌面完成这项探究任务（图2-10-4）。

图2-10-4　直升机模型

（3）其中测量扭矩的传感器是由两个力电传感器加上固定在直升机底部的螺钉制成的，配合计算机软件显示测量结果，是低成本的创新自制传感器（图2-10-5）。

图2-10-5　自制扭矩传感器

（4）通过飞行控制测试平台可以分别控制直升机的主旋翼和尾桨转速，方便直观测出反扭矩并进行平衡。用到的杠杆平衡原理符合中学物理所学要求，便于学生理解和探究（图2-10-6）。

图2-10-6　尾桨电机控制单元与主旋翼电机控制单元

（5）由于直升机模型的主旋翼工作时转速大，有一定危险性，加装了安全笼，确保旋翼转动时不会与实验者发生任何接触，避免出现危险，完善了安全问题（图2-10-7）。

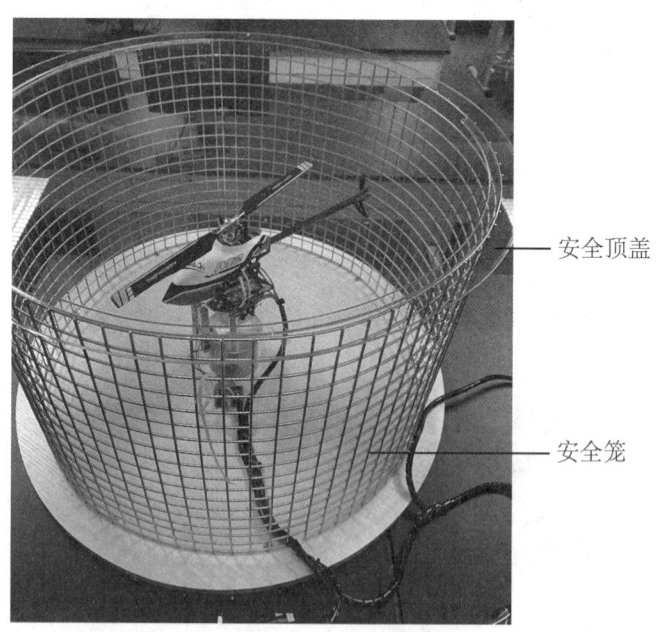

安全顶盖

安全笼

图2-10-7　安全装置

四、仪器特点及用途

1. 特点

运用自制设备1，学生可以直观地观察到航空器扭矩失衡导致的失控旋转现象，使原先只能在视频片段中看到的短暂现象得以直观、生动、有趣地展现。

运用自制设备2，借助信息化手段开展定量实验，用计算机控制电路调整螺旋桨转速，传感器测量扭矩数据,通过计算机处理实验数据,使扭矩平衡的结果得到较准确的测量,便于更深入了解航空器航向控制原理。

2. 用途

本教具可用于探究航空器扭矩平衡原理。

自制设备1用于演示和探究四轴航空器的扭矩平衡或失衡现象。

自制设备2用于定量探究直升机模型主螺旋桨与尾桨各自产生的扭矩达到平衡时的定量关系。

五、制作材料

设备1:一台四旋翼无人机及其遥控器,固定底座和转台,螺旋桨拆卸工具。

设备2:一个直升机缩比模型,模型固定装置与安全笼,自制扭矩传感器,直升机主旋翼电机与尾旋翼电机动力控制单元,尾桨输出传感器,实验数据收集控制单元,实验数据显示与记录软件,计算机。

六、使用方法

(1)自制设备1:接通电源,当螺旋桨都安装正确,启动时无人机稳定;当拆卸对角一对螺旋桨后,启动时无人机向一侧持续加速旋转;装回这对螺旋桨,拆卸另一对螺旋桨后,启动时无人机向另一侧持续加速旋转。

(2)自制设备2:盖上安全笼上盖,接通电源,连接计算机,打开VOFA数据采集软件与无人机控制软件INAV。

(3)启动主螺旋桨,控制到转速1,读取扭矩传感器数据A,并记录,然后关闭主螺旋桨。

(4)启动尾桨,控制到转速2,令扭矩传感器数据B=数据A,并记录,然后关闭尾桨。

(5)同时启动主螺旋桨和尾桨,分别控制到上述转速1和转速2,观察扭矩传感器示数是否为0。

(6)重复上述步骤(3)~(5),采集五组实验数据。

(7)观察实验数据,作出扭矩平衡时主螺旋桨与尾桨转速关系图线,总结规律。

第三章

高中物理学业水平与创新素养评价研究之跃

高中物理学习评价是以学生发展为本、基于物理学科核心素养的评价，其主要目的在于促进学生学习和改进教师教学。物理学习评价应围绕物理学科核心素养的具体要求，创设真实而有价值的问题情境，采用主体多元、方法多样的评价方式，客观全面地了解学生物理学科核心素养发展状况，找出存在的问题，明确发展方向，及时有效地反馈评价结果，促进学生全面而有个性地发展。

国务院办公厅印发的《关于新时代推进普通高中育人方式改革的指导意见》中指出要"强化综合素质培养。改进科学文化教育，统筹课堂学习和课外实践，强化实验操作，建设书香校园，培养学生创新思维和实践能力"。

探索运用信息化技术将数字画像应用于学生学业诊断与分析指导，对教师精准教学与因材施教，对学校课程供给与教学管理，均有全方位的提质增效作用。

本人在物理学业综合评价、创新素养评价、数字画像应用方面作了一些探索与尝试，在本章与读者分享。

第一节　新课程新教材理念下物理综合学业评价的探索*

摘　要：中学物理有极完备的知识体系、严密的数理逻辑推理、丰富的实验。传统教学中对学生的考核评价，虽然也强调实验能力、分析解决实际问题（科学思维）的能力，但是仅凭一张试卷来评价学生的学习是不够的，更不用说考查学生学习过程中的一些非智力因素，如：学习态度、学习方法、情感、进取心、意志力、思维品质，等等。

本人研究了上海新课程新教材实施对学科学业质量水平评价的要求和改进意见，分析了课改对课程评价作用的期望和改进的要求，在听取了市、区专家多方面意见后，根据大量学生和教师的访谈结果，参考国内外同行的做法，设计了新的物理学业综合评价方案，该方案从四个方面对学生学习进行评价：基础知识（物理观念）、基本技能行为（科学探究）、解决实际问题（科学思维）、学习过程中的非智力因素（科学态度与责任）。我分析设计了评价方案的原则、结构模块、实现方法等，详细制订了每个模块的测量指标和操作细则，使评价方案切实可行、容易操作。

本人还与物理教研组教师一起对我们的综合评价方案进行了对比实验研究，在高一、高二年级各取四个班级分为两组，实验组实施新的评价方案，对照组实施传统评价方式，实验过程为期一年。实验结果反映：评价方案对学生的作用非常明显，参与实验学生受到新理念、新评价方式的影响，学习兴趣得到了激发，三维课程目标得到有效落实，潜能得到了挖掘，创新精神和实践能力得到了提高，在此次实验中受益明显。

理论和实验都表明：上述评价方案可以对学生的学习态度、学习方法、情感、进取心、意志力、思维品质等因素产生积极影响，不但可以更加全面地评价学生的整个学习过程，还可以提高学生的认知能力，使学生可以看到自己各方面的进步，有努力的方向，提高学生自我认识、自我评价、自我调控的能力；并且详细的评价指标和细则使该方案具有很强的可操作性，是落实"双新"实施的有效手段。

关键词：综合学业评价；"双新"实施；中学物理

---

* 本文写于2007年，研究与实践中从四个方面对学生学习进行综合评价，基础知识、基本技能行为、解决实际问题、学习过程中的非智力因素，获得上海市青年教师基金课题论文评选一等奖。2019年新课程标准中提出物理学科核心素养，物理观念、科学思维、科学探究、科学态度与责任恰好与上述研究中的四个方面对应，作者2007年的研究与十几年后"双新"实施推进方向不谋而合，为了与"双新"实施推进目标契合，编入本书时将物理学科核心素养补充在四个方面的表述后，以便给读者以更好的参考和借鉴。

一、引言

（一）选题背景及意义

为了适应 21 世纪人才的需求，我们必须尽快造就具有创新意识和实践能力的未来一代。他们不仅需要有扎实的基础理论知识，更应具有发现、分析、解决实际问题的能力。目前正值新课程新教材全面推进，改革正在朝着以立德树人为核心、以培养创新意识和实践能力为重点的方向发展，注重以学生为本，培养学生能力。但是如何来综合评价学生的学习，却是改革中一直难以解决的问题，目前的评价方式偏重考察学习结果，对于学习过程的评价非常薄弱。我们必须有一种新型的评价方案和一系列配套措施，使它不仅能全面地检查学生的基础理论知识，更重要的是提高学生的潜在能力。

笔者注意到国内外教育部门正在进行学生学习评价的探索，如：德国汉堡市从基础理论、实践、解决问题三方面对学生进行评价，国内有些学校从基础知识、解决实际问题、动手能力等进行评价……我们认为仅有这些还不够，从以人的发展为本的观点来看，对学生学习评价还应包括人的思维品质、学习兴趣、学习心理、学习态度、学习方法、学习情绪等非智力因素。

我们想结合学校、学科、学生的特点，探索对学生学习的综合评价，一方面能使学生从多维度看到自己的优势或不足，从而使学生能及时自我调整、自我完善，提高他们元认知能力；另一方面通过试点，摸索经验、辐射全校，为我市乃至我国教改工作作一点贡献。

（二）撰文目的

我们开展对中学物理综合学业评价方案的探索，根据大量学生和教师的访谈结果，参考国内外教育研究者的做法，设想从四个方面对学生学习进行综合评价：

（1）基础知识（elementary knowledge）（物理观念）

掌握物理概念、物理规律的确切含义及其形成过程，知道物理规律的适用条件，能运用已学的物理知识解决一般性的问题。

（2）基本技能行为（experimental operating）（科学探究）

掌握高中物理的基本分析方法和技能，能在理解的基础上明确物理实验的目的，理解和控制实验条件，对常见的实验方法、仪器深入了解，并能熟练使用；会观察分析实验现象；会处理实验数据，绘制相应的物理实验图像并得出结论；能初步用已有的知识设计并完成实验。

（3）解决实际问题（problem solving）（科学思维）

对生活中的实际问题，能独立进行具体分析，弄清问题的物理状态、物理过程和物理情景，能抓住物理过程的本质因素，剔除次要因素，抽象出一定的物理模型，应用已学的知识综合解决实际问题。

（4）学习过程中的非智力因素（non-intelligence factors）（科学态度与责任）

研究学生的学习态度、学习方法、情感、进取心、意志力等因素对学生学习的影响，提高他们元认知能力，使学生可以看到自己各方面的进步，明确努力的方向，提高学生自我认识、自我评价、自我调控的能力。

我们认为从这四个方面来评价学生的学习，构思新颖，符合教育改革精神，弥补了现有考试制度的不足,解决了教育改革过程中强调情感态度价值观和培养科学探索能力,但缺乏评价依据和有效的评价方式的问题,具有时代性和应用价值。

(三) 主要内容

1. 引言
简述本文的选题背景、意义和撰写论文的目的、主要内容。

2. 教育改革对学科学业评价的要求和改进意见
介绍了目前中学物理教育改革的背景,课改对评价方式提出的新要求和对现状的影响分析,学校进行学业评价改革的基础条件分析,最后介绍了大同中学物理学科的学业评价状况,对学业评价方案探索进行可行性分析。

3. 大同中学物理学业综合评价研究
阐述大同中学物理学业综合评价的总体目标和实施策略。

4. 物理学业综合评价方案的设计与实现
详细论述了综合评价方案的设计原则、功能、组成部分以及实现方法和实施结果。

5. 结语
对论文进行全面的总结,指出本评价方案存在的不足和今后的改进方向,展望物理学业综合评价发展的前景。

二、 教育改革对学科学业评价的要求和改进意见

(一) 教育改革的到来和新理念新目标的形成

上海市中小学(幼儿园)第二期课程教材改革是以全国教育工作会议和上海市教育工作会议有关全面推进素质教育的精神为指导思想,根据新世纪知识经济时代需求,以及信息科技对基础教育的巨大影响,在一期课改的基础上启动的。目前,教育改革已进入整体实验阶段。

上海中小学教育改革是着眼于社会发展需要、学科体系和学生发展的实际开展的,是对前期改革"素质中心"的继承和发展,体现了以育人为核心,以培养学生的创新精神与实践能力为重点,为学生终身学习奠定全新的科学课程观和整体学力观,以回应上海一流城市一流教育的发展目标。

教育改革进一步提出了立德树人、五育融合理念与目标,强调学生的素养处于不断发展的状态,包括在德、智、体、美、劳的综合素质的基础上,揭示了提高素养的根本落脚点,并强调素养的动态性和发展性,把学生核心素养的发展作为适应新时代需要的培养目标和根本所在。

如今,教育改革的目标可以具体分为如下几点:

1. 一个基本理念
立德树人。

2. 两个改革目标
(1) 转变学习方式。
(2) 培养创新精神、提高实践能力。

3. 三个改革重点

（1）功能性课程结构指向核心素养的培养。

（2）信息技术与课程体系的全面整合。

（3）研究性学习方式和跨学科融合。

4. 提供五种学习经历

学习经历是学习目标、过程、内容和情境的综合体，是学生形成物理观念、提升科学思维与科学探究能力、强化科学态度与责任的关键。学习经历以学习内容为载体，强调学生对学习活动主动参与和亲身体验，关注学生学习经验的形成、积累和建构。

各种学习经历有其相对侧重的目标。教育改革提倡以下五种学习经历：品德形成和人格发展的经历，潜能开发和认知发展的经历，体育与健身的经历，艺术修养和发展的经历，社会实践的经历。

5. 建立三类主干课程结构

建立以必修课程、选择性必修课程和选修课程构成的课程结构。必修课程内容体现国家对公民素质发展的要求。选择性必修课程着眼于满足学生向不同方向与不同层次发展的需要以及适应社会多样化的需求，体现不同程度的基础。选修课程（在九年义务教育阶段称为探究型课程，高中阶段称为选修课程）着眼于让学生学会学习，激励学生自主学习、主动探究和实践体验。

6. 形成八大学习领域及相关学科

语言文学学习领域：包括语文、外语学科。

数学学习领域：数学学科。

自然科学学习领域：包括小学科学、物理、化学、生物学、地理等学科。

社会科学学习领域：包括小学道德与法治、中学思想政治、地理、历史等学科。

技术学习领域：包括信息技术、通用技术和劳动技术学科。

艺术学习领域：包括音乐（唱游）、美术等学科。

体育与健身学习领域：体育与健身学科。

综合实践学习领域：包括社会实践、社区服务等实践活动。

（二）对教育改革操作层面的思考

转变学习方式，培养学生应用所学知识和技能面对实际生活挑战的能力，是一种国际发展趋势。

（1）国际经合组织（OECD）的国际学生评价项目（PISA）每三年对15岁的学生组织一次测试。其口号是"评价学生现实生活和终身学习所必需的知识技能"，学生必须理解基本概念，掌握一定的操作技能，并且能将知识和技能应用于不同的场景。

（2）当前学生在学习方式上存在的主要问题必须改变。

杨振宁谈中美教育的差异时指出："中国学生在学习中往往是全盘接受，分不清学科理论体系哪些部分在未来是不可发展的，哪些部分是必须淘汰的。他们的导师根本就不喜欢学生的想法与自己有稍稍相悖之处。学生习惯于接受，而不习惯于思考，更不习惯怀疑，他们以拥有丰富的知识而自豪。"

课程改革必须改变过于强调接受学习、死记硬背、机械训练的现状，倡导建立具有"主动参与、乐于探究、交流与合作"特征的学习方式。

（3）课程教材改革涉及学生学习方式的三个方面：

① 动机与态度：被动—主动—自主；

② 社会环境偏好：个人（单独）—同伴（合作）；

③ 学习方式偏好：接受—探究（研究）。

（4）自主学习

自主学习是指"自我导向、自我激励、自我监控"的学习。自主学习具有以下特征：

① 参与确定自己的学习方向；

② 研制学习策略，在解决问题中学习；

③ 学习过程中有情感投入和体验；

④ 对认知活动能够进行自我监控，并作出相应的调整。

（5）合作学习

合作学习是指学生在小组或团队中为了完成共同的任务，有明确责任分工的互助性学习。合作学习具有以下要素：

① 积极承担在完成共同任务中个人的责任；

② 积极相互支持配合，面对面促进性互动；

③ 期望所有学生能进行有效的沟通，建立并维护小组成员之间的相互信任；

④ 对组内每个人完成的任务进行小组加工；

⑤ 对共同活动的成效进行评估，寻求提高其有效性的途径。

（6）研究（探究）学习

即从学科领域或现实社会生活中选择和确定研究主题，在教学中创设一种类似于学术（或学科）研究的情境，通过学生自主独立地发现问题、实验与操作、调查、信息搜集与处理、表达与交流等探究活动获得知识技能，发展情感。探究学习是一种特别有利于培养学生探索精神、创新能力的学习方式和学习过程。

研究（探究）学习的三个目标：

① 获得理智和情感体验；

② 建构知识；

③ 掌握解决问题的方法。

与研究（探究）性学习相对的是接受性学习。接受性学习将学习内容直接呈现给学习者，而研究（探究）学习的内容是以问题的形式来呈现的。与接受性学习相比，研究（探究）性学习具有更强的问题性、参与性和开放性。

（三）教育改革对课程评价作用的期望

1. 评价的诠释

教育学家拉尔夫·泰勒认为：评价是对目标达成程度的描述。

美国教育评价标准联合委员会对评价的诠释为：评价是对某一对象（方案、设计或者内容）的价值或优点所作的系统探查。

课程评价是以一定的方法、途径对课程制定与实施结果等有关问题的价值或特点作出判断的过程。

发展性课程评价的基本理念：评价是与教学过程并行的同等重要的过程。评价提供信息与指导，旨在促进发展。评价应体现以人为本的思想，建构个体的发展。

课程评价变终结性评价为全程性评价，重视教学中的过程性评价，学生的自我评价和小组评价，生生、师生通过自评、互评、点评，运用评价促进学生的自主学习。

2. 评价的类型

（1）按评价标准分，有绝对评价、相对评价、个体内差异评价。

（2）按评价功能分，有诊断性评价、形成性评价、终结性评价。

（3）从评价参与主体来分，有来自内部的自我评价和来自外部的他人评价。

（4）按评价的方法分，有量性评价、质性评价。

评价的具体体现：评价主体互动、评价内容多元、评价过程动态。

3. 评价准则

（1）变学业评价为学力评价。以总的学力的培养目标作基准，扩大评价领域，包括认知方面、技能方面和情感方面，建立兼顾态度、方法和心智发展以及人格等方面的多元评价模式，取代原来的只重知识和智育的评价模式。

（2）接受性评价与自我主动性评价相结合。

改变单一被动评价形式，建立既有来自教师的接受性评价，又有学生主动参与的自我评价的新评价制度，以增加评价的丰满度。

（3）变终结性评价为全程性评价。

着眼于学生的发展，实施对学生学习过程的跟踪评价，并及时开展评价信息的双向交流，遵循评价的增值性原理，发挥好评价的预测、诊断、反馈、导向、激励等功能。

考试数量的控制：原则上一学期进行一次，或者在该学科修习完成后进行一次。

对考试标准的控制：以学生共同的学习基准和要求作为命题时掌握难度的标准，并可从课程结构特点出发，使试题有一定的可选择性。

4. 评价形式

课堂教学即时评价：指随堂的教学评价，包括对学生提问和答问的评价，对学生作业的评价，以及阶段性、单元性考查等。日常性、阶段性考核要控制好频度、难度，采用适当的形式，注意发挥评价对学生学习情况的诊断功能，还可以建立"学生个人学习档案"。

学段终结性评价：指全市或区县范围内的有统一标准、统一要求的测试，一般局限在基础型课程的学科内。在经有关教育管理部门认可后，也可由学校自行组织进行测试。

等级考试：一般指学科性或综合性能力的考核，为学生特长的客观认定提供一定的依据。原则上由市级考试部门、教研部门等组织进行，也可以由社会常设性评价机构组织实施。

自我评价和小组评价：都属于学生自我评价的范畴，这是对单纯教师评价中存在的误差或片面性进行补充或修正所需要的，是建立新型师生平等关系的一个重要形式。一般采用定性（评语）评价的形式。

基础性课程应把评价的定量与定性相结合，客观地对学生学习进行评价。

拓展型课程宜用学分制管理方法。

（四）改进学科学习评价的目的、意义和任务

学科学习评价是通过对学生有关学科学习信息的全面采集和系统分析，了解学生的学

科学习情况,诊断学科教学过程中存在的问题,促进学生有效学习的过程。

改进学科学习评价的根本目的,是为了充分发挥学科学习评价作为实现学科学习目标保障措施的功能,更好地促进学生的健康成长,促进教师的专业化发展,促进学校教学质量的提高。

学科学习评价是学生综合素质评价的重要组成部分,根据课程教材改革对中小学学科课程的目标、功能和内容提出的新要求。必须改变传统学科学习评价中存在的重知识轻能力、重结果轻过程、重教师教轻学生学、重鉴别轻发展等倾向,必须重视发挥评价的激励和导向功能,重视过程评价和运用多样化的评价方法,以实现对学生学科学习的全面评价,建立健全的、有利于促进学生生动、活泼、积极、主动学习和发展的学科学习评价体系,这是上海市中小学课程建设的重要内容,也是保证新的课程理念得以贯彻执行的关键环节。

目前改进学科学习评价的任务是:

(1) 更新评价观念,确立以评价促发展的教育评价理念,逐步建立发展性学科学习评价体系。

(2) 积极发掘和发挥各类评价方法的形成性功能,通过形成性学科学习评价实践,积极引导、激励、改善学生的学科学习活动。

(3) 根据各学科课程目标和内容上的改革要求,研究、开发和推广有关学生情感、态度、价值观和学习过程与方法的评价技术。

(4) 利用现代信息技术研究开发更加便捷、可行、有效的评价方法。

(五) 改进学科学习评价的原则

有关专家指出,改进学科学习评价的原则是:

1. 促进学生全面而有个性地发展

学科学习评价的改进,要充分体现素质教育对学生成长发展的要求,既要重视对学生学科学习的共性要求,又要关注学生的个体差异。通过评价,促进学生良好的道德品质和积极情感的养成、创新精神的培育、实践能力的发展、潜能的发现和发挥。

2. 尊重学生作为发展主体的地位,发挥教师在评价中的主导作用

学科学习评价要尊重学生作为发展主体的地位,充分调动学生参与评价的积极性。要引导并鼓励学生通过自觉、主动地参与评价活动,学会自我反思,端正学习态度,改善学习方式,丰富学习经历,提高学习效益。

改进学科学习评价,同时要重视教师在学科学习评价中的主导性地位,充分发挥教师改进学科学习评价的自觉性和主动性,鼓励、指导和帮助教师通过多种形式的学科学习评价实践,努力发现和发掘学科教育的价值,最大限度地增加学科教育教学活动对学生发展的价值。

3. 充分发挥评价的引导、改进和激励功能

要通过评价方法的运用,及时向学生、家长、学校管理者和有关方面反馈有关学科学习的信息,通过强调在学科教育实践中希望教师和学生重视的因素,引导教师的传授和学生的学习活动。

明确促进学生发展的改进要点,并制订改进计划,指导和帮助学生调整学习进程,协助学校管理者和有关方面完善对学科教学的管理。

通过评价观念的更新和评价手段的完善,以及各种评价方式的实践,充分发挥评价的引

导和激励功能,逐步形成一种通过学科学习评价促进学生发展、教师发展和学校发展的机制,形成有利于学科教育目标实现的良好教育教学环境。

4. 重视评价方法的多样化

逐步形成以评价方法的多样化为特征的良好学科学习评价活动:要重视评价信息的完整性和信息来源、采集方式的多样化。应根据学科类型及其特点,采用多种方式评价学生的学科学习情况,正确处理好总结性评价与形成性评价、教师评价和学生评价、学校评价与社会评价之间的关系。在合理运用定量评价方法的同时,注重定性评价方法的有效运用。

三、大同中学物理学业综合评价研究

(一) 物理学业综合评价的总体目标

改进学科学习评价,要重视评价观念的更新,关注评价内容的完整性和发展性,根据物理学科的性质、课程目标、课程内容、学习组织形式和学习方式的特点,建立既能体现物理教育改革课程的要求、又能反映学生个性特长的评价标准,通过各种评价方法及其功能在实践中的发掘和合理使用,保证评价结果的有效性和可靠性,使评价过程真正成为促进学生成长发展的过程。

(二) 大同中学物理学业综合评价的实施策略

大同中学是上海市第一批参加教育改革实验的实验性示范性高中,已经积累了大量课改的实践经验。大同中学有良好的教育科研环境,学校领导非常重视对学生学习综合评价的探索研究。我们物理教研组是教育改革的排头兵,改进物理学业评价方式的想法已经酝酿多年,参照最新的《普通高中物理课程标准(2017年版2020年修订)》和《上海市中学物理课程标准解读》,我们制订了如下的实施策略。

1. 根据课程目标进行全面评价

根据课程教材改革确定的知识与技能、过程与方法、情感态度与价值观三个方面的学科课程目标,系统评价学生的成长发展情况。综合学业评价方法的设计和运用,力求全面体现物理学科教学目标对学生发展的要求,评价指标设置科学、完整、有效、可靠,具有可操作性;在过程与方法、情感态度与价值观这两类课程目标评价中,尽量用评语对学生学习情况进行质性描述,重视对学生有效运用知识解决实际问题等能力的评价,避免简单地给学生一个等第或分数的做法。

过程与方法、情感态度与价值观等课程目标的评价,是教育改革提出的新要求,我们鼓励组内的物理教师结合日常教学实践进行探索和创造,大胆引进、开发新的评价方法和技术,多角度、多层面、全方位地评价和记录学生的成长发展情况。

因此设想从基础知识(物理观念)、基本技能行为(科学探究)、解决实际问题(科学思维)、学习过程中的非智力因素(科学态度与责任)四个方面来评价,这四个方面涵盖了课改要求的三个方面学科课程目标,能有效地全面评价学生的成长和发展情况。

2. 加强对物理学科学习的形成性评价

在日常教学过程中,教师应切实采取措施,加强对学生学科学习的形成性评价。

形成性评价要关注学生学习的过程,创造一种有利于丰富学生学习经验、不断提高学科学习效果、有效促进学生成长发展的环境。

我们努力将形成性评价与日常的教学活动紧密结合,系统地运用各种评价方法,及时了解学生的学习情况,使评价贯穿于学科教学活动的全过程。

我们采用的方法主要有:

(1) 课堂评估。教师发挥课堂评估的形成性功能,灵活运用诸如课堂提问、学生质疑、小组讨论、实际操作、微型调查、课堂测验、检查单以及学生自我评价等方法,评价学生在知识与技能、过程与方法、情感态度与价值观方面的形成水平及其对教学的反应,系统了解学生学习进展情况,诊断学生学习过程中存在的问题。及时向学生反馈学科学习情况,激发学生的学习动机,指导学生有效学习,引导学生养成良好的学习习惯,不断改进学科学习效果。

(2) 作业练习评阅。充分重视作业练习作为学科学习信息重要来源的作用,合理安排学生的书面作业、综合实践作业、实验操作作业、小组合作作业,以及个性化作业(如:我最喜欢的作业)、表现性作业等多样化作业练习,通过对这些作业练习完成情况的评阅,了解学生对有关基础知识(物理观念)和技能的掌握情况,指导和帮助学生将知识与技能融会贯通,引导学生提高方法技能的运用水平,不断增强学生分析与解决问题的能力,形成良好的探究性思维习惯。在作业评阅中,引导学生共同制订作业标准,以激发学生学习的信心,促进学生个性的健康发展。

(3) 阶段性测验。重视传统的阶段性测验作为检查阶段性教学目标实现情况的手段,运用阶段性测验信息,评估教学策略的有效性,帮助学生了解自身学习进展情况,及时采取必要的改进措施,确保学科教学目标的顺利实现。这个传统检测评价环节最重要的是把握好检测的质量,这是我们另一个课题所研究的内容。

(4) 活动表现评价。我们有目的、有计划地对学生的学习过程进行观察和记录,以获取学生在参与意识、创新精神、实践能力、与他人合作交流与分享、学习兴趣和学习习惯等方面的信息,并据此评估学生在各项学习活动中的表现与课程目标要求的一致性。我们采用独立、小组以及团体的形式实施,评价结果以简单的方式加以记录并给出恰当的反馈,以引导和激励学生进步。

根据以上的分析,考虑到评价方案实施的可行性,我们采取的做法是将阶段性测验作为基础知识(物理观念)的主要评价指标;课堂评估和作业练习评阅作为非智力因素评价的主要指标(科学态度与责任);实验课中的课堂评估作为基本技能行为(科学探究)的主要评价指标;拓展课和团队研究性课题中的表现作为解决实际问题(科学思维)能力的主要评价指标。

3. 改进期中期末考试的总结性评价方式

期中期末考试是评价学生学业成就的一种重要方法,我们根据课程教材改革的要求系统地加以改进。在重视期末考试鉴定功能的基础上,更新考试观念,改善考试模式和评分机制,充分发挥考试的引导作用,加强试题与学生实际需要掌握的知识和技能的关系。

与此同时,我们尝试将考试与其他评价方法有机结合,综合评价学生的学习成就。通过多渠道采集学生学业成就信息,改变一张卷子、一个分数评价的传统做法,在确保发挥考试基本功能的基础上,淡化以考试分数评比学习优劣、按考试成绩给学生排序的倾向,引导学生愉快、自主、探究性地学习。

我们采取的做法是将四个评价指标按照一定的比例配比得到学生本学期的综合评价成绩,期中期末成绩仍然是其中比较重要的部分,但是学习过程中的表现、操作技能的掌握和解决实际问题的能力也在总结性评价中占较大权重。

4. 及时有效反馈评价信息,强化评价的激励和指导作用

在各种评价方法的运用过程中,我们还努力做到及时和有效地反馈评价信息。通过口头的或书面的、正式的或非正式的反馈方式,使学生准确及时地了解自己的学习情况,有针对性地调整学习策略,提高学习效果。

我们采用定性评语向学生反馈评价信息,有针对性地指导学生改进自己的学习,采用诊断性、分析性、激励性语言,发现和肯定学生所蕴藏的潜能,客观地指出学生的不足,并提出具体的改进意见。

我们采取的做法是,在学期伊始就向学生明确我们的评价方案和评价指标,并且在学习过程中强调综合评价的作用,学期内定期给学生评定学习情况,操作技能掌握的情况在实验课中实时反馈,解决实际问题能力的评价通过网络平台可及时推送给学生,非智力因素的表现也及时反馈以指导其下一阶段的学习。及时反馈是综合评价方案实施的关键环节之一。

5. 利用现代信息技术,建立网上评价系统

我们采取积极措施,应用计算机、网络等技术手段优化学科学习评价方法,充分利用计算机网络开放性、灵活性的特点,在更广泛的范围内,让更多的学生和教师参与。实践探索基于网络的过程性学习评价系统,指导学生利用信息化工具进行自我评价和互评,更好地为学生和教师提供网上学习评价平台,提供有效的学科学习评价工具。

我们曾经尝试建立网上信息系统,为学生搭建展示课外学习成果的平台,并且提供一个开放性的评价系统,但目前相关平台的开设要通过相关部门的审核并需有专人 24 小时维护,这个做法暂时搁浅。

目前,我们利用大同中学研究性学习平台,对学生的拓展课和研究性课题的进展情况进行检测和评价,学生通过网络平台每隔一段时间都要汇报研究的进展,教师通过网络平台及时对学生的进展情况进行评价,及时记录下学生的学习过程,成为利用现代信息技术对学生的非智力因素和解决实际问题能力进行评价的一个良好手段。

四、物理学业综合评价方案的设计与实现

(一)评价方案的设计原则

(1)设计目标要符合"双新"实施确定的物理核心素养四个方面的目标,达到系统评价学生成长发展情况的要求。

(2)评价方案要能够体现改进单一的总结性评价方式、加强学习的形成性评价。

(3)建立规范的操作流程,使普通教师经过简单培训即可使用。

(4)评价方案功能齐全,具有实用性和超前性。

(5)采用科学系统的研究方法,使方案的设计结构化、模块化和可视化。

(6)采用科学的问卷调查法和访谈法,调查不同类型的学校、不同区域的学校,为方案设计提供科学有效的数据。

(7) 设计及时有效的评价信息方法,使评价效果得到强化。

(8) 充分利用现有的现代信息技术手段,使评价方案可操作性更强。

(二) 评价方案设计前的准备

我们改变从理论入手进行演绎的路线,从实际出发,通过访谈获取第一手资料,注意收集各个学校对学生高中物理学业评价的实际操作方法,关注"实际怎样"而不是"应该怎样",然后再根据所发现的问题提出相应的研究计划。

我们对学生采取座谈形式,在本校高一、高二、高三年级随机选取部分学生进行座谈,同时还对不同类型的学校各选择了一部分学生座谈,即实验性示范性高中、普通高中和一般完中,另外还在出访过程中与澳大利亚翩骊爱森顿学校的学生进行座谈。对教师采取一对一访谈形式,对象为本校全体物理教师和部分其他学校教师。其中,学生39人,教师16人,分别来自上海的七所学校和国外的两所学校。

访谈的基本内容是:①物理教师对学生学业评价的评价主体的认识。②物理教师对学生学业评价目的功能的认识。③物理教师当前所采用的学生学业评价的手段和方式。④学生对学业评价的主体认识。⑤学生对学业评价方式的看法和希望。

访谈的结果让我们看到了问题的存在和问题的严重性。

1. 学生主体性的缺失

学生自我评价和集体互评这一块,大部分教师的回答是"几乎没有进行",而且并不是很重视。大家都没有意识到学生自我评价的功能,认为学生自我评价是可有可无的评价。

2. 评价理解的误区

(1) 对学业评价的理解与操作。

教师对评价的理解基本上还停留在"评价即考试"的层面上,即使有些教师从理念上能够理解评价的含义,但是在实际操作中仍然以学生的考试成绩作为对学生评价的重要依据。

(2) 学业评价的权重分配。

虽然各个学校的教务处都有模块化的成绩综合评价,但是往往考试分数的权重达到80%～90%,而实验能力和平时表现评价的权重则往往只占10%,甚至根本没有。

(3) 态度过程评价表面化。

对于学习态度和学习过程的评价,教师基本上是把这项工作交给课代表,由课代表对学生作业上交情况、旷课迟到情况进行记录统计。教师也注意学生课堂表现、听课、发言、讨论的情况,不以书面记录的形式出现,只是对学生有个笼统的印象,在整体评价中只是一个微调,幅度不会太大,只要学生不是特别调皮,一般都会给满分。所以对于这一方面的评价,已经几乎流于形式。

3. 实验操作评价的缺位

对于学生实验中操作能力的评价,教师多是以学生递交的实验报告作为考核的依据,缺乏对操作过程和团队合作能力的评价。

4. 学生期望的评价与统考的问题

学生在座谈过程中不约而同地对一考定终身的评价方式提出了质疑,大部分学生希望教师能更关注自己平时的表现,有的学生还提出由于平时的表现没有合适的评价机制,自己会采取平时偷懒考前拼命做题的方式来争取较好的成绩,并且会忽视学校的学习而更依赖校外补课。

访谈给我们带来了第一手资料,让我们的课题研究方向更加明确。

(三) 评价方案的结构模块

根据前文所述设计原则,综合物理学科的学习特点和访谈调查结果,我们将评价方案设计为四大模块。

1. 基础知识(物理观念)

基础知识(物理观念)的掌握是对学生物理学科学习评价的基础,在四大模块中占有最重要的地位。

2. 基本技能行为(科学探究)

教育心理学认为:任何人做出一个有目的的动作,总是要涉及认知、情感和技能三个领域,三者是相互影响、相互制约的,但在同一行为动作中,三者也是有主次之分的。很显然,在学生的学习过程中,技能行为的评价是对学生综合评价的一个重要指标,同时也是教学成果评价的一种重要形式,是培养学生既善于"动脑",又善于"动手",培养适应现代社会需要人才的重要手段之一。

技能是指精细的肌肉控制的动作行为,简单的肌群反应不属于技能范畴。物理学习过程中的技能行为是一种习得性能力,它总是伴随着学生完成某种操作动作而表现出来,这些操作的动作大多数是可以被观察的,是可以予以客观评价的外显行为。

3. 解决实际问题(科学思维)

解决实际问题(科学思维)是基础知识(物理观念)学习的自然延伸。学生运用他所获得的知识发现新问题,对问题寻求答案,并且在此过程中培养创造意识,创新能力。在当前素质教育的形势下,教师应教会学生怎样思考,怎样创造性地思考,引导学生学会怎样解决问题,怎样创造性地解决问题。这对促进学生的进一步学习与良好心理的发展,有不可估量的意义。

4. 学习过程中的非智力因素(科学态度与责任)

智力因素是学生学习发展的先天性条件,是学生能够进行学习的根本因素。而学生的学习态度、学习动机、学习兴趣、学习情绪、学习迁移、学习方法、学习心理卫生等非智力因素在一定程度上影响着他的学习效果,是学生能够相对持久地保持学习的本质内容。因此对非智力因素进行正确的评价,能够正确了解学生学习的主观能动性,是对学生进行综合评价的一个重要组成部分。

(四) 评价的测量指标及操作

评价是依据测量目的和测量结果,对学生的行为变化或倾向变化给予价值判断的系统过程。测量是手段,评价是目的。

以上四大模块的权重设置为:基础知识(物理观念)40%,基本技能行为(科学探究)20%,解决实际问题(科学思维)能力30%,非智力因素10%,学生最终评价得分满分100分,如图3-1-1所示。

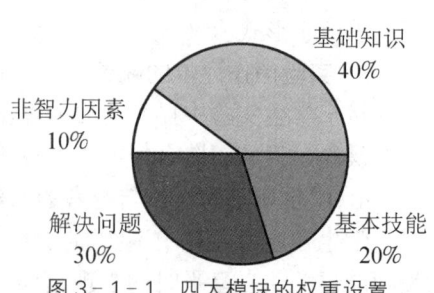

图3-1-1 四大模块的权重设置

1. 基础知识(物理观念)评价的实现

根据物理学科课程标准,以传统练习检测、期中期末考试等方法为主。

2. 基本技能行为(科学探究)评价的实现

(1) 评价学生实验技能行为的测量指标。

A. 实验准备:4 分。
　① 实验目的;② 实验原理;③ 实验器材。

B. 实验操作:4 分。
　① 组装实验装置和调试;② 主体操作;③ 整理实验器材。

C. 完成实验操作时间:4 分。

D. 实验分析:4 分。
　① 处理实验数据;② 实验误差分析。

E. 实验创新/创造:4 分。
　① 改进实验方法;② 重新设计实验。

表 3-1-1　学生实验技能行为评价表

测评项目	实验准备	实验操作	完成时间	实验分析	实验创新/创造
小组互评					
教师评价					
得分					

(2) 实验技能行为评价的方式。

A. 课堂测量评价。

采用学生实验小组互评和教师测评相结合。

表 3-1-1 中的 5 项指标,由教师和学生小组分别进行测评。

每项指标评分标准为:无法完成指标得 0 分,在其他同学帮助下勉强完成指标得 2 分,能够独立完成指标得 3 分,出色完成指标并能帮助其他同学完成任务得 4 分。教师评价和实验小组评价各占 50%,每项总分 20 分。

B. 阶段实验操作测评。

按照物理学科课程标准进行实验操作检测并按评分标准评分。总分 20 分。

C. 以上两项评价分数各占 50%,于期末计算出实验技能得分。总分 20 分。

3. 解决实际问题(科学思维)能力评价的实现

(1) 评价的内容。

结合我校高中学生研究性学习要求,每位学生在高一参加一门理科综合课程并完成一份理科综合作业;高二完成一个研究性课题;在这个过程中,教师或课题指导老师利用校园网的研究性学习管理平台评价学生的:①查阅资料的能力;②发现问题的能力;③设计实验的能力;④使用理论知识解释的能力;⑤语言表达的能力;⑥运用科学方法的能力。

(2) 评价的方式。

学校研究性学习网络平台中:研究进度评审成绩+论文的成绩+评语。

(3) 课外操作。

A. 征集题目:要求每位学生提出 1~2 个与物理学科相关的问题。

评价:从实用性、创新性、可行性、相关性四个方面评出 A、B、C、D 四个等第。

B. 选题:实验系数,理论系数。

由教师根据题目分类,规定两系数比例,由学生自由选择。

C. 解决问题。

实验设计要求:新颖、创造、可靠、灵活、简易。

理论知识要求:准确,浅显易懂。

科学方法的选择:选择恰当,有意识地选择(假设型、建模型、类比型)。

从以上三个方面评出 A、B、C、D 四个等第。

D. 论文。

对语言表达的逻辑性,评价的条理性,论文格式规范三个方面进行评价。

根据以上四部分综合给出学生解决实际问题(科学思维)能力的评价等级和评语,并在期末折算成分数:A 为满分 30 分,B 为 24 分,C 为 18 分,D 为 12 分。

(4) 有关说明。

A. 实验设计和理论知识是在学生提交论文之后根据论文内容评价。

B. 对学生表现突出的地方加以说明。

C. 评语和评分等级写在论文评分处,随论文一同发还给学生。

我校建成的研究性学习网络平台(http://study.datong.edu.cn 校内)如图 3-1-2 所示。

图 3-1-2　大同研究性学习网络平台界面 1

学生的研究性学习课程是我们学校的一大特色,其中一个非常重要的环节就是每个学生要参与一个课题研究,每个研究小组由 3~5 位学生组成。通过这个平台,研究性学习课程的开展和管理都非常便捷,每位学生、每位指导老师甚至是每个课题在这个系统中都有自己的记录档案。

学生通过注册,在系统中建立自己的档案,接下来的所有活动,从选择课题、立项,到研究进度、中期汇报,最后结题,整个学习过程都通过该网络平台加以记录(资源导航页面如图 3-1-3 所示)。

第三章 高中物理学业水平与创新素养评价研究之跃

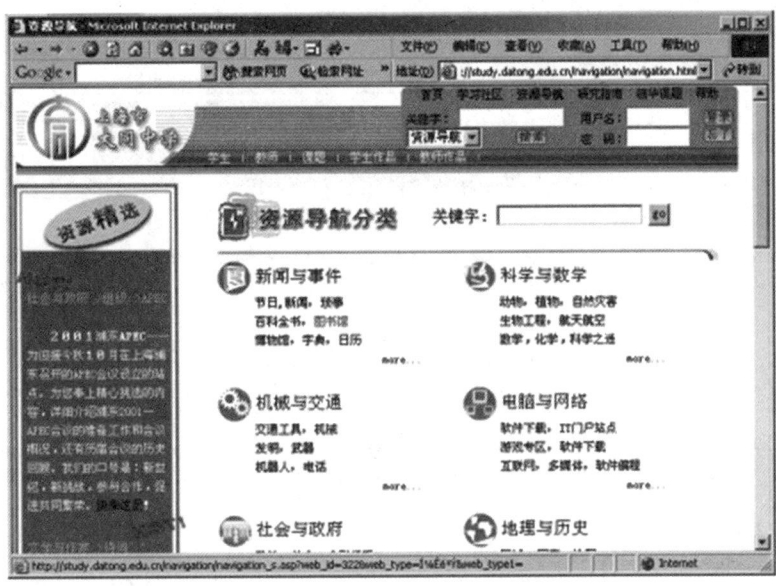

图 3-1-3 大同中学研究型网络学习平台界面 2

同时,这也是学生和老师交流的场所,学生的研究进程、汇报、问题,都可以通过网络在第一时间提交给指导老师,而指导老师可以随时了解课题研究小组成员的活动情况,并给予及时的指导和评价(教师页面如图 3-1-4 所示)。

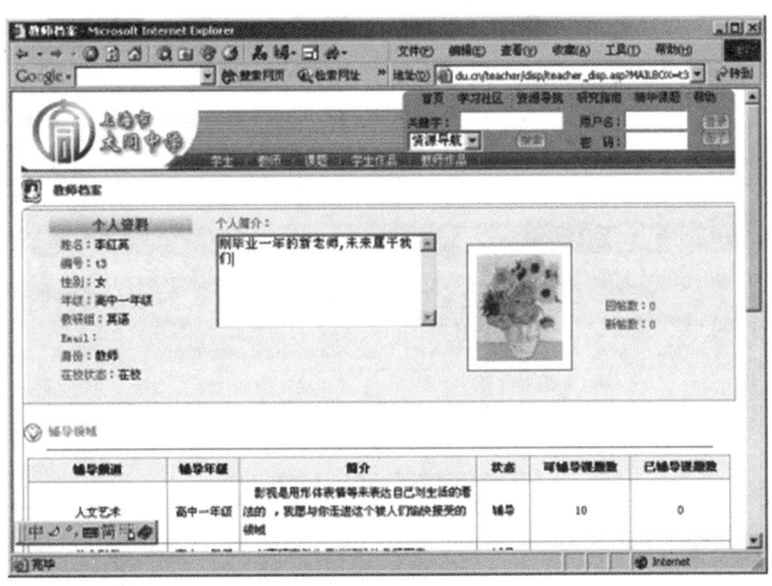

图 3-1-4 大同中学研究型网络学习平台界面 3

当然,作为一个学习平台,它还具备了供学生、教师交流讨论的学习社区,为学生研究课题提供资料的资源导航栏目、研究指南,还有优秀课题的展示栏目(研究指南页面如图 3-1-5 所示,精华课题页面如图 3-1-6 所示)。

通过这个平台,研究性学习课程的有效管理和过程性评价得以实现,是我们从传统教学向网络化教学迈出的坚实一步,也是我们物理学业评价的一个重要组成部分。

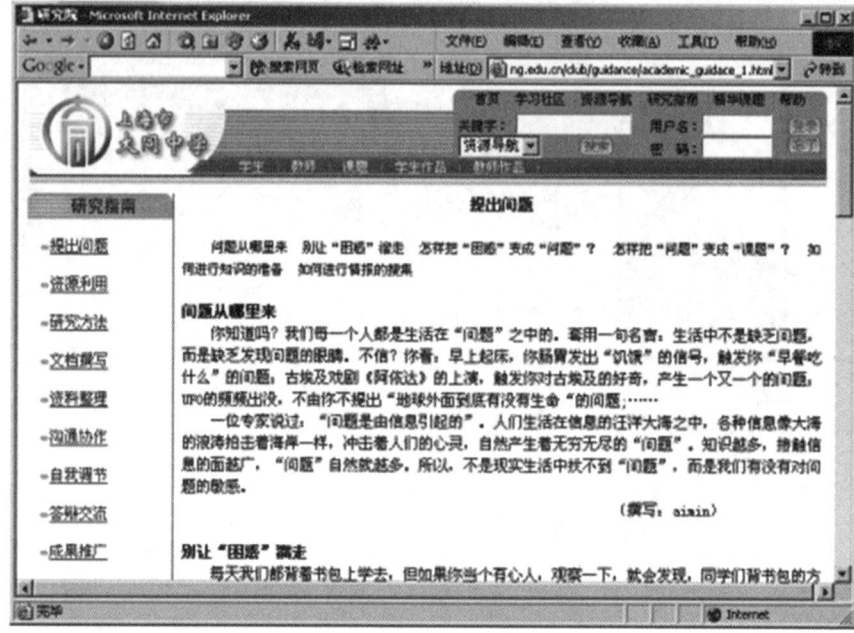

图 3-1-5　大同中学研究型网络学习平台界面 4

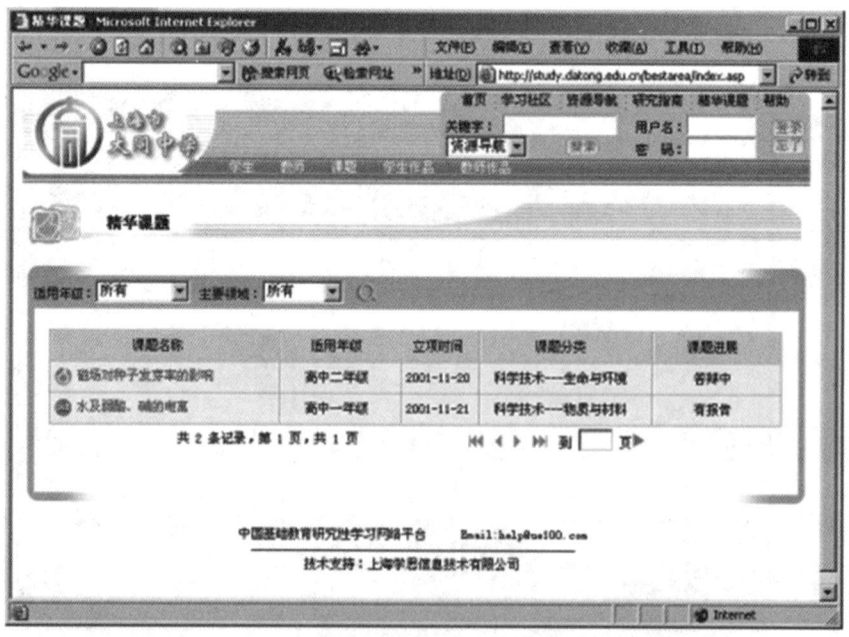

图 3-1-6　大同中学研究型网络学习平台界面 5

4. 学习过程中的非智力因素(科学态度与责任)评价的实现
(1) 评价的内容。
学习态度、学习兴趣、学习迁移、学习动机、学习方法、学习心理卫生。
(2) 评价的方法。
观察:根据课堂教学、平时作业、各项考试中的表现对学生进行评价。

交谈：教师在与学生交谈过程中了解学生的非智力因素。
问卷：对评价的内容制订相应的问卷题目。
学生互评：学生进行一对一互评和小组评定。
教师评语：教师根据学生阶段性总体学习情况给出评语。
（3）评价的操作。
观察 20 分，交谈 20 分，问卷 20 分，学生互评 20 分，教师评语 20 分。
于期末根据以上五项分数之和除以 10 给出非智力因素最终评分（满分 10 分）。

（五）评价方案的实验

作为本研究课题的重要组成部分，我们于某一学年中，在大同中学高一、高二年级各取四个班级进行了评价方案的实验。

1. 实验方法

对比法，高一、高二年级各选择了四个班级分两组进行对照实验，高一、高二年级的（3）班、（5）班为实验组，（1）班、（10）班为对照组。实验组班级在第一学期开学时向学生宣布了本实验的宗旨和内容，明确了本学年学业评价的方案和评价具体内容。对照组班级按照以往传统方法进行评价。

表 3-1-2　实验组和对照组情况对照表

组别	实验组	对照组
班级	高一(3)、(5)班 高二(3)、(5)班	高一(1)、(10)班 高二(1)、(10)班
总人数	192 人	192 人
初期基础知识(物理观念)练习检测情况	平均成绩在年级中等水平，与其他班级差距在 2 分以内	平均成绩在年级中等水平，与其他班级差距在 2 分以内
评价方式	按照新的评价方式，由四个模块组成	按照传统评价方式，由期中期末考试和平时测验成绩组成
操作细则公示	新学期开学明确实验评价方案和具体评价细则	新学期开学明确传统方法评价方式和比例组成

2. 实验结果

表 3-1-3　实验组和对照组实验结果对照表

组别	实验组	对照组
班级	高一(3)、(5)班 高二(3)、(5)班	高一(1)、(10)班 高二(1)、(10)班
总人数	192 人	192 人
高二实验操作考试情况	合格率 100% 优秀率 99%	合格率 100% 优秀率 83%
高二研究性课题	41 个课题立项 平均每 2.3 人有一个课题 31 个课题的论文评分为优 论文评优率为 76%	23 个课题立项 平均每 4.1 人有一个课题 12 个课题的论文评分为优 论文评优率为 52%

(续表)

组别	实验组	对照组
课堂发言比例	平均每堂课全班发言比例超过50%	平均每堂课全班发言比例约为10%
课后与教师交流情况	每个班级有超过35名学生在实验期间主动与老师交流	每个班级仅3～4人在实验期间主动与老师交流
基础知识(物理观念)练习检测情况	平均成绩在年级中达到中上水平,其中高一(5)班和高二(3)班平均成绩领先其他班级达到4分左右,仅次于理科班	平均成绩在年级呈中等水平,维持原状

实验组的同学明显对平时的学习过程更加重视,实验课、大科技课程、课题研究、上课发言、课后答疑等这些以往都只有部分学生比较积极的学习过程,现在班级中大部分学生都积极参加,努力表现。

对照组班级的同学表现与以往没有较大区别,学生对自己的学习评价以成绩为准,实验课、科技课程和课题研究等不被学生重视,提高操作技能和培养解决实际问题能力的教学目标难以达成。学生对课堂发言、课后答疑、与教师交流等过程表现不积极,全班只有少数学生经常主动与教师交流。

评价方案对学生的作用非常明显,学生在明确了评价方案后,知道自己平时的表现在综合评价中占有不少比重,愿意更加积极主动地参与课堂讨论发言、小组实验、研究性课题等活动,相比对照组的学生对待这些与测验考试成绩没有直接关系的活动,往往兴趣不大,被动学习的情况严重。

实验组的学生受到新的理念新的评价方式的影响,学习兴趣得到了激发,三维课程目标得到有效落实,潜能得到了挖掘,创新精神和实践能力得到了提高,在此次实验中受益明显。

五、结　　语

本文以大同中学物理学业评价方案为研究对象,以教育改革相关理论为指导,对中学物理学科的学业综合评价方案和操作方法作了分析与研究,提出了较为详细的评价指标和评价方法。

本文采用由面到点的研究方法,首先从教育改革关于学业评价的理论研究入手,全面分析了目前新课程理念下的评价要求和发展现状。然后对本文研究的评价方法进行了分析,对大同中学物理学科学业评价方案进行了再设计,使大同中学物理学科学生学习的评价方法得以改进,符合新课程理念,使教育改革的课程目标得以全面、规范地达成。

根据本文论述的评价方式,我们在大同中学高一、高二年级进行了对照实验,实验结果表明:

(1) 学生的学习明显从重结果转变为重过程。学生在明确了解学习评价方案以后,学习的重心发生明显变化,从以前的围绕做题和考试过于偏重结果,转变为对学习过程、学习方法、掌握技能和解决问题等全过程都非常积极和重视。

(2) 学生对待评价的态度由被动接受转变为被动和主动相结合。既有来自教师的接受性评价,又有学生主动参与的自评互评,增加了评价的丰满度,令学生学习积极性得到提高,发展空间得以扩展。

(3) 学生各方面能力有了明显提高。实验组班级转变学习重心后促进学业效果明显,除了常规检测成绩有所提高,实验操作技能的提升几乎得到全面落实,学生在科技课程、选修课、课题研究中表现出明显高于其他班级的积极性和研究解决问题的能力。

(4) 教师对学生由学业评价转变为学力评价。评价方案扩大了评价领域,包括认知、技能和情感,建立了兼顾态度、方法、心智发展以及人格等方面的多元评价模式,给教师落实教育改革目标开辟了一个有效的途径,使教师对教育改革的要求有了更深入、更具体的理解。

根据以上的实验结果,我们认为:本评价方案无论对学生还是教师都有非常明显的促进作用,在实验组班级中学生和教师反馈良好,具有在更大范围推广应用的价值。

学业综合评价的研究涉及面广,内涵也非常丰富,由于时间及篇幅的限制,研究资料和数据的不足,以及囿于本人的水平,论文在许多方面还存在不足或研究深度不够,甚至在有些问题上仅仅只是粗浅地提出思路、作出结论或直接提出措施,这些都是需要在今后的工作中进一步深化研究或细化的。

参 考 文 献

[1] 李芳.考问新一轮基础教育课程改革——浅析《基础教育课程改革纲要(试行)》决策中的问题[J].当代教育科学,2007(22):20—23.

[2] 罗小茗.上海普通高中"二期课改"研究[D].上海:上海大学,2009.

[3] 章艳芳.物理学科课堂学习评价的实践研究[J].当代家庭教育,2022(15):88—90.

[4] 黄赛飞,黄蕙欢,马北河等.翻转课堂学习评价方式学科特色探索——以工作单在物理翻转课堂中的运用为例[J].中国教育技术装备,2017(15):1—3+8.

[5] 董冬,刘飞.走向学科核心素养的学习评价:问题与建议[J].教育导刊,2017(5):64—69.

[6] 彭明河.学科素养视角下高中物理学习评价策略[J].中学理科园地,2017,13(1):5—7+10.

[7] 王豪伦.基于MVC和WebDM实现的物理学科个性化学习评价系统[D].长春:吉林大学,2009.

[8] 上海市人大教科文卫副主任委员瞿钧:以科学评价引导小学质量观[J].上海教育,2009(14):33.

[9] 罗阳佳.上海市教委教研室副主任徐淀芳在接受本刊专访时表示——二期课改进入规范阶段[J].上海教育,2006(17):8—9.

[10] 潘晨聪,赵锋.徐淀芳:探索和创新是上海课程改革的内生力[J].上海教育,2018(27):30—31.

[11] 沈祖芸.在课程的浸润下激活每个学生的创新因子——访上海市教育委员会副主任尹后庆[J].基础教育课程,2011(10):49—52.

附:

高中物理学业评价调查(教师卷)

指导语:设计这份问卷的目的在于了解中学物理学业评价行为的现状,调查结果仅供物理教学研究用,因此填写时不要有任何顾虑。研究结论的科学性取决于您回答的真实性。请您根据自己的实际教学情况,在下列各题中选择一个与您平时教学最符合的选项,直接在答题卡上代表该选项的"○"内画"√"。完成这份问卷大约需要15分钟。

1. 到目前为止,您已从事物理教学工作的时间是_____。
   A. 1~2年　　　　　B. 2~5年　　　　　C. 5~10年　　　　　D. 10年以上
2. 您会在学期开学时向学生明确本学期或学年的评价方式和各部分的权重吗?
   A. 不会　　　　　　B. 有时会提　　　　C. 每次都会明确告知学生
3. 在课堂中,您认为课堂提问的目的是_____。
   A. 为了让学生集中注意力
   B. 为了检查学生的知识掌握情况
   C. 为了更科学更准确地评价学生
4. 您在课堂教学过程中_____进行课堂提问。
   A. 很少　　　　　　B. 经常但小范围　　C. 经常大面积
5. 您在课堂上经常对怎样的学生进行课堂提问和评价?
   A. 考试成绩较差的后进学生
   B. 考试成绩处于中等水平的学生
   C. 无论成绩如何,全面提问和评价
6. 您讲课时是否会对课堂发言的学生进行评价记录?
   A. 很少
   B. 有时有记录
   C. 每次进行记录并在一定时间内加以回馈
7. 您一般多久会与所有学生进行一次成绩反馈和交流?
   A. 一学期　　　　　B. 一个月　　　　　C. 每两周
8. 您认为测验和考试的成绩能反映学生的学习过程吗?
   A. 能够准确反映学生的学习过程,是唯一的评价依据
   B. 能够很大程度上反映学生的学习过程,但不应该是唯一的评价依据
   C. 不能准确反映学生的学习过程,在评价过程中不应该占主导地位
9. 您认为组织学生之间互相评价_____。
   A. 没有必要,学生不会认真对待
   B. 应偶尔进行,效果说不清
   C. 应经常进行,是评价的重要组成部分
10. 您对物理实验的态度是_____。
    A. 重实验型题目,但不太注重实验过程
    B. 重视但不喜欢
    C. 重视而且很有兴趣,能做的实验尽量做

11. 实验前您经常鼓励学生进行实验设计(如实验装置的确定、器材的选取、要测量的物理量及测量方法、数据处理的方法等)吗？

    A. 极少　　　　　　B. 偶尔　　　　　　C. 经常

12. 您对演示实验的态度是_____。

    A. 不能让学生看出老师在应付

    B. 设计替代性实验尽量做

    C. 能让学生做的尽量让学生做

13. 您对学生实验过程的评价方式是_____。

    A. 批改实验报告

    B. 以实验报告为主，参考实验过程中的表现

    C. 以实验过程中的表现为主，参考实验报告

14. 学生分组实验时，您经常过问各组中的分工协作情况吗？

    A. 极少　　　　　　B. 偶尔　　　　　　C. 经常

15. 学生分组实验时，您组织学生之间互相评价并进行记录吗？

    A. 极少　　　　　　B. 偶尔　　　　　　C. 经常

16. 您在课堂教学中是否经常介绍一些与生活、生产实际密切相关的物理问题？

    A. 从不　　　　　　B. 偶尔　　　　　　C. 经常

17. 您在物理教学中更加注重学生的_____。

    A. 考试分数　　　　B. 刻苦努力程度　　C. 学习中的诸多见解

18. 对日常生活中或物理学习中司空见惯的结论，您经常指导学生通过实验验证吗？

    A. 从不　　　　　　B. 偶尔　　　　　　C. 经常

19. 对与学生学习生活和社会生活相联系的题目，您的选用情况是_____。

    A. 很多　　　　　　B. 有，但不多　　　C. 极少

20. 您经常让学生上讲台给其他学生当"小老师"吗？

    A. 从不　　　　　　B. 偶尔　　　　　　C. 经常

21. 批阅完试卷后，您一般的做法是_____。

    A. 立即讲评

    B. 在课余时间抽空讲

    C. 留给学生一定时间后，对难度大的题目再与学生一起讨论

22. 您经常组织学生进行物理课外课题研究活动吗？

    A. 从不　　　　　　B. 偶尔　　　　　　C. 经常

23. 您经常提出一些与生活有关的物理问题让学生课下研究吗？

    A. 经常　　　　　　B. 偶尔　　　　　　C. 从不

第二节　中学生创新素养指数评测模型的搭建

国务院办公厅印发的《关于新时代推进普通高中育人方式改革的指导意见》中指出要"强化综合素质培养。改进科学文化教育,统筹课堂学习和课外实践,强化实验操作,建设书香校园,培养学生创新思维和实践能力"。进入 21 世纪,上海提出"创新驱动,转型发展"的发展战略。从国家到市级层面政策与文件的相继出台昭示着创新素养培育的重要性,它是新时期学校立德树人的重要组成,也是学校推进"双新"实施的重要抓手。

相对传统教育而言,创新教育是一种超越式教育。传统教育注重知识继承,创新教育则注重对现有技术的突破和对未来的创新,是一种以人为本的教育,它更注重学生主体性与个性化的发展。基于对创新教育的重视,拟建立中学生创新素养指数评测模型。

创新意识:是人们根据社会和个体生活发展的需要,引起创造或创新事物或观念的动机,在创新实践中表现出的意向、愿望和设想。我们以成就动机理论、马斯洛需要层次理论为主要依据,在该指标下设置求知欲、成就动机、自我实现三个二级指标。

创新人格:是指有利于创新实践顺利开展的个性品质,它具有高度的自觉性和独立性。我们以五大人格分类为主要依据,在该指标下设置想象力、洞察力、探索性、自律性、审慎性五个二级指标。

创新思维:是指以新颖独创的方法解决问题的思维过程,通过这种思维能突破常规思维的界限,以超常规甚至反常规的方法、视角去思考问题,从而产生新颖、独特、有社会意义的思维成果。我们以相关文献研究为参考,在该指标下设置系统思维、聚合与发散思维、批判性思维三个二级指标。

创新实践:一种具有创造或创新意义的实践活动,表现为形成新观念、提出新方案、发明新技术、创建新理论等。我们在创新实践指标下设置问题凝练、深度学习、实验与创造三个二级指标。

如何运用评价方法收集相应数据,并以此转化为学生的创新素养指数,我们探索创新素养指数总分结构的设置以及基于大数据的评价模型优化。

一、创新素养指数总分结构的设置

为了防止测评过于繁杂并进一步加强测评的针对性,我们认为需要将创新素养指数测评划分为创新意识测评、创新人格测评、创新思维测评与创新实践测评。四大分测评独立评分,测评结果参照所在分数段得出其相应水平,进而形成相应一级指标的指数评定。而创新素养指数可在专家理论指导与现实实践的基础上,通过对分测评结果赋予不同权重,进行统计换算,最终形成学生的创新素养综合指数。

二、以数据大样本为基础完善测评模型

评价模型的完善需要大样本的调查与数据统计作支撑。教师可通过对照现实中学生的创新素养与实践表现,以验证指标的设置是否合理,检测的方式是否有效,评价的权重是否恰当,统计的方式是否科学。当教师发现量表的诊断无法区分学生的表现或者无法真实体现学生的创新素养水平时,就需要找出问题所在,根据问题不断修订与完善量表,以提高量表的科学性和适用性。重复上述步骤,继续获取所需信息,不断基于大数据优化和完善评测模型。

本人参与本项研究的"创新思维——批判性思维检测""创新思维——系统思维、聚合与发散思维检测""创新实践——问题凝练、深度学习、实验与创造"等部分的研究与实践,进行创编测评方式、测评例题、测评指标等创新探究与实践,在此将创新思维部分的试题及我校高中入学综合学业评价命题参考呈现给读者,以期为大家带来启发与帮助。

创新素养指数检测(创新思维部分)

1. 创新思维——批判性思维检测

指令:

仔细阅读每道题目。从给出的选项中选择最合适的答案涂在测试答题卡上。

整套测试题共有34道小题,每道题的分值一样,请合理安排时间。如果愿意,可以在问卷上填写所选答案。

测试题:

(1)某市几支业余足球队的实力据说旗鼓相当,但事实上有些队稍强,有些队稍弱。假设上星期六烟花队战胜了野花队,又假设上上星期六野花队战胜了野马队,那么,下星期六烟花队与野马队比赛,会发生什么结果?

A=烟花队一定会赢。

B=烟花队很可能赢,也可能输。

C=烟花队很可能输,也可能赢。

D=烟花队一定输。

E=比赛将以平局告终。

(2)思考这个论断:"即使是托马斯·杰斐逊,有时也使用托词。"它与下列理由有关:"毕竟,每个政客都必须讨好选民。杰斐逊是伟大的政治家,但也是政客。至少在有些场合,不使用托词就不能讨好选民。"假如所有理由是真的,该论断:

A=不可能假。

B=很可能真,也可能假。

C=很可能假,也可能真。

D=不可能真。

(3)假如"只有那些寻求挑战和冒险的人才应当参军"为真,下列哪个选项表达了同样

的意思?

A＝如果你寻求挑战和冒险,你就应当参军。

B＝如果你参军,你应当寻求挑战和冒险。

C＝除了参军,你不应当寻求挑战和冒险。

D＝你不应当参军,除非你寻求挑战和冒险。

(4)泰伊-萨克斯二氏病(Tay-Sachs)是一种遗传病。这种病的基因能从携带病毒的父母那里遗传给亲生子女。图 3-2-1 显示 Tay-Sachs 遗传的可能模式。如果父母双方都是 Tay-Sachs 携带者,其子女约有 75% 的机会被感染。遗传可能性是:父母双方都是 Tay-Sachs 携带者,子女的携带机会是 50%,真正患病的机会是 25%。假如已婚的哈卫和莎兰想要孩子,在做 Tay-Sachs 检测时他们首次得知他俩都是 Tay-Sachs 携带者。根据所提供的信息,可以判断:

A＝他们的亲生子女或者患 Tay-Sachs 病,或者是 Tay-Sachs 携带者。

B＝尽管风险很大,他们的孩子还是有可能不被感染。

C＝他们考虑到这种风险,决定不怀孩子。

D＝他们还想做父母,从而决定收养一个孩子。

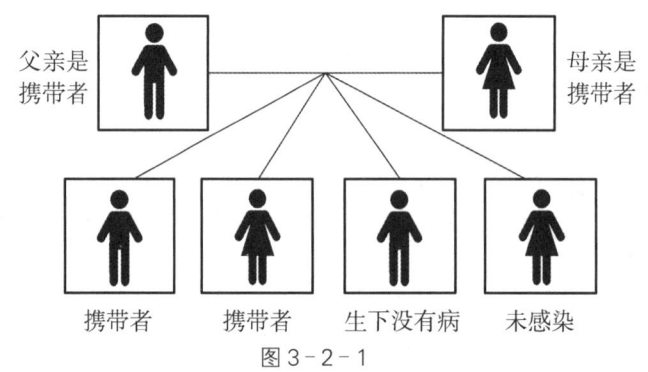

图 3-2-1

(5)"爱泽琳尼亚人说谎"等同于下列哪个说法?

A＝只要谁是爱泽琳尼亚人,谁就是说谎者。

B＝如果谁是说谎者,谁就是爱泽琳尼亚人。

C＝至少有一个说谎的爱泽琳尼亚人。

D＝人们不会说谎,除非他们是爱泽琳尼亚人。

E＝以上说法都是一个意思。

(6)"并不是所有候选人都有资格胜任"表达的意思相当于:

A＝没有一个候选人有资格胜任。

B＝有些候选人没有资格胜任。

C＝有资格胜任的不是候选人。

D＝所有候选人都没有资格胜任。

(7)有一个段落:"这个池塘里的微生物是一种通常只在高于冰点的水里繁殖的微生物。现在是冬季,池塘已完全结冰。因此,如果这个池塘里有我们研究的这种微生物,它们现在不繁殖。"假如其中的理由都为真,其中的结论:

A＝不可能不正确。

B＝很可能正确,但也可能不正确。

C＝很可能不正确,但也可能正确。

D＝不可能正确。

(8) 思考这一组命题:"尼罗是公元1世纪时的罗马皇帝。每个罗马皇帝都饮酒,他们饮酒时用的酒具一律是焊锡(锡铅合金)做的酒壶和酒杯。无论谁使用焊锡酒具饮酒,哪怕只有一次,也会导致铅中毒。铅中毒的症状总是表现为精神错乱。"如果以上所有命题为真,下列哪项一定为真?

A＝那些精神错乱者至少使用过一次焊锡酒具。

B＝不论怎样,尼罗皇帝一定精神错乱。

C＝使用焊锡是罗马皇帝的特权。

D＝在罗马帝国时代的居民中,铅中毒很常见。

第(9)(10)两题使用图3-2-2所示示意图:

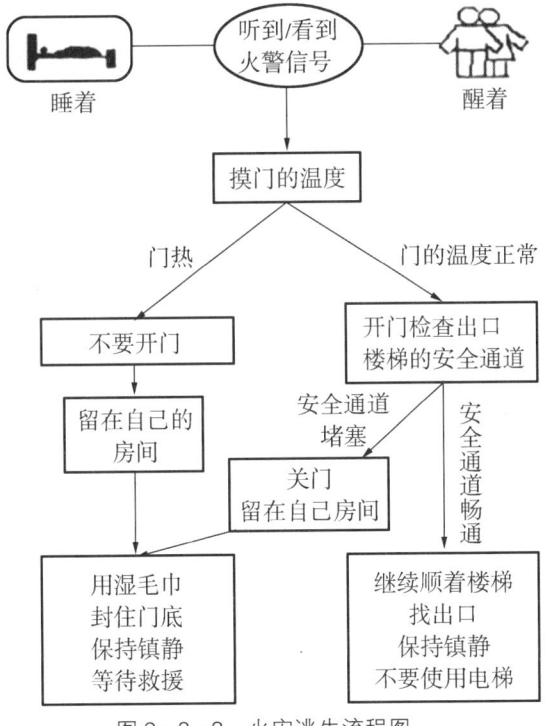

图3-2-2 火灾逃生流程图

(9) 根据图3-2-2的提示,如果你正在有十层高的旅馆大楼第四层的某个房间里看电视,突然听到火警警报,你最好是:

A＝从楼梯出去。

B＝睡觉。

C＝从电梯出去。

D＝留在房间里。

E＝摸门的温度。

(10) 假如火警声把你吵醒,你摸了门,温度正常。接着,你出来检查了走廊:在靠近每个门口的走廊地板上,都放着一份叠好的早报;在隔壁门口你看到托盘上放着一些玻璃杯、酒杯和一摞脏盘子;你还看到几个人拎着衣箱不慌不忙地乘电梯下楼。再假设电梯比楼梯离你的房间更近。在这种情况下,你最好是:

A＝从楼梯出去。

B＝留在房间。

C＝把东西装进箱子里。

D＝乘电梯下楼。

E＝给服务台打电话咨询。

答案:

(1)B (2)B (3)D (4)B (5)C (6)B (7)A (8)B (9)E (10)A

表 3-2-1　评价分级表

批判性思维能力	答对题数	分数
强(高等)	大于等于 8 题	
中(中等)	5～7 题	
弱(低等)	小于等于 4 题	

2. 创新思维——系统思维、聚合与发散思维检测

测试题举例:

(1) 如果你是一家中型超市的经理,请设计一个全面的方案来争取更好的经济效益。

(2) 如果你去贫困乡村扶贫,请设计一个全面的方案来帮助农民脱贫致富。

(3) 摩托车是一种高效的交通工具,但也有许多缺点,请设计一个方案对摩托车进行全面改进。

(4) 如果你是一名教师,请设计一个方案全面改进你的教学工作。

(5) 为了提高自己的健康水平,做出一个为期 1 年的全面计划。

(6) 城市交通拥堵是城市发展与管理的顽疾,请对解决上海交通拥堵问题提出建议方案。

表 3-2-2　创新思维测评指标及对应分值

(总分 75 分,每项得分最高 25 分)

评分项目	评分标准	得分
整体思维评价(整体、结构、要素、功能)	把思考问题的方向对准全局和整体,从全局和整体出发;在分析和处理问题的过程中,始终从整体来考虑,把整体放在第一位,而不是让任何部分的东西凌驾于整体之上 能注意到问题由多个部分组成,各部分间组织合理,能考虑到各部分问题之间的联系,能分析清楚不同部分之间的关联关系 能考虑到影响问题的各种因素,其中相对具有重要意义的因素称之为构成要素,能进行表述,并对各要素考察周全,充分发挥各要素的作用 能充分考虑各部分的功能性,为全局的效益可以考虑均衡或者牺牲部分功能	得分大于等于 20

(续表)

评分项目	评分标准	得分
整体思维评价（整体、结构、要素、功能）	思考问题的方向能对准全局和整体、能从全局和整体出发；但在分析和处理问题的过程中，会出现部分问题、次要问题凌驾于全局问题之上的情况 能注意到问题由多个部分组成，能表达清楚各自的职能，但分析不同部分问题时相互割裂，未能分析清楚不同部分之间的关联 能考虑到影响问题的各种因素，但对要素的区别未进行合理表述，未能周全考虑各个要素的影响 能考虑各部分的功能性，但未能从全局效益角度均衡处理	得分在10~20之间
	思考问题方向局限于局部，不能从全局出发，只能关注和分析某一部分问题 未注意到实际问题由多个部分组成，或表述多个方面的问题之间无逻辑关联 未能分析影响问题的不同要素，未能周全考虑各要素的影响 未能考虑不同部分的功能，未能进行全局效益分析	得分小于10

创新素养指数检测（创新实践部分）

1. 创新实践——问题凝练、深度学习、实验与创造

测试题举例：

(1) 请估算头发生长的速度。

(2) 请估算一台制冷功率为 1.119 kW(1.5 匹)空调的工作电流大小。若经过测试发现其开机 8 h 耗电量为 6 kW·h，请估算其开机时每小时停机的时间。

(3) 如图 3-2-3 是一块手机电池板的照片，请根据其显示的参数说出使用这块电池的手机的工作电压。根据使用手册的数据，这个手机在充足电后可待机 72 h，请估算该手机待机时的工作电流。

(4) 请指出以下常用实验器材中哪些在绕地球稳定飞行的中国空间站中可以正常使用，并说明理由。停表、弹簧测力计、温度计、天平、托里拆利管、米尺。

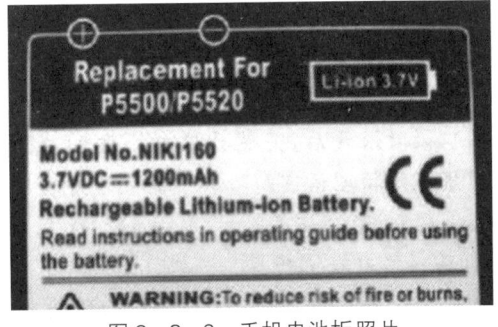

图3-2-3 手机电池板照片

(5) 请估算一下你骑自行车在路上正常行驶时做功的功率。（能正确说出分析思路和过程并估算正确可得满分，能分类讨论可加分）

(6) 照相机的变焦镜头可以使相机的功能大大增强，长焦段可以将远处的景物拉近，短焦段可以拍摄大视角画面，请简述其工作原理。

(7) 请列举三个以上自行车利用摩擦力的例子，再列举两个避免摩擦力的例子。

(8) 大气污染已经成为困扰各大城市发展的严重问题，大气中悬浮的颗粒物是形成污染的主因。空气中直径小于等于 2.5 μm 的颗粒物被称为 $PM_{2.5}$（可直接入肺的颗粒物），它能较长时间悬浮于空气中，其在空气中含量浓度越高，就代表空气污染越严重，虽然 $PM_{2.5}$ 只是地球大气成分中含量很少的组分，但它对空气质量和能见度等有重要的影响。

已知风对颗粒作用力的大小可近似表达为：$f=\dfrac{1}{2}\rho\pi r^2 v^2$，式中 ρ 为空气密度，r 为沙尘粒的半径（沙尘粒可近似看成球体，体积 $V=\dfrac{4}{3}\pi r^3$），v 为风速。

请根据以上材料，说一说为什么越小的颗粒物越容易悬浮于空气中。谈谈还有哪些与大气污染相关的物理知识和化学知识。

（9）关羽与周仓。传说三国时期，周仓欲与关羽比力气，关羽说你能把一根稻草丢过河吗？周仓多次尝试未成，反问关羽。关羽随手将一捆稻草轻易丢过了河，令周仓折服。这个故事能说明关羽臂力过人吗？为什么？

图 3-2-4　臂力过人的关羽

（10）充电式电动汽车已经成为汽车行业发展的趋势，工作原理简单、节能环保等优势使其成为全世界各大城市首选推广的产品，请谈一谈如何估算一辆电动汽车正常行驶时发动机做功的功率。结合物理和化学知识，谈一谈电动汽车有哪些节能环保方面的优势。

（11）如图 3-2-5 是一台冰箱的铭牌照片，请根据照片中的数据指出这台冰箱的额定功率是多少。冰箱正常情况下是间歇工作的，即工作一段时间达到指定的温度就停止工作，请谈一谈如何根据这些数据推测这台冰箱平均每天工作多少时间。

冷藏冷冻箱			
型号	BCD-208K/A	额定频率	50Hz
星级标志	✱✱✱	输入总功率	130W
气候类型	ST	耗电量	0.46kW·h/24h
防触电保护类别	I 类	冷冻能力	4.0kg/24h
总有效容积	208L	制冷剂	R600a　62g
冷冻室有效容积	78L	重量	70kg
额定电压	220V~	制造日期	2004.02

图 3-2-5　冰箱铭牌

（12）如图 3-2-6 所示是一种张开塑料袋的方法：将袋口微微张开后，突然开口向下运动，使之完全张开。请用规范的物理语言解释其中的物理原理。

（13）现有如下器材：电源 E（6 V），若灯泡 L_1（6 V，1.5 W）、L_2（6 V，10 W）、L_3（6 V，10 W），单刀双掷开关 S。在图 3-2-7 中设计一个汽车转向灯的控制电路：当单刀双掷开关 S 与 1 相接时，信号灯 L_1 亮，右转向灯 L_2 亮而左转向灯 L_3 不亮；当单刀双掷开关 S 与 2 相接时，信号灯 L_1 亮，左转向灯 L_3 亮而右转向灯 L_2 不亮。

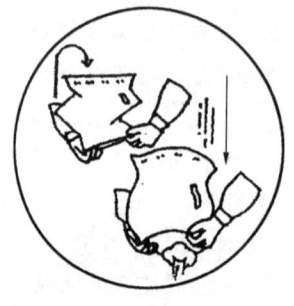

图 3-2-6　打开塑料袋示意图

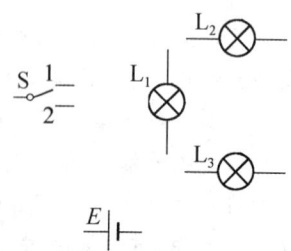

图 3-2-7　转向灯控制电路

(14) 请根据学过的知识设计两个测量一筒卷筒纸总长度的实验方案(要求不能将其全部拉开直接测量)。

(15) 请运用学过的物理知识解释绝大多数轿车的挡风玻璃为什么不竖直安装?从两个或两个以上方面进行解释。

(16) 白炽灯泡有两种类型:一种称为真空型,玻璃泡内部是抽成真空的;另一种称为充气型,玻璃泡内充有某种气体。现在有一只电灯泡,请你设计一个实验,以正确判断这只电灯泡的类型。

(17) 只给你一把刻度尺和一些水,你怎样较为精确地量出一只啤酒瓶的容积。提示:注意啤酒瓶的下部是圆柱形的。

(18) 压力锅是一种炊事用具,用它煮出的米饭不仅香甜松软,而且既省时间又省燃料(图3-2-8)。压力锅之所以有这样的优点是由于它具有密封作用,因此在蒸煮食物时,锅内的气压增大,水的沸点也随之升高,使食物在高压下迅速煮熟。表3-2-3中列出了水在各种气压下的沸点,你能否根据这些数据,自行设计一个实验,以估测压力锅内水的沸点。

图3-2-8 压力锅

表3-2-3 不同压强下水的沸点

压强/Pa	1.01×10^5	1.02×10^5	1.04×10^5	1.05×10^5	1.06×10^5	2.02×10^5	3.03×10^5	4.04×10^5
水的沸点/℃	100	100.4	100.7	101.1	101.5	120.6	133.9	144.0

(19) 许多电风扇有快、中、慢三挡风速。请设计两个或两个以上实验方案测试一下电风扇在各挡风速时的功率(可以使用一些常见的物理实验仪器仪表)。

(20) 夏天将一块平整的硬纸板放在阳光下暴晒,一会儿会观察到_____(选填"仍然平整""中间凸起周围向下弯"或"中间凹下周围向上弯"),说明你选择的理由。

(21) 图3-2-9为某辆汽车仪表盘中的部分仪表示数,由此可判断:此时汽车所受的牵引力约为多大。

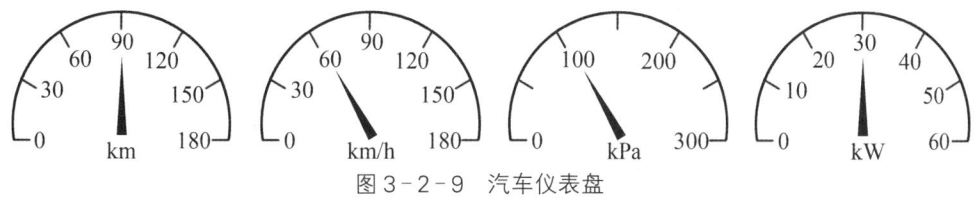

图3-2-9 汽车仪表盘

表3-2-4 创新实践测评指标及对应分值

(总分75分,每项得分最高25分)

评分项目	评分标准	得分
问题凝练	能找出议题中的有效问题,能建立模型对问题进行拆解,能将实际问题建模并与已知理论相联系,能通过现象分析本质规律	得分大于等于20
	能找出议题中的部分有效问题,能对问题进行一定的推理和拆解,能根据书本中已有的例子进行理论联系	得分在10~20之间
	无法找出有效问题,对问题分析停留在表面现象	得分低于10分

(续表)

评分项目	评分标准	得分
深度学习	能根据问题与模型运用合适的理论知识进行处理,能用类比、外推等思维方式进行分析,能表述清楚自己分析问题的思考方法与路径,能将所学知识转化为实际问题处理成果	得分大于等于20
	能根据问题与模型运用合适的理论知识进行粗浅的处理,仅能说出课堂中已经学习过的类比、外推等例子,但不清楚其中逻辑关系或表达不清,能将部分所学知识转化为处理实际问题的工具	得分在10~20之间
	无法运用所学知识处理实际问题,对已学过的例子能说出结果但不知道理由,表述缺乏逻辑	得分低于10分
实验与创造	熟练掌握实验技能,能运用基本实验思维对实际问题进行分类、对比、测定、记录,能对已建模的实际问题进行拆解,能进行实验方案设计、有选择并使用设备进行检测的能力、实验数据处理能力、实验误差分析能力等	得分大于等于20
	能运用部分实验技能解决课本中已学过的问题,对已学过的试验方案、实际问题解决方案掌握熟练,但对于新问题难以解决	得分在10~20之间
	未掌握已学过的实验技能,不会进行分类、对比、测定、记录,不会进行方案设计等	得分低于10分

高中入学综合学业评价命题参考

任务单

1. 任务要求:

为响应上海市教育信息化2.0行动计划,我校正推进智慧学习中心建设,探索智慧学习空间应用,给学生和教师们提供更现代化的教学环境。

你理想中的智慧学习空间是怎样的? 材料里已经给出了楼层现有的空间平面图。如果可以打破教室的围墙,在这个楼层里重新设计学习空间,你会怎样设计? 在尽量节省预算的情况下,如何更好地满足师生的需求?

请参考提供的资料,结合自己所掌握的知识,为学校制订一份某楼层的"智慧学习空间"建设方案,方案中应该体现以下几个方面:

(1) 楼层空间分配结果。

(2) 信息化设备安装、摆放位置。

(3) 可满足学习与教学场景需求。

(4) 设备采购清单与总预算金额,且总金额不可超过26万元。

(5) 在满足应用需求的前提下,提升设备利用效率,使成本最低。

2. 任务流程与要求:

表3-2-5 任务流程与要求

时间	任务名称	任务要求
10:10~10:35	观看视频 个人任务	阅读参考资料个人独立完成一份"学校整体智慧教室设计"初步方案,用于之后与团队成员交流自己的设计思路等

(续表)

时间	任务名称	任务要求
10:35~11:15	团队活动	● 组建团队并进行任务分工 ● 在小组内交流个人的方案 ● 共同优化推选出的最佳方案，形成最终方案 ● 设计小组汇报交流的内容
11:15~11:40	小组汇报交流	展示汇报的内容应当包括但不限于以下几点： ● 小组最终方案 ● 方案的形成过程 ● 团队成员在形成该方案过程中作出的贡献 ● 汇报时间不超过 8 min

考官任务介绍用语

（1）（10:10）此次综合考察评价活动的任务是设计学校某楼层"智慧学习空间"方案，首先请同学们观看一段视频。

（2）（10:15）请大家阅读下发的参考资料，并根据任务单的要求独立设计一份"智慧学习空间"建设方案，时间 20 min。

（3）（10:35）请同学们根据团队活动的要求，5~6 位同学自由组成一个设计团队，完成小组任务，具体见任务单。团队活动时间为 40 min，团队活动结束后以小组为单位进行 8 min 的团队汇报展示。

（4）（11:15）请大家按顺序进行小组汇报展示，每组不超过 8 min。

材料一：智慧家居、智慧交通介绍

智能家居是应用信息技术将家居空间物联化的体现，通过物联网技术将家中的各种设备（如音视频设备、照明系统、窗帘控制、空调控制、安防系统、数字影院系统、影音服务器、影柜系统、网络家电等，如图 3-2-10 所示）连接到一起，并可以分析实际需求和场景，用多种信息化功能为使用者服务。智能家居不仅具有传统的居住功能，还兼备全方位的信息交互功能，并在用户知情和同意的情况下，记录和反馈部分数据，用于优化和迭代，根据使用者的需求不断进行改进和升级。

智慧交通是应用信息技术将交通运输物联化的体现，在整个交通运输领域充分利用物联网、空间感知、云计算、移动互联网等新一代信息技术，将车辆、道路、信号、信息、管理等整合为一体，通过分析运输行业、驾乘人员、管理部门的实际需求与场景，提供全面感知、深度融合、主动服务、科学决策等功能。还可以深度挖掘交通运输过程中反馈的

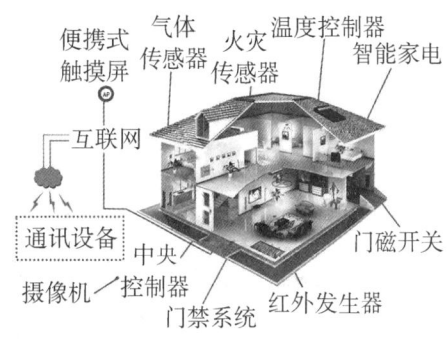

图 3-2-10　智能家居

相关数据,形成问题分析模型,实现行业资源配置优化能力、公共决策能力、行业管理能力、公众服务能力的提升,推动交通运输更安全、更高效、更便捷、更经济、更环保、更舒适地运行和发展(图3-2-11)。

图3-2-11 智慧交通

材料二:学校某楼层情况简介

本楼层有在籍学生120人,教职员工20人,图3-2-12为教学楼楼层平面图。

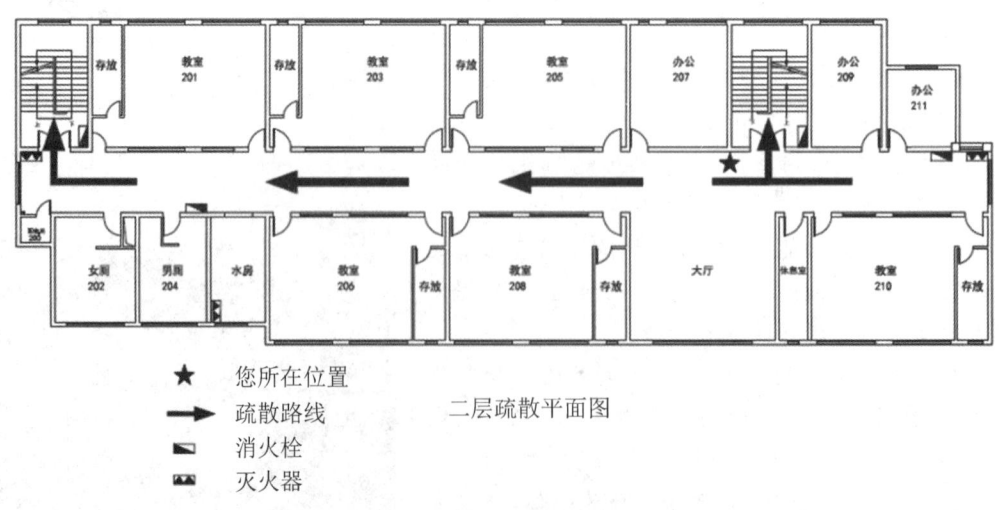

图3-2-12 二层疏散平面图

材料三:设备采购价目表

表3-2-6 设备采购价目表

设备	型号与性能	单价	样例
学习用平板电脑	10.4 inch,64 G,带单机充电器与充电线	1 800元	
教学大屏幕一体机	80 inch(约一块黑板大小),自带操作系统	12 000元	
教学显示屏支架	可安装一台教学显示屏,带滚轮可移动	600元	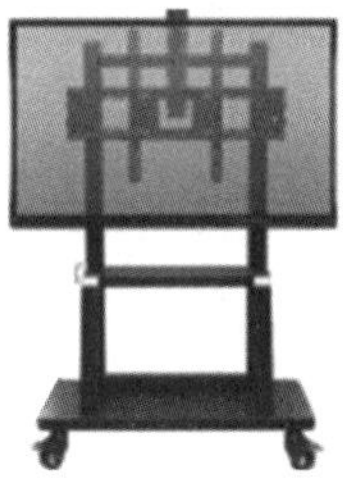
Wi-Fi路由器1	可同时连接25台设备,穿墙性能差	200元	
Wi-Fi路由器2	吸顶式路由器,可同时连接50台设备,穿墙能力差	500元	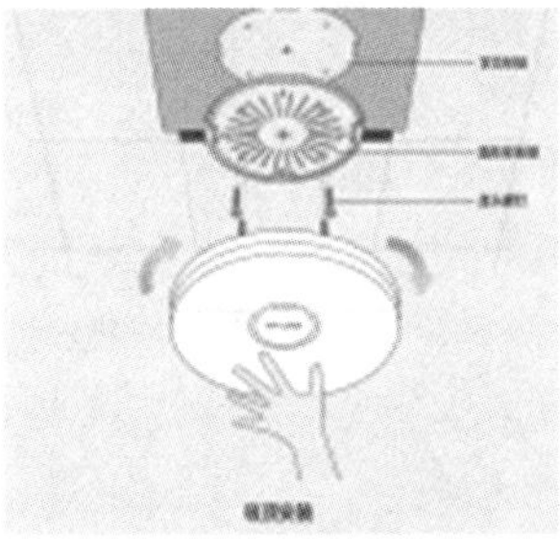
Wi-Fi路由器3	可同时连接100台设备,穿墙性能好,带行为管理功能	1 500元	

（续表）

设备	型号与性能	单价	样例
平板电脑充电装置1	单台设备充电用，火柴盒大小	0元 平板电脑自带	
平板电脑充电装置2	可供40台设备同时充电，约一套课桌椅大小	1 000元	
平板电脑充电装置3	可供150台设备同时充电，约4套课桌椅大小	4 000元	

第三节 基于学生数字画像提升教学有效性的实践研究

大同中学的新课程、新教材实施研究与实践项目——基于学生数字画像提升教学有效性的实践研究,是学校落实"双新"实施的深化行动,是指向问题解决的创造性实践。本人是项目的执行人也是研究报告的执笔者,将个人的研究与实践成果提炼部分在此呈现给读者。

一、本校探索实践解决的问题

解决的核心问题是"如何运用学生学习相关数据促进有效教学的发生,落实学科核心素养的培育",研究包括:

(1) 影响学生学业质量的关键因素有哪些?
(2) 如何在学生学习过程中采集相关数据?
(3) 如何应用这些数据推进有效教学的开展?

与上述问题对应的是本项目的研究目标:
1. 确立以学业质量关键影响因素为主体的学生数字画像框架。
2. 形成基于数字平台的学生数字画像数据采集流程。
3. 提炼基于学生数字画像提升教学有效性的实施策略。

我们认为有效教学应体现在与国家课程标准相适切、与学生身心发展规律相匹配、与学生全面而有个性的发展相适应,教学有效性的提升表现可以分为五个方面,教学目标、教学活动、教学能力、教学反馈、教学组织与管理。

对照教学有效性提升的目标,我们分析了其中需要采集的学生数据,如学生个体和群体的特征数据对教学目标的有效性起到至关重要的作用;学生的学习态度、动机,对教师教学活动中设置教学情境、组织小组活动起到重要作用;学生的学习策略、方法、认知风格应该是教师选择教学方法、培养训练学生思维能力的重要参考;学生的学习轨迹、学业水平数据,反映学生学习过程和学习成效,是教学反馈和组织管理的重点。

二、问题解决的标志性主要成果

(一) 构建以学业质量为中心的学生数字画像基本框架

对照教学有效性从学生特征、学习态度、学习策略、学习轨迹、学业水平五大方面梳理学生学业质量的影响因素,如表 3-3-1 所示:

表3-3-1 学生学业质量的影响因素

数据类型	主要内容
学生特征	以量表采集学生性格、多元智能、职业兴趣等评价性数据
学习态度	以量表采集学生学习动机、对教师与学校态度等评价性数据
学习策略	以量表采集学生学习方法、认知风格等评价性数据
学习轨迹	采集学生课程参与、活动完成、作业完成等过程性数据
学业水平	采集学生学业成绩、综合素质评价等过程性数据

我们基于以下三条原则，明确了以学业质量为中心的学生数字画像的主要数据指标。三条原则为：是否促进学生的学习和发展；是否激发和调动学生学习的主动性、积极性和自觉性；是否提供和创设适宜的条件促使学生形成有效学习。

学校围绕学生特征、学习态度、学习策略、学习轨迹、学业水平五个维度开展了学生数字画像的建设。学生特征重在梳理学生的多元智能倾向，了解学生的学习优势；学习态度则从动机维度出发，了解学生的学习动力来源；学习策略重点从学习方法、学习习惯两个维度呈现学生的学习风格；学习轨迹与学校"1+4+x"混合式学习模式相融合，从教学的各环节对学生的学习动态、学习过程进行整体呈现；学业水平聚焦学生的课堂表现与学业成绩，整体反映学生学业质量。通过对这五个维度的分解与统整，学校构建了以"学习心理、学习风格、学习经历、学业评价"为要素的学生数字画像基本框架，如图3-3-1所示。

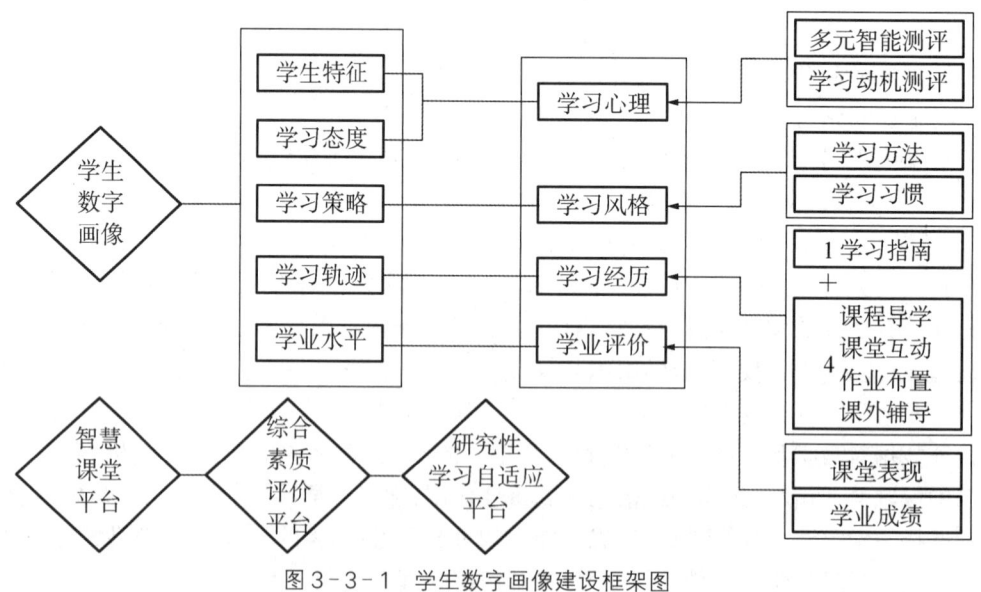

图3-3-1 学生数字画像建设框架图

（二）构建学生数字画像采集运作流程

我校学生数字画像相关数据的采集运行形成了一个闭环，由课程教务中心依托智慧课堂平台、研究性学习自适应平台开展学习心理的测评、学习风格的调研、学习经历的记录、学业评价的反馈，由学生发展中心重点开展综合素质评价平台的记录和上传。历经数据收集、数据处理、数据分析三大步骤,生成个人或群体学生成长画像,为学校学业质量管理提供重要参考,以此指导教与学工作的开展。在数字画像的支持下,课程教务中心与学生发展中心完善教学环节、加强教学落实、增进对学生的引导,在循环运作中稳步增进教学的有效性。我校学生数字画像采集运作流程图如图3-3-2所示。

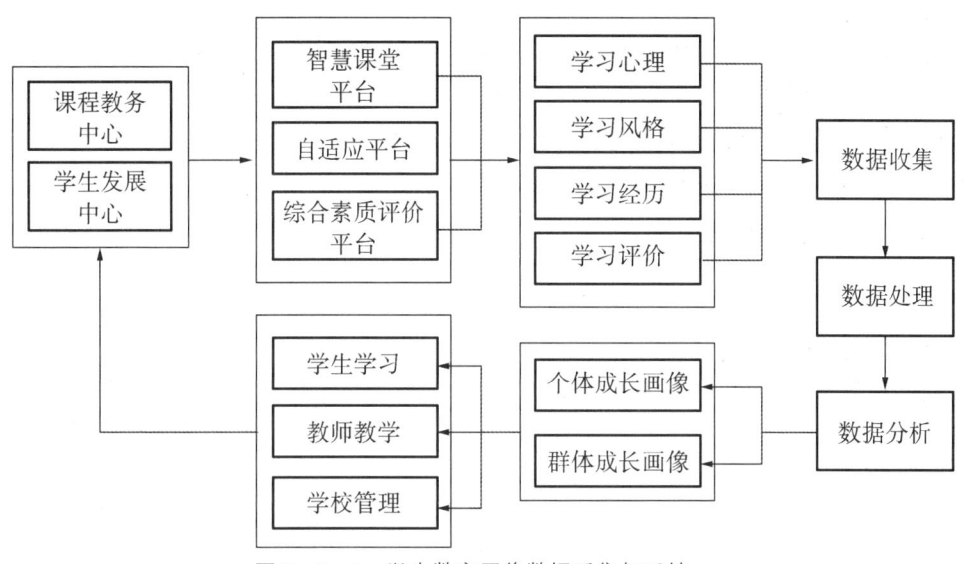

图3-3-2　学生数字画像数据采集与反馈

（三）梳理基于学生数字画像提升教学有效性的应用案例

1. 探索了数字画像应用于"1＋4＋x"混合学习模式全流程质量管理的实践

学校围绕教学五环节开展了"1＋4＋x"混合式教学的实践探索,其中1是以学习指南为指引,4是以课程导学、课堂互动、作业布置、课外辅导为教学重要抓手,x为相关教学资源。我们以数字画像呈现学生经历"1＋4＋x"模式的全流程学业动态,以教研组为单位,从各教学环节入手,以数字画像指导并完善该混合式教学模式各环节,提升教与学的有效性,积累数字画像的应用分析案例。

2. 探索了数字画像应用于"学教管"全方位质量管理的实践

我们认为教学有效性的提升是学生的学、教师的教、学校的管三位一体、共同作用的结果。为此,学校探索将数字画像应用于学生学业诊断与分析指导、应用于教师精准教学与因材施教、应用于学校课程供给与教学管理。从全方位质量管理的视角探索数字画像的实践应用策略。

三、问题解决的过程与方法

学校通过顶层设计,围绕"如何运用数字画像推进有效教学开展,提升整体学业质量"这一核心问题,从采集什么数据、如何采集以及如何运用数据三个维度对主问题进行破题。通过梳理影响学业质量的关键因素,开展数字画像相关数据的收集,探索基于数字画像提升教学有效性的实施策略,最终指向信息技术与教学的深度统整,转变教与学的方式,打造智慧校园,整体提升学生学业质量。

通过MBTI职业性格测试采集学生性格类型数据，并在校内进行纵向对比，根据数据进行教学调整；通过多元智能测评分析学生个性化能力优势；通过霍兰德职业兴趣测评，获得学生职业兴趣倾向数据。

我们通过每学期定期的全体学生调研、各年级部分学生访谈，采集学生学习动机、学习方法、认知风格等数据。

通过智慧课堂、自适应研究性学习平台等信息化工具，开展"1＋4＋x"混合式教学的实践探索，并在此过程中采集学生课程参与、活动完成、作业完成等情况数据。

通过科大讯飞智学网平台采集和分析学生的学业水平数据，对班级、年级集体和学生个人分别进行画像，以满足不同教学层次的需求。

四、检验佐证问题的解决

本项目问题解决的核心就是提升教学有效性，我们也根据五个方面的标准框架，落实了检验有效性提升的途径。

通过每学期定期的期中调研与访谈工作，检验教师教学与学生需求适切程度、学生学习自主性、教师教学方法多样性、学生积极参与学习的兴趣，以及对学生评价的效果等方面的提升情况。

通过教师评价、导师谈话、学生案例等，反馈学生学习积极性、自主性的提升情况，反映学生在主动探索过程中，自发组织研究和学习活动情况。

通过教学过程数据积累反馈，检验教师在数字画像辅助下，运用技术和教学资源能力提升，效果检验教师教学反馈频率、质量的提升，通过学业水平数据检验学生改进学习的效果。

通过专题教学研讨、论坛讲座、展示课等活动，展现教学活动中情境创设、小组活动、师生互动的有效提升；通过教学案例，体现教学活动与群体和个人目标匹配程度提升。

第四章

中学物理选修拓展课程开发实践之迁

中华人民共和国教育部颁布的《普通高中物理课程标准(2017年版2020年修订)》规定物理课程开设必修、选择性必修和选修课程。选修课程由学生自主选择学习,课程结构如图4-1所示。

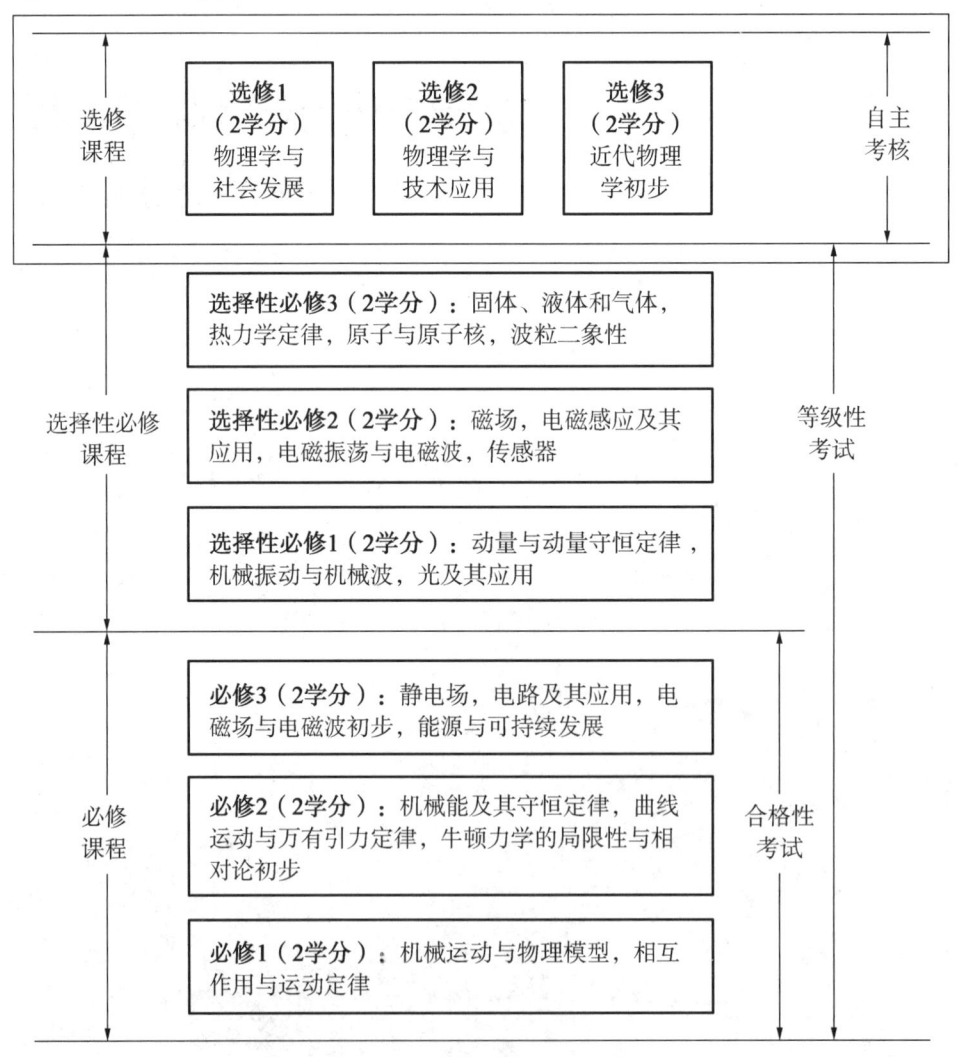

图4-1 高中物理课程结构

选修课程是学生自主选择学习的课程，共由三个模块构成，分别从物理学与社会发展、物理学与技术应用及近代物理学初步等方面构建课程，为学生多元化发展提供空间。学校可以此为参考，根据学生的兴趣爱好、学业发展、职业倾向等选择性开设课程。

本人任职的上海市大同中学长期致力于教育改革，潜心设计培养学生创新素养的课程，经过十五年开发实践的积淀，形成了较为完善的科学创新素养培育课程体系，摸索出特色鲜明的科学创新教育实施路径。本人有幸全程参与了十五年的课程开发与实践，重点参与科学教育相关的物理选修课程开发，聚焦人工智能、芯片设计与制造、航空航天、智能制造等主题，具有跨学科融合、接轨前沿专业的鲜明的特色。

在参与学校改革实践过程中，本人开发了"航空科技创新""智能制造""AI＋智慧芯片设计""AI＋物理"等系列物理类选修课程，参与了上海市双前沿课程《玩转无人机》教材的编写。

在本章中，与读者分享本人在课程开发与实践工作中积累的一些经验，希望为正在开发中学物理选修课程的教育工作者提供借鉴。

第一节　学科特色选修课程的开发与实践

2020年修订的《普通高中课程方案》给出了全新的学分安排,其中国家课程必修学分为88分,选择性必修为42分,还有14分给到了校本课程和综合实践活动,所以各个学校能够体现本身教学特色的地方,就在这14个课程学分中。大同中学的校本课程,以 CIE (Creativity, Innovation and Entrepreneurship)专业导航课程和素养拓展课程的形式呈现。

大同中学有着优良课程开发与实践的传统,目前正在以 DT 课程链和 CIE＋理念统整整个课程结构,提升学校的课程整体水平,以更好地满足学生个性化的生涯发展需求。如何高质量进行学科特色选修课程的开发与实践呢?我认为主要分四个方面:需求分析、学术引领、过程管理和评价检验,如图4-1-1所示。

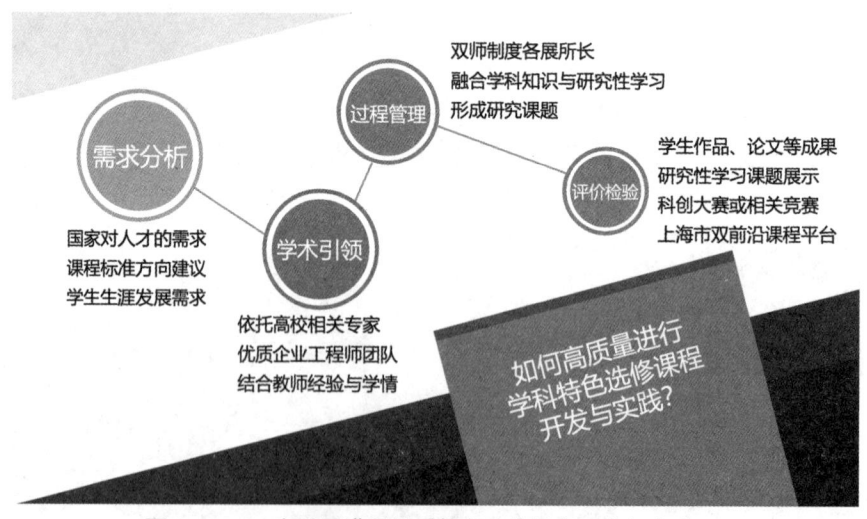

图4-1-1　高质量进行学科特色选修课程开发与实践

一、需求分析

为什么要开发这门课程?是出于哪些方面的考量?有哪些方面的政策依据?首先,我们需要考虑国家对人才的需求,还有我国教育改革的方向,课程标准对选修课程的方向,区域人才的培养目标,学生的生涯发展需求,个性化特长的培养需求,以及学校的课程体系构建等方面。如图4-1-2所示。

第四章　中学物理选修拓展课程开发实践之迁

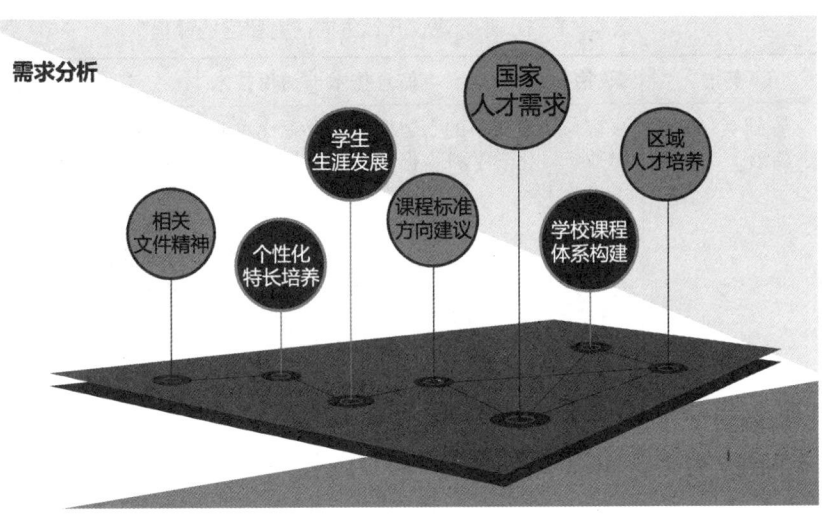

图4-1-2　需求分析

关于国家层面对人才培养的需求和教育改革的方向指引,可查阅中华人民共和国教育部官网相关的政策文件。教育部官网中"时政要闻"专栏,发布了习近平总书记在近期与教育有关的讲话内容节选,对于读者确立课题、课程等相关工作的方向时有很大的参考价值。

而对于一线教师来说,学科课程标准中对于选修课程的开发有非常明确的指引方向。物理课程标准将物理课程分成三大模块,对选修课程有三个明确的建议:物理学与社会发展,物理学与技术应用,近代物理学初步。课标还补充说明,学生学完必修课程以后可以先选学选择性必修课程,再学选修课程,也可以直接学选修课程的部分模块。

许多学校各学科的选修课开设数量都很可观,在各大领域的分布也比较均衡,但是往往跨学科的选修课程比较少,如图4-1-3所示。

各科选修课开设数量

	语文	数学	英语	政治	历史	地理	物理	化学	生命科学	信息技术	通用技术	艺术	体育
已有	17	16	6	4	5	5	10	8	6	6	5	5	10
计划	3					1		6		2			

八大领域选修课程分布

	语言与文学	社会与人文	数学与逻辑	科学与自然	信息与技术	艺术与文化	思维与方法	生命与成长
已有	9	22	14	16	15	6	6	11
计划	2	1		3	6			
跨学科	1	1		5		1		

图4-1-3　某实验性示范性高中统计数据

更重要的是,许多学科在课程标准的建议开设方向上尚有一些空白,如表4-1-1所示。换一个角度来讲,市实验性示范性学校,应该在课标建议的方向开足开齐选修课程,这样才能满足高水平学校中较高层次学生的生涯发展需求。

表 4-1-1　课标建议开设方向尚有留空的课程

数学	英语	政治	化学	信息技术	通用技术	艺术	美术	体育
D类课程是供有志于学习体育、艺术（包括音乐、美术）类专业的学生选择的课程。	基础类 基础英语	法官与律师	发展中的化学学科	数据与数据结构	现代农业技术专题	舞蹈创编与表演：中外民间舞、古典舞、现代舞、街舞、健身舞的创编与表演等	全部五项	水上或冰雪运动
	提高类 英语8、英语9、英语10 为学有余力或报考外语类院校，以及具有特殊发展需求的学生开设					戏剧创编与表演：戏剧游戏、经典戏剧、戏曲表演、小品创编与表演等		

因此，建议学校以及学科教研组应该对标课程标准的选修课建议方向，梳理所在学校本学科现有的选修课程，哪些方向已经有了比较成熟的课程，哪些方向已经有了开发的计划，还有哪些方向是空白的，这些空缺的方向就是下一步需优先考虑的课程开发的方向。

同时，也可以结合上述提到的这些方向考虑一下区域性的竞争关系，哪些是别人没有而自己能够做得比较好的方向，哪些方向是大家都已经开设了课程，且竞争已经白热化，非常趋同的方向，这些方向应该回避。如根据 2023 年黄浦区的新一轮科学教育行动计划，将每年评选出黄浦区中小学十大科技特色课程，区内的竞争非常激烈，同一领域同一类型的课程最终应该只有一个学校的一门课程获评，在规划课程开发的过程中，这个因素也需要考虑。

二、学术引领

在明确了课程的方向之后，为了保证课程的质量与学术高度，需要开发实施者与高校相关专业院系进行密切沟通，邀请高校的专家团队把握课程的学术质量，也可以联系行业龙头企业，请企业的工程师团队引领应用技术的研究方向，还可以请教育行业的资深专家指引课程的培养方向。

但这并不是说，只要依靠外部的力量就能够解决这些问题。事实上，无论是高校、企业还是资深专家，他们能够给出许多高屋建瓴的建议，能够给出许多深奥的学术知识以及技术应用方案，但是如何把这些专业领域中高层次的内容转化为适合高中生的学习资源，这是一线教师们最熟悉的领域。

所以，学术引领需要把这两者相互结合，丰富的教学经验让中学教师能把高端的学术知识和应用技术方案转化为可实施的教学计划、课时教案。教师们也能够进行恰当的学情分析，结合学生的知识基础、能力水平把握课程教学目标与知识能力的要求。教师还要非常熟悉学生和教师的成果应该以什么样的形式呈现，如课程实施纲要、学习材料或教材，教案以及学习素材与配套教学器材的制作。

以大同中学为例,物理学科目前开发实施的课程和学术支持引领团队见表4-1-2。

表4-1-2　物理学科特色课程与学术支持引领团队

物理学科特色课程	学术支持与引领
航空科技创新课程	上海交通大学航空航天学院、机械动力学院、电子信息与电气工程学院 中国航天科工集团
智能制造课程	
物理学术创新课程	复旦大学物理学系、物理国家级实验教学示范中心
AI＋芯片设计课程	中国科学院上海微系统与信息技术研究所 新思科技:全球集成电路设计自动化(EDA)软件主导企业 中科曙光:我国核心信息基础设施领军企业
智慧芯片制造课程	
土木工程课程	同济大学土木工程学院

其中航空和智能制造课程,主要依托交大的三个学院和中国航天科工集团。学术创新课程依托复旦大学物理学系和物理国家级实验教学示范中心。AI＋芯片设计和智慧芯片制造课程,依托大同校友所在的中国科学院上海微系统与信息技术研究所,全球集成电路设计自动化软件的主导企业新思科技,还有我国核心信息基础设施领军企业中科曙光。土木工程课程依托的是同济大学土木工程学院。

本人接触的这些高校和企业无一例外都对基础教育领域的课程开发非常感兴趣。一方面是他们对教育的情怀,另一方面,他们承担着企业的社会责任,树立企业形象的同时在学生中培养未来潜在的工程师和用户。

如美国企业"新思科技",他们的 EDA 自动化芯片设计软件在全球占主导地位,他们利用对基础教育的下沉带来的效应,使得目前行业内大部分工程师,只会用他们的软件设计集成电路。考虑到这个因素,本人在课程开发和实施过程中,又联系了我国在该领域的领军企业中科曙光,他们在集成电路设计自动化软件领域正在追赶先进企业,也非常积极地投入到我校的芯片课程开发实践工作中来。所以学校的芯片设计和制造课程也成为了企业竞争的领域,这对学校的课程开发而言也是一次不可错过的机会。

三、过程管理

借助外部力量来开发和支持的课程,往往用双师授课的方式是效率最高、效果最好的,如图4-1-4所示。校外专家主要负责课程的学术质量,引领技术应用研究方向等,校内的主讲老师负责教学常规管理、实施授课主讲等。一内一外两位老师在不同的方向都对课程作出了重要的贡献,这样可以比较有效地把专家的学术内容转化为课堂中的知识,将技术转化为学生能掌握的技能,将研究转化为学生可以探究的课题,外部力量培训教师,教师课堂授课,专家设计,教师落笔。

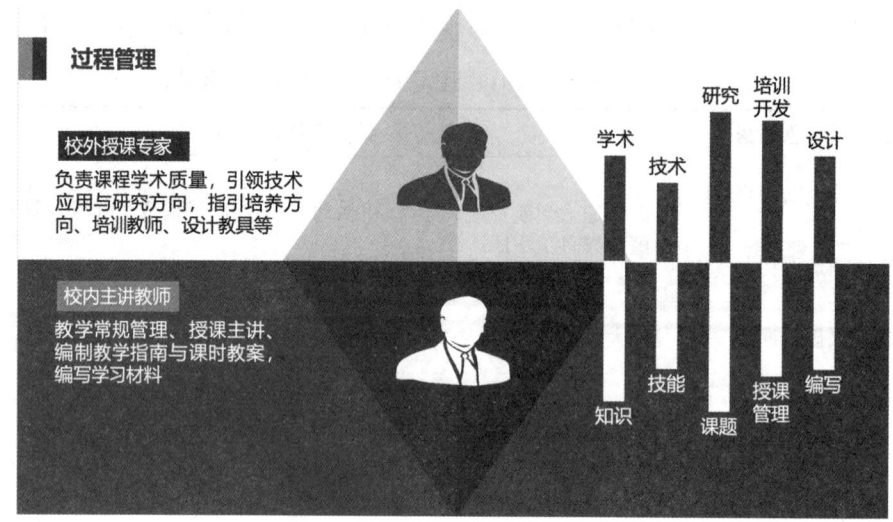

图 4-1-4　过程管理

本人开发和实践的"航空科技创新"课程就是在高校、企业和市教研室的专家三方指引下,最终打磨成型。课程分三个阶段,准备创新阶段、体验创新阶段和自主创新阶段,在准备阶段以分类项目化学习的方式,了解无人机的软硬件原理;在体验阶段从需求目标分析、计划制订、研发实施到性能测评,让学生体验完整的科研创新过程;最后的自主创新阶段是让无人机社团参加各类比赛,自主研制特殊功能的无人机。

四、评价检验

对课程质量的评价检验是最后的关键环节,用通俗的话来说就是:你认为你的课程好,依据在哪里?除了你自己说你的课程好,除了你找人来说你的课程好,还有什么证据?

对于课程质量的评价检验可以由两方面来证明。一方面,有丰富的学生作品,如:论文课题、科技制作、专利申请以及考取相关的资质认证。另一个方面,学生参加各类竞赛的获奖成绩,教师参加各级各类的课程教学评比等,图 4-1-5 中列出的比赛都是学科特色课程可以参与的评比。当然,学校还应该研制课程质量的评价体系,对实施过程和结果进行多元化评价,建立服务于学生个性化学习的课程链的评价以及反馈机制,也可以从学科高地建设成果的角度对课程质量进行评价。

图 4-1-6 是选修"航空科技创新"课程的学生所做过的获奖课题研究。

图 4-1-7 是选修该课程的学生考取的无人机飞行执照,以及在全国上海各类比赛中获得的奖项,本人和学生还受到上海电视台和《青年报》的采访报道。航空科技创新课程参与了中国国际教育装备展的教育案例展示,还获得 2021 年中国教育学会科创教育案例的推广证明,本人还获得全国优秀自制教具评比和上海市实验说课比赛的一等奖。

本人还参与编写了上海市"双前沿"课程的第二批教材,《玩转无人机》教材即将出版。

实践证明通过需求分析、学术引领、过程管理和评价检验四个步骤,可以高质量地进行学科特色选修课程的开发与实践。

第四章 中学物理选修拓展课程开发实践之迁

 学生作品
学生论文发表、研究性学习课题、科技制作、专利申请、考取相关资质认证等

 学生竞赛
全国青少年科创大赛、全国上海物理学术竞赛、全国青少年无人机大赛等，综评或教育部白名单比赛

 课程、教学评比
全国优秀自制教具评比、全国实验说课大赛、一师一优课省部级评比、各级各类教学评比活动、上海市双前沿课程平台（教材编写）、黄浦区十大科技教育课程评选等

 课程质量评价体系
实施过程与结果多元化评价，服务学生个性化学习的课程链评价、反馈机制，学科高地建设成果等

图4-1-5 评价与检验

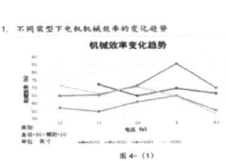

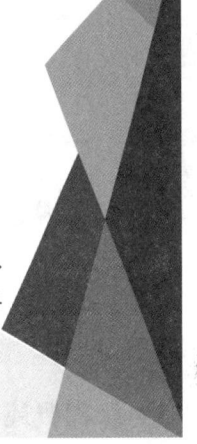

图4-1-6 学生获奖课题展示

全员考取ASFC无人机飞行执照

全国青少年无人机大赛团体、个人冠军

上海模型节穿越机飞行赛一等奖

接受上海电视台、《青年报》等媒体采访报道

图4-1-7 "航空科技创新"课程学生成果展示

第二节 "航空科技创新"课程教学指南

一、课程概述

(一)课程背景

在工业化时代向信息化时代的转型中,教育所关心的正在从学生是否学到了既有的结论,转向学生是否学会了专家的思维模式,而思维方式既在问题的解决中体现,也在解决问题的过程中得到培养。研究型课程正是以问题为起点,以研究为中心,面向生活实际,充分发挥学生自主能力,强调团队合作,重视实践体验的一门课程。该课程对于改变学生单一的学习方式,培养创新精神、锻炼实践能力、发展学生的多元智能,形成健全的人格,促进学生全面和谐发展具有独特的作用。

随着我国"嫦娥"探月航天项目顺利实施、国产大飞机首飞成功,中华民族飞天梦的不断实现,航天航空领域的研究型特色科创项目进入基础教育领域,成为时代发展的必然趋势。

大同中学研究型课程通过引导学生对某一领域进行自主探索,帮助学生加深对自我生涯发展的理解。在研究型课程设置中,既有面向全体学生的专题研修课与课题研究课,同时对于部分特需学生,学校采用双向选择的形式,组织参与 CIE 课程。

大同中学物理教研组与上海交通大学航空航天学院优质专业教师携手,协调解决技术与师资难题,充实完善航空知识内容,建立适合学生学习的研究型课程体系,开发实施了高中"航空科技创新"课程。

(二)课程定位

"航空科技创新"课程是大同中学众多 CIE 课程之一。CIE 课程给出一个真实的任务让学生自己动手,从中点燃他们的创意火花。基于对学生创新素养培育的目标,学校建立了航空综合创新实验室,并开展"航空科技创新"课程的教学实践。

(三)课程理念

1. 以学生发展为根本,提升核心素养

根据本校学生实际水平,结合学科知识,以提升学生核心素养为目标;以航空原理和无人机技术为理论核心,内容涵盖理论认知和工程实践,涉及选题、制订研究计划、文献综述与背景研究、撰写研究方案、样机制作、程序设计、测试与调试等流程,让学生变成学习的主导者,在项目中实现核心素养的提升。

2. 以自主探究为核心,创设体验活动

从基本工具的使用,到根据图纸组装无人机,再到编程控制无人机飞行,最后设计原创无人机并参加国内外各项大赛,让学生在探索实践中,获得直接体验科技创新魅力的途径与机会。坚持以自主探究为核心,注重激发学生探究的意识与兴趣,培养学生探究思维与能力。

3. 计划先行,强调团队合作

本课程注重研究活动组织形式的规则,从资优生的选拔环节开始,对学生的行动能力、理论的运用能力、反思能力、观察能力等多维度进行观察与评价记录,引导学生组成能力互补的高效团队,在项目活动的设计与团队分工协作等方面都有明确的规则约束。

4. 尊重科学,注重知识产权

重视研究成果产生过程的客观规律,初期以学习既有知识为主,具备一定知识储备和研究能力以后,以项目化学习为主,用具有挑战性的任务驱动,经历学习、思考、应用、设计、制作、调试、飞行、检验等过程,对真实问题进行探究,解决具有一定难度的有价值的问题,让学生体会探索和发现的艰辛与不易,从内心深处对知识产权和科学的严谨性产生尊重。

5. 提高体验品质,倡导多元化和面向过程的评价

既重视结果评价,更重视过程评价;既有管理性评价,也有激励性评价;既有共同的评价指标,更有个性化的灵活弹性评价原则,课程评价呈现出一定的开放性。除了项目化学习的评价外,还涉及大量无人机飞行表演任务,鼓励学生考取无人机相关驾驶资质证书(ASFC中国航空运动协会、AOPA中国航空器拥有者及驾驶员协会),同时还能发表论文、申请专利、应用技术商业转化,真正做到创新创业早期教育实践。

(四)课程目标

(1)通过航空科技课程与无人机项目的学习,掌握常用物理实验仪器、检测仪器和现代加工工具的使用方法与基本原理,体验课题研究的过程与方法。

(2)综合运用文献法、实验法等研究方式,掌握基本的研究方法,提升在实践中发现问题、解决问题的能力,并在此基础上能独立完成一项课题。

(3)通过团队分工合作,调查研究、讨论交流等形式,加强团队协作意识并激发创新素养。

(五)课程特色

跨学科、项目制是开展 CIE 课程学习的基础。

航空科技作为一项高度综合的现代化系统科学技术,是一个国家科技先进水平的重要标志。它综合运用了基础科学、应用科学和工程技术的最新成果,是发展最迅速、应用最广泛、对生活影响最大的领域之一,这也决定了航空科技创新课程的跨学科特征。

航空科技创新课程以项目化学习为主要教学手段,使学生在真实项目情境中有意识地运用结构化思考的理念和方法,发现问题,思考问题,以团队合作学习形式为基础,不断进行思维碰撞和互助练习,潜移默化地掌握新技术、新思想、新工具,提升探究能力,达到团队效能最大化。

二、课程内容与结构

（一）课程内容

高一学段，从时下学生最感兴趣的无人机入手，邀请航空专家团队指导，引导学生通过课程和项目学习航空航天知识。基础知识教学主要包括编程、硬件、结构、工具等内容，涵盖多旋翼、固定翼、直升机、客机、战机、飞艇等类型的航空器，并设有模型搭建与部件 DIY 等无人机设计模块，让学生在掌握基础知识与技能的同时，具备设计、制作、操控自己的航空器的能力。

通过高一阶段的课程学习，学生开阔了学科视野，形成了基本的研究意识、档案意识、过程意识，能发现问题并至少形成一个较高质量的研究项目，能在项目研究中培养良好的研究规范与协作能力，形成基本的研究素养。

高二学段以项目化学习为主，涉及软件工程类、工程结构类、飞行技术与航拍等课程，分别引导学生向编程代码控制、总体设计、影视艺术等多方面深入了解，发展兴趣，并设有特异化无人机创新设计制造综合实践项目，该项目不仅有利于学生科技素养、想象力、创造力的提升，其成果还可以参加多项国内外赛事活动，从而提升学生科技教育方面的综合素质。

通过高二阶段学习，以综合项目为依托，培养学生知识模型构建与问题解决能力，且在某一领域内能开展较为深入的课题或项目研究，并至少形成一篇高质量的研究论文，积极探索研究成果的转化与应用。

学生在完成上述课程内容的同时，学会根据材料的特性选择和使用加工工具，学会使用 3D 打印机、激光切割机等现代加工工具，体验团队合作、交流、展示、竞赛等过程，掌握课题研究的基本方法与规则。

（二）课程结构

高中学段(高一年级＋高二年级)，3~5 人一组，每个年级总人数不超过 25 人。

课程分为两个学期，高一、高二各一个学期，共计 56 课时。

每学期 14 次课程，每次课程 2 课时，一学期共 28 课时。

具体课程安排见表 4-2-1、表 4-2-2。

表 4-2-1　航空科技创新课程（高一学段）

单元名称	课程活动内容	活动要求	课时	课程资源	学习评价
安全教育	安全使用设备和工具	安全常识与劳防用品(工具、设备、电源、飞行)	2	基本工具与设备	进行操作体验，并通过操作安全规范和理论测试
研究背景与文献概述	航空先驱、古代航空器械文献检索与综述	自行组成研究小组进行研讨分析，阅读指定文献，自行检索 2 篇相关文献并作综述报告	2	文献资源、在线查阅终端与账号等	对团队的研究成效进行互评

(续表)

单元名称	课程活动内容	活动要求	课时	课程资源	学习评价
航空基础	航空器操纵	了解无人机基础操纵原理、操纵模拟器	2	模拟器,四旋翼无人机配件及组装工具,体育馆与操场场地,交大专家指导	室内体育馆与室外操场飞行展示
航空基础	航空器设计初探	了解无人机基本概念与航空器大体结构	2	模拟器,四旋翼无人机配件及组装工具,体育馆与操场场地,交大专家指导	室内体育馆与室外操场飞行展示
航空基础	航空器设计初探	设计、制作教学四旋翼无人机	4	模拟器,四旋翼无人机配件及组装工具,体育馆与操场场地,交大专家指导	室内体育馆与室外操场飞行展示
教学多旋翼无人机试飞与改进	升力和飞行原理	学习空气动力与无人机飞行原理	2	教学用无人机,体育馆与操场场地,计算机等,交大专家指导	飞行展示小组互评
教学多旋翼无人机试飞与改进	遥控器知识	教学四旋翼无人机试飞与改进	4	教学用无人机,体育馆与操场场地,计算机等,交大专家指导	飞行展示小组互评
教学多旋翼无人机试飞与改进	遥控器知识	学习多通道遥控器基本原理和用法	2	教学用无人机,体育馆与操场场地,计算机等,交大专家指导	飞行展示小组互评
创新多旋翼项目	未来航空器创想	介绍创意航空器	2	计算机,设计软件与绘图工具,3D打印与激光切割工具等,交大专家指导	项目交流,演讲,分组答辩互评
创新多旋翼项目	未来航空器创想	学生的航空器创想	2	计算机,设计软件与绘图工具,3D打印与激光切割工具等,交大专家指导	项目交流,演讲,分组答辩互评
创新多旋翼项目	材料、力学与航空器设计	介绍航空领域材料及加工	4	计算机,设计软件与绘图工具,3D打印与激光切割工具等,交大专家指导	项目交流,演讲,分组答辩互评
创新多旋翼项目	材料、力学与航空器设计	绘制图纸设计六旋翼飞机机架	4	计算机,设计软件与绘图工具,3D打印与激光切割工具等,交大专家指导	项目交流,演讲,分组答辩互评
成果总结	参加飞行员执照培训与测试	通过ASFC中国航空运动协会飞行员资格测试取得资格证	2	中国航空运动协会专家指导,室内体验馆,大疆中小型无人机等	录像、拍照记录学习过程,资格证展示等

表4-2-2 航空科技创新课程(高二学段)

单元名称	课程活动内容	活动要求	课时	课程资源	学习评价
立项与分析	灾害分析与无人机项目立项	选题、分析、设计一个典型的灾难应用场景与相关无人机程序设计	2	视频资源,教学用程控无人机,计算机及scratch软件,交大专家指导	项目交流,程控飞行展示与互评
立项与分析	程控飞行控制基础	无人机的连接与基础指令——起飞、降落与紧急停机	2	视频资源,教学用程控无人机,计算机及scratch软件,交大专家指导	项目交流,程控飞行展示与互评
程控无人机基础	救援无人机自动巡航飞行	控制无人机进行简单的航线飞行	2	教学用程控无人机,计算机及scratch软件,交大专家指导,室内体育馆	室内体育馆与室外操场飞行展示
程控无人机基础	在坐标系下飞行	累计误差与消除方法	4	教学用程控无人机,计算机及scratch软件,交大专家指导,室内体育馆	室内体育馆与室外操场飞行展示
程控无人机基础	在坐标系下飞行	无人机在指定坐标系下的飞行方式与巡航	6	教学用程控无人机,计算机及scratch软件,交大专家指导,室内体育馆	室内体育馆与室外操场飞行展示

(续表)

单元名称	课程活动内容	活动要求	课时	课程资源	学习评价
综合实践	特异化无人机救援实践与项目展示	侦察救援无人机程序设计、编写与应用	2	教学用无人机，体育馆与操场场地，计算机及软件等，交大专家指导	飞行展示，项目交流，小组互评，专家与教师点评
		工程救援无人机程序设计、编写与应用	4		
		测试、改进程序，总结、撰写实践报告	2		
		分组创新设计讨论	2	教学用无人机，体育馆与操场场地，计算机及软件等，交大专家指导	项目交流，演讲，分组答辩互评，小组互评，专家与教师点评，飞行表演等成果展示
		程序编写、调试与演示	6		

三、实施要点

（一）学生选拔

课程实施对象为高一、高二年级中，对理科和工程技术兴趣强烈、基础知识扎实、动手能力强、渴望探究与创新的学生。

前期先对全年级学生进行课程方案宣讲，明确课程学习内容、学习目标后开展双向选择，学生根据兴趣填报志愿，教师经过选拔确定授课对象。

选拔可采用面试或笔试，选拔时应兼顾理科基础知识和理论思考能力、动手实践能力、观察和反思能力、领导协调和表达能力四个方面。可让面试学生在这四个方面选一个自己最擅长的方面举例表达。不同方面能力突出的学生招收人数应尽量均等。

本课程的研究项目在教师的指导下以团队为单元合作完成，同一团队成员由上述不同能力、风格的学生组成。

（二）组织方式

安全教育、程控飞行控制基础、飞行员执照培训与测试部分，学生独立进行，注重基础知识与基本技能的落实。

遥控无人机组装、程控无人机飞行控制与调试等难度要求较低的部分，两人一组进行，既能落实基本技能，又能兼顾合作交流。

综合实践和课程内课题研究部分，3~5人一组，4人最佳，按照选拔时的四个能力方面，每方面一位成员。

（三）评价方式

本设计涵盖研究型课程及课题研究项目两部分，故采用面向过程的学习评价方式，且根据学校研究型课程学分管理制度，给予学生基础学分与奖励学分。

评价分为内部评价和外部评价，其中内部评价分为线上、线下两部分，线上通过登录研究性学习自适应平台记录学习过程,文献综述、团队交流、开题报告、中期报告、研究论文等均通过该平台上传。线下评价则是为每一个参与本设计的学生配备一本《课题研究形成性手册》,用于记录开题情况、实验数据及处理情况、设计样稿、研究进度、参赛情况等。

评价权重设置为:研究活动选题和线上开题报告占 30%,中期报告、探究过程中的沟通交流与项目完成情况占 60%,实验记录情况占 10%。

外部评价主要以参加比赛、活动展示、考取飞行员资格认证等形式开展,如参加上海市或全国科技创新大赛、国内外各级科创类比赛、学校科技节展示与论文答辩活动等。

四、实施保障

(一) 资源

专用标准教室一间,投影仪一台,计算机 12 台,需安装软件 Scratch、Arduino IDE、SolidWorks、AutoCAD,配备可组装 12 台遥控无人机的零配件,12 台 Tello 教学微型无人机,1 台大疆精灵 3 及以上型号中小型无人机,无人机电池和充电器若干(建议每台无人机配 3 块电池板,每 3 块电池板配一个充电器的充电位);条件许可时建议建设航空科技综合专用实验室,配备用于研究的专用实验设备,分为互动教学区、制造加工区、分享讨论区、成果展示区四个功能区域。

(二) 师资

专家支持团队来自上海交通大学航空航天学院特种航空器创新实验室,团队前身为 1944 年成立的交通大学航模队(简称 ASC)。目前共有指导教师 6 名,研究生、本科生成员 157 名,分别来自航空航天、船舶海洋与建筑工程、电子信息与电气工程、机械与动力工程、材料学与工程、媒体与传播、安泰经济与管理、软件、农业与生物等学院的多个专业。

大同中学物理教研组物理教师团队为本课程的主要实施团队,主要任课教师 2 名,全组 10 位教师均为学生课题导师。

(三) 管理制度

1. 授课教师职责

(1) 做好考勤管理,认真备课,指导学生有序开展学习活动与研究实践。让学生学会选择课题,养成基本的研究素养,并在此基础上加大项目研究的深度与广度,同时对论文的格式、要求予以规范。

(2) 指导并督促学生及时填写《课题研究形成性手册》,每学期课程结束对学生《课题研究形成性手册》填写情况进行检查和反馈。

(3) 组织学生开展课题申报、日常记录、中期检查、期末评价,其中,期末评价形式由任课教师自定。在研究思路、研究方法、研究规范、研究过程上予以指导,为学生课题推进提供力所能及的帮助。

(4) 如学生因课题开展需查询资料、开展实验,课题研究辅导员可相应地与图书馆、计算机房、实验室教师预约,因资源有限,采取"先到先得"原则。确保各预约场地有相应教师或负责同学予以管理,保障教学纪律与人身安全。

2. 课题研究导师须知

（1）课题研究导师接受学生的聘请，担任学生课题研究的指导者。为学生课题有序开展提供建议和帮助。

（2）课题研究导师与组内学生需定期开展课题交流与沟通。课题交流应由学生主动申请，且原则上频率不低于每月1次。在学期期中与期末，导师需对学生《课题研究形成性手册》予以督促检查。

（3）在学期末，课题研究导师需结合《课题研究形成性手册》给予学生研究性学习专题报告评定，以及综评部分指导教师评语。若受导学生未确保相应频次的课题沟通交流、态度敷衍，指导教师有权拒绝继续担任学生的课题研究导师，有权拒绝给予课题评价，由此所造成的后果由学生全权承担。

（4）课题研究导师对学生研究性学习报告的真实性，即是否存在抄袭情况（大于20%的直接引用）予以评判。另应指导学生积极参加上海市高中学生研究性学习课题真实性认证。

3. 学生须知

（1）课程面向特需学生，采用双向选择原则选拔录取，未入选的学生需参加对应年级的专题研修课或课题研究课。

（2）因综合素质评价平台对高中生创新精神与实践能力的要求，学生在高二学年结束前应至少完成一篇能反映其研究能力与水平的代表性课题论文。

（3）鼓励个人独立申报并完成课题研究，也可以按小组形式开展（每组限3人），并明确负责人与参与者角色，其中，负责人有且仅有1人。

（4）课题成员均须翔实填写《课题研究形成性手册》，记录研究的全过程，由各研究小组负责人在期中与期末交由各自课题研究导师检查指导，并由课代表于学期末呈交由研究型课程任课教师检查备案。

（5）学生课题的指导教师由学生自己聘请，可以是学校推荐的校内教师，也可以是自己家长、亲戚或该研究领域的专家。研究小组成员须定期与指导教师联系，除节假日外确保每月至少1次主动向指导教师汇报研究活动的进展，听取指导教师的意见与建议。否则，指导教师有权不再担任该生的指导教师，在综合素质评价中不给予评语和签字。

（6）学生在教师的指导下，依据研究的进度填写《课题研究形成性手册》。完成课题研究申报表、课题研究方案、研究活动中期汇报，期末前完成课题研究结题报告、课题研究评价表、创新精神与实践能力部分内容。其中，课题研究活动进程表与课题研究活动双周记贯穿始终。

（7）高二学年末（6月前），学生将研究论文、教师评语的图片版（jpg格式）、《课题研究形成性手册》打包，若研究中存在能反映研究经历或成绩的过程性照片或社会评价证明也可一并放入压缩包，压缩包以zip格式进行保存。压缩包文件名为"高三×班×号×××"字样。高三9月开学时，由班委收齐后交由学校学术委员会开展综合素质评价研究性学习专题报告录入。

参 考 文 献

[1] 上海市教育委员会.上海市中小学研究型课程指南（征求意见稿）[M].2018版.

[2] 刘徽.项目化学习:面向真实世界的问题解决[J].上海:上海教育,2019(Z2):4.
[3] 程林.高中智能工程专门课程项目化学习实践与思考[J].上海:上海教育,2019(Z2):32—33.
[4] 杨帆,贺利林.研究型课程中的规则意识探讨[J].上海:上海课程教学研究,2017(Z1):153—156.

无人机飞行原理与组装实践活动设计 *
——"航空科技创新"课程学习材料

通过分析螺旋桨结构与布局,了解螺旋桨与多旋翼航空器的工作原理,通过实验观察力与力矩的平衡条件,构想自己的多旋翼航空器螺旋桨布局方案,最终组装完成一台可以飞行的无人机。

第一节　了解多旋翼航空器

【试一试,想一想】

仔细观察如图4-2-1所示的多旋翼航空器的螺旋桨桨叶是否相同,若不同,请找出具体的不同点。观察和分析螺旋桨排布布局是否存在有一定规律,讨论为何多旋翼航空器螺旋桨的个数均为偶数。

图4-2-1　多旋翼航空器

多旋翼航空器通过调节多个电机转速来控制旋翼转速大小,实现升力的变化,从而控制航空器的飞行姿态和位置。最常见的四旋翼航空器是一种六自由度的垂直升降机,即只有四个输入力,却能同时输出六种状态,所以它又是一种欠驱动系统。

【了解更多】

作用力与反作用力。

多旋翼无人机飞行的航向是由螺旋桨产生的反扭矩来控制的。为了对反扭力有本质上的认识,我们需要回顾一下牛顿第三定律,即作用力与反作用力。例如,当我们在河中使用

---

* 本设计入选上海市"双前沿"种子课程,配套教材在全市中学推广。

桨推动另一艘小船，两艘小船会向相反的方向运动。此时桨对另一艘小船和另一艘小船对桨的力就是一对作用力和反作用力。

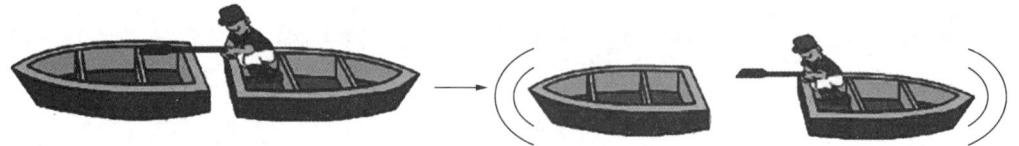

图 4-2-2　小船与桨的相互作用

螺旋桨反扭矩的产生原理：多旋翼航空器的动力来源于高速电机带动螺旋桨转动，与空气产生相互作用。电机带动螺旋桨转动时，由于桨叶有一定仰角，使其高速转动时不断推动空气产生作用力，空气也同时对桨叶产生反作用力，如图 4-2-3、图 4-2-4 所示。

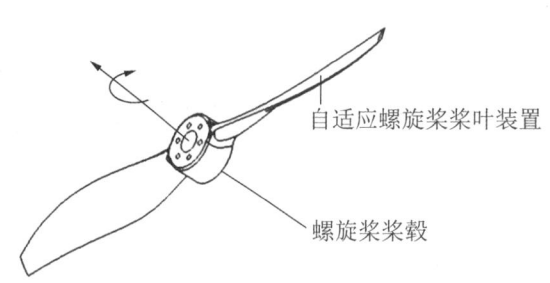

图 4-2-3　桨叶示意图

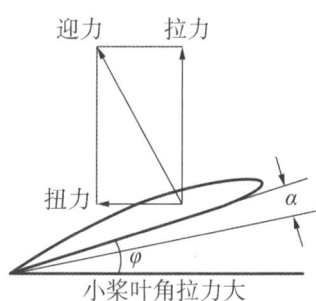

图 4-2-4　桨叶旋转时受力

空气对桨叶的作用力是垂直于桨叶的迎力，它的竖直分力对航空器而言是向上的拉力，但同时也有水平分力，即图 4-2-4 中所标示的扭力。因为扭力的作用点离桨叶的转轴有一定距离，扭力与对转轴的力臂形成了力矩，也称反扭力矩。

这个反扭力矩会使航空器起飞后，在空中向螺旋桨转动相反的方向持续加速转动，所以必须使反扭力矩平衡，才能确保航空器在飞行过程中呈稳定姿态。

不同类型的多旋翼航空器平衡反扭矩的方式不尽相同，常见的多旋翼航空器往往使用正桨与反桨对称的方式来平衡反扭力矩，如图 4-2-5 所示，所以一般多旋翼航空器都有偶数个旋翼；直升机用尾桨来平衡主螺旋桨产生的反扭力矩（如图 4-2-6）；图 4-2-7 是双轴双旋翼航空器，图 4-2-8 是共轴双旋翼航空器，这两种设计也可以很好地平衡反扭力矩。

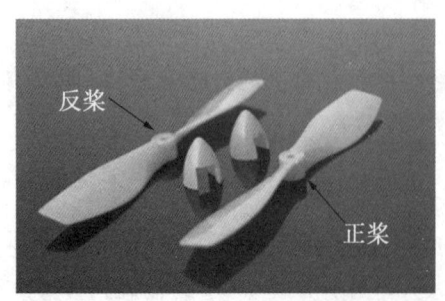

图 4-2-5　正桨与反桨

图 4-2-6　直升机

图4-2-7 双轴双旋翼航空器

图4-2-8 共轴双旋翼航空器

通过调整不同旋翼的反扭力矩大小,还可以使航空器实现转向等动作。

【交流讨论】

仔细观察螺旋桨的形状,观察靠近螺旋桨中心与远离螺旋桨中心的桨叶形状有什么不同。结合不同位置的螺旋桨转动的线速度与角速度,猜测设计不同形状桨叶的目的。

第二节 无人机稳定的条件

【试一试,想一想】

无人机悬停在空中时是如何保持平衡的?在竖直方向和水平方向分别应该考虑哪些力和力矩(扭矩)的作用?

观察图4-2-9,无人机如果要保持姿态稳定,除了考虑反扭力矩,对螺旋桨的转向有要求,还需要什么条件呢?

环形四旋翼

环形六旋翼

Y形共轴六旋翼布局

图4-2-9

多旋翼无人机并不一定必须是对称形状才可以起飞,甚至可以更奇特,如图4-2-10。

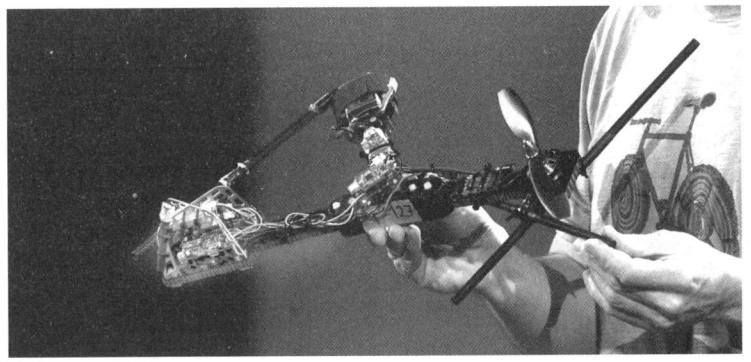
图4-2-10 TED演讲上的 单旋翼无人机(依靠不断自旋动态平衡)

那么，到底什么是让无人机能够稳定停留在空中的必要条件呢？

我们先开始分析一类较为简单的旋翼布局模型——十字形布局、X字形布局与口字形布局，如图4-2-11所示。

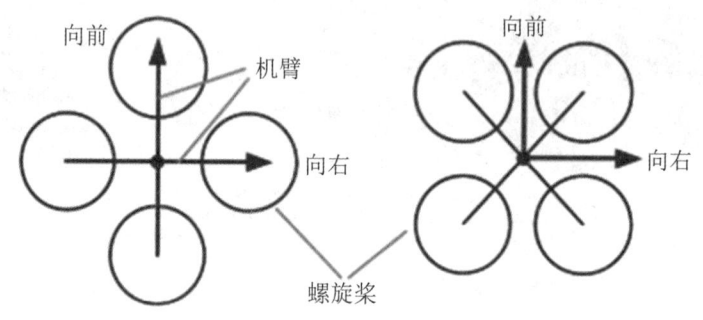

(a) 十字形布局　　　　　　　　(b) X字形布局

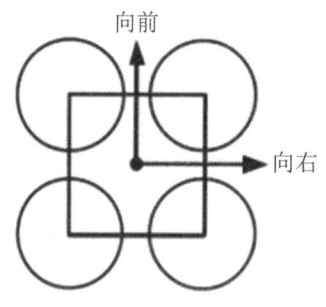

(c) 口字形布局　　　　　　　(d) 口字形布局示意图

图4-2-11

上面这些只是目前使用最广泛的无人机构型，还有很多其他各种无人机构型设计。不同构型设计可以在很大程度上影响无人机的性能，甚至决定无人机的用途。

由于结构上的区别，在无人机移动时，十字形和X字形的机身为保持平衡状态螺旋桨产生的推力不同。如图4-2-12所示，无人机上升时，四个螺旋桨的升力如上、下箭头所示，其转速与升力等量升高，四个桨产生的反扭力矩保持不变，无人机只有竖直方向上的力。

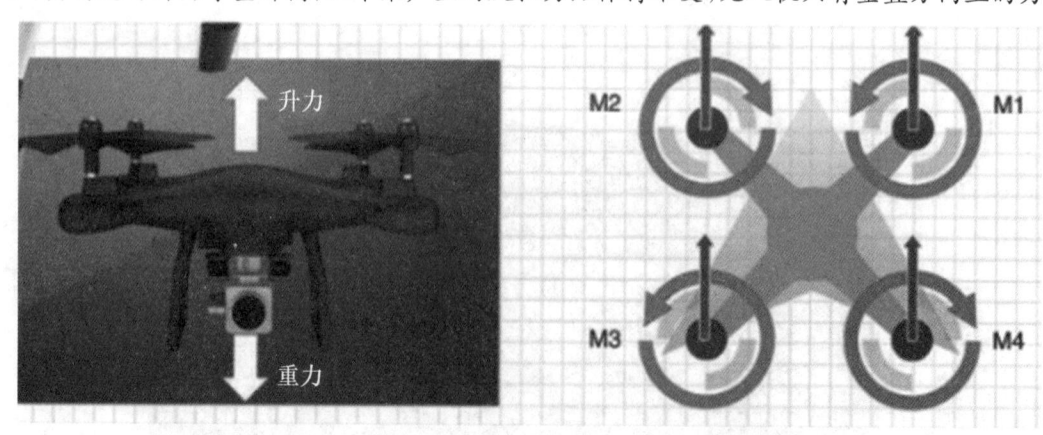

(a) 升力和重力　　　　　　　　(b) 无人机上升原理

图4-2-12

无人机保持航向不变,向前后左右四个方向运动时,保持四个桨反扭矩不变,但运动指向的一对螺旋桨会降低转速以产生倾斜角,从而使无人机产生水平方向的升力分量。以前飞为例:无人机前飞时四个螺旋桨如图4-2-13(a)上下箭头所示,前两个桨叶转速与升力降低相同量,后两个螺旋桨转速升高相同量,由于前、后两组螺旋桨的转速在组内是相等的,因此无人机反扭矩和仍然为零,无人机只向前移动。同理,无人机向左飞行的示意图如图4-2-13(b)所示。

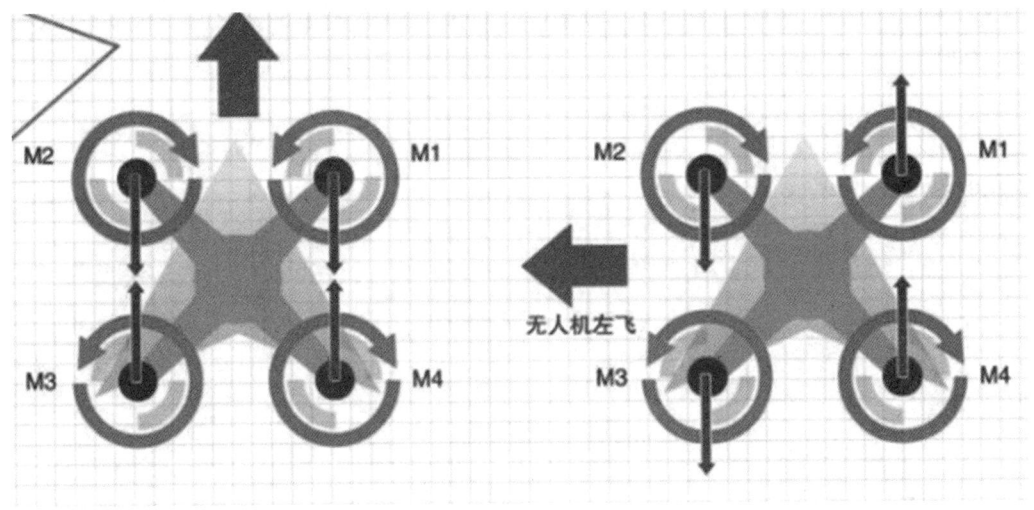

（a）无人机前飞原理　　　　　　　　　　（b）无人机左飞原理

图4-2-13

无人机保持位置、高度不变,只转动航向时,左下与右上的逆时针转向螺旋桨转速与升力升高一个量A,同时右下与左上的顺时针转向螺旋桨转速与升力下降一个量A。此时总体升力仍然和中立相等,但由于转速变化,逆时针转向的反扭矩总和要大于顺时针转向的反扭矩总和,无人机在方向向右的反扭矩下航向朝右侧转动,如图4-2-14所示。

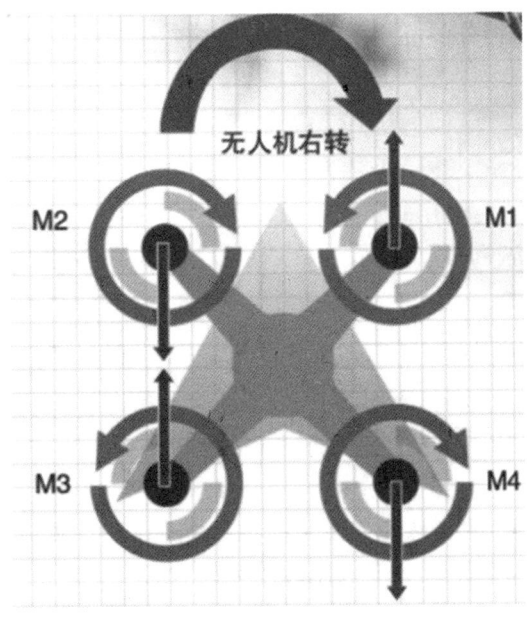

图4-2-14

【了解更多】

不同大小的航空器,除了螺旋桨不一样外,其电机和电池配置也往往随着航空器大小,即最大起飞重量的增大而增加,我们一般用主旋翼直径来对直升机进行分级,比如图4-2-15中900级和FW200级的直升机。

除了飞机的个头不一样,它们的电池在电压、容量、最大放电电流、重量等方面也截然不同。如图4-2-16所示,航空器锂电池往往是由多个锂电池模块组成,单个锂电池模块的电压在3.7~4.25 V;4S电池是将4个电池首尾相连,即上一节电池的负极接下一接电池的正极,如图4-2-17所示。

图4-2-15 900级直升机与FW200级直升机对比示意图

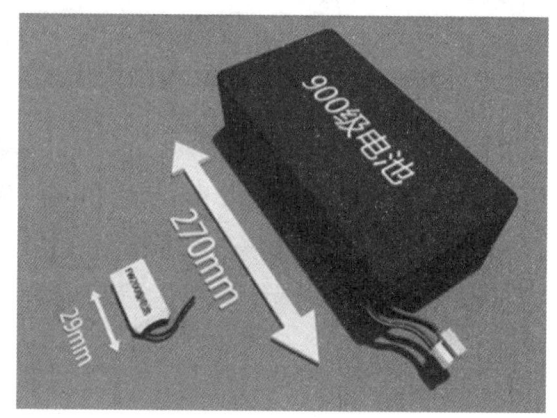

图4-2-16 900级直升机使用的12S电池与FW200级直升机使用的3S电池对比示意图

这种连接方式我们称为串联,电池总的输出电压等于各个模块电压数量之和。

$$电池总输出电压 = \sum_{k=1}^{n=电池模块数量} (第k个电池电压)$$

例如一个每个模块都充满电(每个模块4.2 V)的4S电池,电池总输出电压为16.8 V。

除了串联外,还有另外一种连接方式,称之为并联。并联是将所有电池模块的正极连接在一起,负极连接在一起作为输出,如图4-2-18所示。

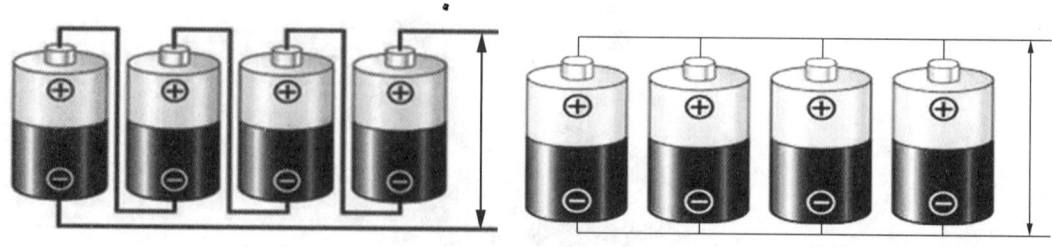

图4-2-17 串联电池　　　　图4-2-18 并联电池

在这种连接方式下,电池的总输出电压约等于各个模块电压中电压最大的那个电池:

$$电池总输出电压 \approx MAX(第1个模块电压,\cdots,第n个模块电压,)$$

【交流讨论】

根据螺旋桨平衡原理,共轴螺旋桨无人机的共轴上下桨叶应该是同方向旋转的还是不同方向旋转的?不同的搭配方式会带来什么样的变化?

第三节　组装一架无人机

【试一试，想一想】

如何安装一架无人机？观察并思考各子系统的布局位置对无人机有何影响。

如图 4-2-19 所示，四旋翼无人机主要有三大组件组成：飞行机架结构部件、动力部件、电控部件。

A. 飞行机架结构部件

飞行机架结构部件，主要是指：①机架、②脚架以及相关的结构组件。四旋翼无人机机架是为了固定四个旋翼，并作为依靠旋翼的升力带动机身起飞的支撑部件。其结构形状、强度和自重都是选择时需要重点考虑的因素。

B. 动力部件

四旋翼无人机的动力部件主要有：③电池、④电子调速器（电调）、⑤无刷电机、⑥桨叶。

C. 电控部件

电控部件主要有：⑥飞行控制器、⑦遥控模块、⑧数传通信模块、⑨地面站软件等。

飞行控制器是无人机的大脑，其将通过遥控模块接收到的飞行命令或者自主飞行控制程序给出的飞行命令，按照由传感器检测并计算得出的当前飞行姿态，通过控制算法计算得出当前四个桨叶的动作要求，发送至各电机的转速要求，控制四个桨叶不同的动作，从而达到目标飞行要求。飞行控制器分传感器子系统和微处理器 MCU 子系统。

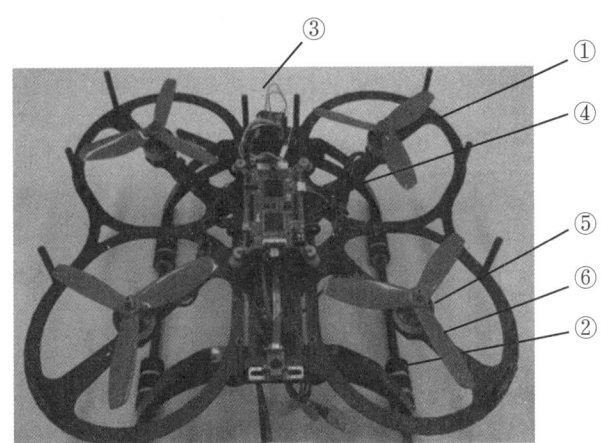

图 4-2-19　四旋翼无人机结构示意图

【动手做】

根据多旋翼无人机的结构图和安装说明书，根据活动流程及确认各检查项，完成一架多旋翼无人机的组装。具体流程如表 4-2-3 所示。

表 4-2-3　无人机组装流程

序号	活动步骤	步骤要求	检查通过
1	准备工作	检查穿戴好必要的护具	
		准备好必要的安装工具（钳子、扳手、螺丝刀）	
		测试飞控板和电调板是否短路	

(续表)

序号	活动步骤	步骤要求	检查通过
2	安装电调板和飞控板	检查电调板和飞控板与机架方向是否安装正确	
		检查电调板与飞控板间电调连接线是否稳固连接	
		检查电调板、飞控板、减震板是否稳固安装在机架上	
3	安装无刷电机	检查不同转向电机安装位置是否正确	
		检查电机与电调板间电调连接线是否稳固连接	
		检查电机转向是否符合要求(上电)	
4	安装遥控器接收器	按通道要求连接遥控器接收器与飞控板	
		检测遥控器与飞控板连接是否有效、正确(上电)	
		将遥控器接收器稳固安装在机架上正确位置	
5	安装光流板和ToF传感器	检查光流板、ToF传感器与飞控板间连接线连接是否正确稳固	
		检查光流板、ToF传感器是否稳固安装在机架上	
6	安装摄像头	检查摄像头与飞控板连接线连接是否正确稳固	
		检查摄像头安装是否稳固	
7	安装桨叶	检查桨叶方向和电机旋转方向是否对应	
		检查桨叶安装是否稳固	
8	安装机架顶盖	检查整机安装是否稳固	

"荧惑探索"航空航天科技创新课程*
—— 跨学科实践设计项目导向的科技探究思维、工程实践能力培养

【案例背景】

随着我国"嫦娥奔月""天问系列"航天项目顺利实施,国产大飞机首飞成功,中华民族飞天梦的不断实现,航空航天领域的研究型科创特色项目进入基础教育领域正在成为时代发展趋势,教育的重点正在从单纯的考核学生是否学到了既有的结论、掌握了既有公式,转向学生是否学到了科学探究的思维模式、掌握了学科的核心知识并将其运用于情景化的问题当中,PBL(project based learning)项目化学习、跨学科融合等新课程方法也日渐成熟。"荧惑探索"航空航天科技创新课程旨在使用项目化学习的教育方法,采用跨学科融合、设计实

---

* 本课程被中国教育学会评为"全国优秀科创案例"并向全国中学推广。

践结合等多种方式,全面培养学生解决实际工程问题的科技探究思维、工程实践能力两大核心素养。

【教学目标】

主要课程设计目标如下:

通过航空航天科技课程与航空器自主设计项目的学习实践,融合物理、数学等多个学科知识内容,了解常用物理实验仪器、检测仪器和现代加工工具的基本原理与使用方法,通过项目化学习的方式开展课题研究。

采用项目化学习的方式,通过团队分工合作、调查研究、讨论交流等形式,设计一个符合中国"火星探索"预设情景的航空器,培养学生实践能力,拓展研究方法并激发创新素养。

综合运用文献法、实验法等研究方式,掌握基本的研究方法,提升在实践中发现问题、解决问题的能力,并在此基础上进行深入探究,独立完成一项课题。

【案例介绍】

设计原则:以解决预设火星基地各类情景下提出的实际工程问题为导向,向学生传授航空航天概念、知识、精神;培养创新设计与实践能力;依托预设情景下的国际竞争与合作背景,培养爱国主义精神。

1. 通过设计火星多旋翼无人机的相关任务,培养学生跨学科知识运用能力,整合航空学知识;包括火星低大气密度环境对无人机升力的产生和影响,及对无人机的结构强度与材料的影响;物理学知识,如电学、力学、无线电原理等;数学知识,如统计与分布、数据分析等;工程知识,如工程笔记与项目规划、三视图的绘制等(图4-2-20)。

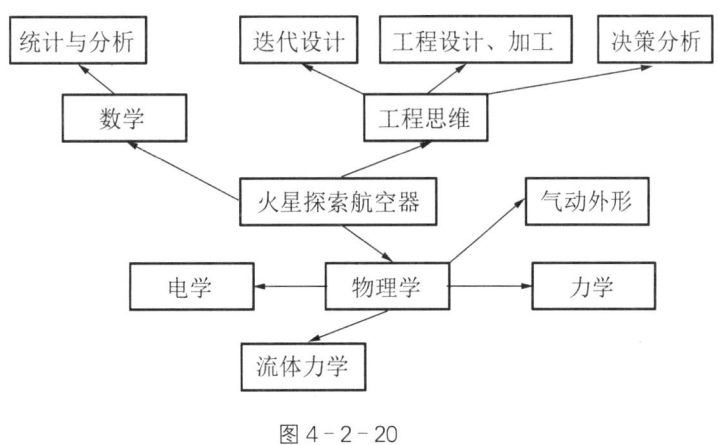

图4-2-20

2. 了解在火星的航空器用途,特别是对火星地貌探索、移民火星所需要的准备以及对探索人员的保护,增强学生的责任意识,关爱生命,爱护他人。完成设计方案和实物制作,验证试飞,提升创造能力。

3. 通过项目式学习,进行项目规划,按项目进度开展,记录工程笔记,提升时间管控能力、自我管理能力和团队管理能力。

4. 在制作过程中,为提升飞行性能,精益求精,培养工匠精神。分组讨论并实施项目,在协助合作的过程中,进行沟通交流,表达自己的见解,质疑反思,从而锻炼表达能力和逻辑思维能力。设计制造的航空器可以参加多项国内外赛事活动,提升学生科技教育综合素质。

关键目标:完成在火星低大气密度环境下的航空器设计制作和试飞,了解升阻比和滑行比的关系。

根据任务需求,提取材料的特征进行分析并选型,提高决策能力。

在结构不良的任务中,学会减少可变量,简化分析流程,提高设计效率,初步完成设计—制作—测试—改进过程。

任务描述:设计制造一架能在低大气密度环境下飞行的航空器,测试飞行距离,研究重量和阻力对航空器滑行比产生的影响。

任务类型:设计制造一架航空器,并试飞。

作品形式:设计草图、设计过程记录、实际制作的作品(图4-2-21)。

评价角度:飞行续航、实践、距离、过程记录的完整性,小组合作性。

图4-2-21 学生制作的航空器

【实施过程】

详见表4-2-4~表4-2-6。

表4-2-4 环节1 边界梳理

活动内容	活动实施建议	活动目的
任务布置: 设计制作试飞一架多旋翼类型航空器,研究如何使用适当的材料使航空器拥有更好飞行性能	整体性: 让学生对项目有整体的了解和认识	体会从方案提出,筛选合并需求,完成详细设计、制作实物、进行测试的闭环流程,初步学习项目过程管理
任务分析: 1.在可供选择材料有限的情况下,如何开展有效的分析和决策 2.如何实施航空器气动布局的选择及设计,以便达到项目要求	针对性: 让学生对任务1的具体内容和要求有清晰的了解	1.在对材料进行初步分析后,提取材料特征,嵌入项目需求中 2.通过航空器气动布局的特性,根据有限的材料和加工方式选择和设计
储备新知: 强度和刚性的概念 重量和阻力对航空器的影响,翼载荷和升阻比的关系 火星大气环境与动力选型、布局的特征	基础性: 教师通过讲授、提供阅读资料、指导查询方法等,让学生了解完成任务需要的基本知识	帮助学生开展对材料的分析和选择,以及了解气动布局与飞行性能的简单关系
调查研究: 调查各种航空器的布局和在真实场景下的应用	开放性: 由学生应用信息检索技能进行自主开放地学习	进一步理解项目意义,并为设计开拓思路

表4-2-5　环节2　研究实施

活动内容	活动实施建议	活动目的
小组分工： 每一小组为4～5人，根据团队成员特长和任务需求，合理安排分工 参考职务： 项目经理，总设计师，各分段负责人，记录分析员等	自主性： 由学生根据小组成员的特点自行安排	发挥各自所长，提高学习效率，培养合作能力
设计方案： 提出各类方案，进行方案汇总及初步概念设计 结合项目需求——如何使飞行载荷更大、飞行距离更远，整合细化概念设计。开展材料选择讨论，根据航空器不同部分的不同需求，进行材料选型 结合材料特性和加工方式可能性以及实际要求，决定尺寸和加工细节……	开放性： 学生小组讨论后开始设计，任务具有开放性	让学生体验逐步确定设计方案和决策的过程，以及把目标逐步转化为行动步骤的过程，体会工程设计的流程及思考方式。体验设计—选型—测试—改进的工程设计流程；了解减轻航空器重量和阻力是设计的两大重点
实验研究： 运用控制变量法，对影响飞行距离的因素进行测量，设计表格，记录数据。描述实验过程及结果，并对数据进行分析归纳 可进行一架不同螺旋桨轴距多旋翼航空器的制作飞行，尝试用于对比定性分析	探究性： 以提高工作效率为目标，探究高效的工艺流程设计方案	将控制变量法运用到航空器设计场景中，学会简单分析数据并得出结论
创意物化： 1. 选择常用材料进行选型 2. 完成设计并制作一架多旋翼航空器	实践性、生成性： 学生在实施设计方案和流程中进一步完善方案	了解常用材料的特性，通过提取材料特征以及航空器各分段特征进行设计和制造

表4-2-6　环节3　交流反思

活动内容	活动实施建议	活动目的
研究报告： 完成过程文件的填写、工程笔记的记录	规范性： 根据研究报告的格式要求，进行规范填写	学会撰写研究报告的基本方法
展示汇报： 运用文字、图片、照片、实物等，对设计制作过程和试飞过程等进行展示汇报	可视性： 尽量用图片、照片、实物等可视性资料进行展示汇报	学会展示汇报的基本方法
检验评估： 从续航时间、飞行距离、载荷情况等方面，方案设计实施完成度、小组合作度等几个维度进行对比评估	针对性、多元性： 针对评价指标进行自评、互评等多元评价	学会根据评价指标评估学习过程和结果的方法

(续表)

活动内容	活动实施建议	活动目的
反思讨论： 汇总各组飞行测量结果，思考如何减少阻力和航空器重量 思考如何在尽可能减小航空器重量的情况下对航空器强度进行提高 通过分段制造，谈谈如何进行项目规划，以提高团队效率	生成性、概括性： 在反思讨论中进一步启迪智慧并总结提炼	集成各小组的思维火花，能在实践的基础上养成思考改进的习惯

【评价与记录】

详见表4-2-7。

表4-2-7 火星航空器试飞评价表

评价内容	等第标准			教师评价	小组评价
	1分	2分	3分		
设计方案实施完成度	有讨论分析过程	讨论分析过程基本完整，论证基本正确	讨论充分，总结严密，结论有理有据，自圆其说		
飞行距离	按最大载荷重量/最大续航时间	按最大载荷重量/最大续航时间	按最大载荷重量/最大续航时间		
分工合作	每个人都承担任务	每个人都承担任务，组员间讲团结，能协作	每个人都承担任务，组员间讲团结，能协作，能在规定时间内完成任务		
合　　计					
总　　分					

固定翼无人机创新课程活动设计
——"航空科技创新"课程拓展部分

第一节 "无动力滑翔机测试"活动设计

【建议课时】

4课时（每课时40分钟）。

【关键目标】

完成无动力滑翔机的设计制作和试飞，了解升阻比和滑行比关系。

根据任务需求，抽取材料的特征进行分析并选型，提高决策能力。

在结构不良的任务中，学习减少可变量，从而简化分析流程，提高设计效率，经历初步设计—制作—测试—改进的过程。

【任务描述】

设计制造一架无动力滑翔机，测试飞行距离，研究航空器重量和阻力对航空器滑行比产生的影响。

【任务类型】

设计制作一台航空器，并试飞。

【资源准备】

常见劳技课材料(例如:雪糕棒、卡纸、橡皮泥、纸板、桦木棒、热熔胶等)。卷尺、剪刀、美工刀、热熔胶枪、直尺常用工具。

【作品形式】

设计草图、设计过程记录、作品。

【评价角度】

飞行距离,过程记录的完整性,小组合作性。

【活动流程及实施建议】

详见表4-2-8～表4-2-10。

表4-2-8 环节1 边界梳理

活动内容	活动实施建议	活动目的
任务布置: 设计制作并试飞一架无动力滑翔机,研究如何使用适当的材料使航空器拥有更好的飞行性能	整体性: 让学生对项目有整体性的了解和认识	体会从方案提出,根据需求筛选合并,完成详细设计、制作实物、进行测试的闭环流程,初步学习项目过程管理
任务分析: 1. 在可供选择的材料有限的情况下,如何进行有效的分析和决策 2. 如何进行航空器气动布局的选择及设计,便于完成项目要求	针对性: 让学生对任务1的具体内容和要求有清晰的了解	1. 在对材料进行初步分析后,抽取材料特征,并嵌入项目需求中 2. 通过航空器气动布局的特性,根据有限的材料和加工方式选择和设计
储备新知: 强度和刚性的概念, 重量和阻力对航空器的影响, 翼载荷和升阻比的关系, 静稳定气动布局的特征	基础性: 教师通过讲授、提供阅读资料、指导查询方法等,让学生了解完成任务需要的基本知识	帮助学生开展对材料的分析和选择,了解气动布局与飞行性能的简单关系
调查研究: 调查各种航空器的布局和真实场景下的应用	开放性: 由学生应用信息检索技能进行自主开放学习	进一步理解项目意义,并为设计开拓思路

表4-2-9 环节2 研究实施

活动内容	活动实施建议	活动目的
小组分工: 每一小组为4～5人,根据团队成员特长和任务需求,合理安排分工 参考职务: 项目经理,总设计师,各分段负责,记录分析员等	自主性: 由学生根据小组成员的特点自行安排	发挥各自所长,提高学习效率,培养合作能力

(续表)

活动内容	活动实施建议	活动目的
设计方案： 提出各类方案，进行方案汇总及初步概念设计 结合项目需求——如何使滑翔距离更远，整合细化概念设计 开展材料选择讨论，根据航空器不同部分的不同需求，进行材料选型 结合材料特性和加工方式可能性以及要求实际，决定尺寸和加工细节……	开放性： 学生小组讨论后开始设计，任务具有开放性	让学生体验逐步确定设计方案和决策的过程，并把目标逐步转化为行动的过程，体会工程设计的流程及思考方式。体验设计—选型—测试—改进的工程设计流程；了解减轻航空器重量和阻力是设计的两大重点
实验研究： 运用控制变量法，对影响飞行距离的因素进行测量，设计表格，并记录数据 描述实验过程及结果，并对数据进行分析归纳 可进行一架滑翔距离较短航空器的设计制作飞行，尝试用于对比定性分析	探究性： 以提高工作效率为目标，探究高效的工艺流程设计方案	将控制变量法运用到航空器设计场景中，学会简单分析数据并得出结论
创意物化： 1. 选择常用材料进行选型 2. 完成设计并制作一架无动力滑翔机	实践性、生成性： 学生在实施设计方案和流程中进一步完善方案	了解常用材料的特性，通过提取材料特征以及航空器各分段特征进行设计和制造

表4-2-10 环节3 交流反思

活动内容	活动实施建议	活动目的
研究报告： 完成过程文件的填写、工程笔记的记录	规范性： 根据研究报告的格式要求，进行规范填写	学会撰写研究报告的基本方法
展示汇报： 运用文字、图示、照片、实物等，对设计制作过程和试飞过程等进行展示汇报	可视性： 尽量用图示、照片、实物可视性资料进行展示汇报	学会展示汇报的基本方法
检验评估： 从飞行距离、方案设计实施完成度、小组合作度等几个维度进行对比评估	针对性、多元性： 针对评价指标进行自评、互评、多元评价	学会根据评价指标评估学习过程和结果的方法
反思讨论： 汇总各组飞行测量结果，思考如何减少阻力和航空器重量 思考如何在尽可能减小航空器重量的情况下对无动力滑翔机强度进行提高 通过分段制造，谈谈如何进行项目规划，以提高团队效率	生成性、概括性： 在反思讨论中进一步启迪智慧并总结提炼	集成各小组的思维火花，能在实践的基础上养成思考改进的习惯

【评价表】

详见表 4-2-11。

表 4-2-11 任务 1 "外壳的设计与制作"评价表

评价内容	等第标准			教师评价	小组评价
	1分	2分	3分		
设计方案实施完成度	有讨论分析过程	讨论分析过程基本完整,论证基本正确	讨论充分,总结严密,结论有理有据,自圆其说		
飞行距离	按实际飞行距离	按实际飞行距离	按实际飞行距离		
分工合作	每个人都承担任务	每个人都承担任务,组员间讲团结,能协作	每个人都承担任务,组员间讲团结,能协作,能在规定时间内完成任务		
合 计					
总 分					

第二节 "动力固定翼设计"活动设计

【建议课时】

5 课时(每课时 40 分钟)。

【关键目标】

通过查找资料等方式,了解目前航空器各种动力单元的优劣,提高资料检索能力。

增加了"动力单元"变量后,航空器的飞行时长得到了提升,同时也需要解决重量增加导致的翼载荷上升的问题。巩固上一节学习内容,探索如何提高升阻比、降低翼载荷,保证一定的飞行性能,以及如何进行安全测试问题,通过逐渐增加测试内容的方式,完成由低风险到高风险的逐项测试步骤,了解科学的测试方法。

【任务描述】

利用新增加的动力单元,设计航时更长的固定翼航空器。

【任务类型】

设计制作一台航空器,并试飞。

【资源准备】

1. 含有电池、电机、螺旋桨的小型动力单元。

2. Depron Aero 板材、碳纤维棒、酒精胶等。

3. 剪刀、美工刀、热熔胶枪、直尺等常用工具。

【作品形式】

设计草图、设计过程记录、作品。

【评价角度】

设计草图、设计过程记录、作品。

【活动流程及实施建议】

详见表 4-2-12~表 4-2-14。

表 4-2-12　环节 1　边界梳理

活动内容	活动实施建议	活动目的
任务布置： 使用新的动力单元给航空器提供持续的动力输出 利用高强度、低重量的 Depron Aero 板材、碳纤维棒进行航空器的设计，需求更长的航时	整体性： 让学生对任务有整体性的了解和认识	体验动力部分带来的持续输出，了解其组成部分（电机—电源—桨），掌握电子电路相关知识 体验材料的升级带来的巨大改进
任务分析： 动力单元的增加会带来哪些新的问题？如反扭力、滑流等。如何提高航时	针对性： 让学生对任务的具体内容和要求有清晰的了解	体会到加入了新的变量后，需要重新考虑整体设计，并解决新的问题。了解航空器的强耦合性和整体设计要求性
储备新知： 通过中学物理力学和电学的知识，了解动力系统的作用力和带来的反作用力，以及反扭力问题，通过改变作用力的方向进行补偿等	基础性： 教师通过讲授、提供阅读资料、指导查询方法等，让学生了解完成任务需要的基本知识	让学生体会物理学中力学和电学知识如何整合，以及如何被运用到实际问题中
调查研究： 对翼载荷进行调查研究，并了解载荷比在航空器设计指标中的重要作用	开放性： 由学生应用信息检索技能进行自主开放学习	对航空器的载荷提升进行调研，并将调研内容运用到项目中，进行科学推测

表 4-2-13　环节 2　研究实施

活动内容	活动实施建议	活动目的
小组分工： 每一小组为 4～5 人，各职务可以有部分交换，第一环节中已经担任过该职务的学生可以进行指导和分享经验 参考职务： 项目经理，总设计师，各分段负责人，记录分析员等	自主性： 由学生根据小组成员的特点自行安排	学会基于事实进行合理猜想。体验小组之间既竞争又合作的关系 以教学相长的形式提高学生的项目实施能力
设计方案： 结合环节 1 的经验，选择认为合适的动力布局，说明选择理由 根据材料的特性，设计航空器的布局和尺寸 航空器进行飞行测试，并进行调整改进	开放性、生成性： 学生小组讨论后，完成琴键传感器的选择	体验工程设计就是不断遇到新问题，不断改进策略的过程。分析测试各种动力布局和气动布局的优劣
实验研究： 教师演示动力装置的使用（需特别注意安全），以及如何进行逐步增加测试内容，避免调试期间损坏航空器或设备 进一步运用控制变量法，对影响飞行距离的因素进行测量，设计表格，并记录数据	探究性： 以正确便捷安装为目标，探究最优的工艺流程设计方案	记录数据，对比参数，在实验中逐步增加测试环节，科学开展有效测试，学习如何有效降低测试成本，保证测试效果，保护测试样本

(续表)

活动内容	活动实施建议	活动目的
创意物化： 1. 使用性能更好的材料进行设计和制作 2. 搭载动力单元进行试飞	实践性、生成性： 学生在实施工艺流程中进一步完善方案	掌握硬件连接以及逐步测试，保证原型机安全的过程

表4-2-14　环节3　交流反思

活动内容	活动实施建议	活动目的
研究报告： 提供研究报告样表，学生完成任务分工、制作步骤、工艺分析、创新之处、存在问题等内容的填写	规范性： 根据研究报告的格式要求，进行规范填写	学会撰写研究报告的基本方法
展示汇报： 运用文字、图片、照片、实物等材料，对设计制作过程和试飞等进行展示汇报	可视性： 尽量用图片、照片、实物等可视性资料进行展示汇报	学会展示汇报的基本方法
检验评估： 从飞行时长、方案设计实施完成度、小组合作度等几个维度进行对比评估	针对性、多元性： 针对评价指标进行自评、互评等多元评价	从飞行时长、小组合作度、设计方案达成度等几个维度评估
反思讨论： 1. 汇总各组飞行测量结果，思考如何减少阻力和机身重量，提高载荷比 2. 思考如何尽可能减少动力单元的安装结构重量以及滑流影响 3. 通过测试，谈谈主翼倾斜角度是如何对升力产生影响的，决策航空器的盘旋角度用以保证测试的安全可靠	生成性、概括性： 在反思讨论中进一步启迪智慧并总结提炼	集成各个小组的思维火花，能在实践的基础上养成思考改进的习惯

【评价表】

详见表4-2-15。

表4-2-15　任务2　"动力固定翼设计"评价表

评价内容	等第标准			教师评价	小组评价
	1分	2分	3分		
设计方案实施完成度	有讨论分析过程	讨论分析过程基本完整，论证基本正确	讨论充分，总结严密，结论有理有据，自圆其说		
飞行距离	按实际飞行距离	按实际飞行距离	按实际飞行距离		
分工合作	每个人都承担任务	每个人都承担任务，组员间讲团结，能协作	每个人都承担任务，组员间讲团结，能协作，能在规定时间内完成任务		
合　计					
总　分					

第三节 "高载荷比固定翼航空器设计及运输竞赛"活动设计

【建议课时】

7课时(每课时40分钟)。

【关键目标】

了解各个调整舵面产生的力矩如何进行控制航空器的飞行姿态。

使用发射机对舵面实时控制,以达到能实时控制飞行航线的状态。

培养解决综合问题能力,模拟小型课题,并合作完成提高沟通管理能力。

【任务描述】

设计能够进行实时控制的拥有较高载荷能力的航空器并开展运输竞赛。

【任务类型】

制作一件产品。

【资源准备】

发射接收机,控制服务器。

【作品形式】

设计草图、设计过程记录、作品。

【评价角度】

单位时间飞行运输量、过程记录的完整性、航空器的设计特色。

【活动流程及实施建议】

详见表4-2-16～表4-2-18。

表4-2-16 环节1 边界梳理

活动内容	活动实施建议	活动目的
任务布置： 使用发射接收机及服务器,达到实时控制航空器的目的	整体性： 让学生对项目有整体性的了解和认识	体验能够实时对航空器的状态进行变更的能力,了解信号传输和加解密过程
任务分析： 1. 满足项目竞赛需求,需要如何进行设计和优化 2. 如何满足航空器的转向能力,如何在稳定性和灵活性这对矛盾中进行决策	针对性： 让学生对任务的具体内容和要求有清晰的了解	既能宏观把握问题,又能用控制变量法研究问题
储备新知： 航空器的稳定性和灵活性是一对矛盾的特性 在较大的飞行速度和机动中航空器容易受到较大的载荷,需要安全载荷冗余	基础性： 教师通过讲授、提供阅读资料、指导查询方法等,让学生了解完成任务需要的基本知识	让学生开展决策权重的判断,进行有效的判断,帮助学生在项目过程中的判断做到有据可依
调查研究： 在飞机设计中如何进行稳定性和灵活性的决策和妥协	开放性： 由学生应用信息检索技能进行自主开放的学习	从飞机设计的过程中,了解逐步推进,逐步放开各个变化量,最后进行设计迭代的过程

表4-2-17 环节2 研究实施

活动内容	活动实施建议	活动目的
小组分工： 每一小组为4～5人，各职务可以有部分交换，第一环节中分工的学生可以进行指导和分享经验 参考职务： 项目经理，总设计师，各分段负责人，记录分析员，试飞员等	自主性： 由学生根据小组成员的特点自行安排	学会基于事实进行合理猜想。体验小组之间既竞争又合作的关系
设计方案： 利用动力固定翼进行简单的改造，完成实验验证机，并进行试飞员的训练和载重初步验证 通过验证机积累数据，定出改进方案，并进行优化设计和制造，完成改良机 改良定型的航空器进行飞行运输测试	开放性、生成性： 学生小组讨论后开展用任务中的原型机进行测试，在相互启发中完成任务	利用能够测试的原型机，进行一定的先行测试，积累一定的经验，作为改良的依据
实验研究： 用数据记录测试过程	探究性： 实施各种调整方案并完成测试	提高学生逻辑思维能力
创意物化： 设计图纸，增加控制单元并尝试进行飞行测试	实践性、生成性： 学生在试飞中不断调整优化方案，找到最合适的方式	掌握工程设计迭代过程，并提高沟通效率

表4-2-18 环节3 交流反思

活动内容	活动实施建议	活动目的
研究报告： 进一步运用控制变量法，对影响飞行性能的因素进行测量，设计表格，并记录数据	规范性： 根据研究报告的格式要求，进行规范填写	学会撰写研究报告的基本方法
展示汇报： 运用文字、图片、照片、实物等，对设计制作过程和外壳部件等进行展示汇报	可视性： 尽量用图片、照片、实物等可视性资料进行展示汇报	学会展示汇报的基本方法
检验评估： 完成设计制作试飞，并最终完成单位时间内的载重飞行竞赛	针对性、多元性： 针对评价指标进行自评、互评等多元评价	学会根据评价指标评估学习过程和结果的方法
反思讨论： 根据评估指标，反思设计制作成功与失败的方面和原因，小组间相互启发和借鉴	生成性、概括性： 在反思讨论中进一步启迪智慧并总结提炼	学会倾听、反思和借鉴

【评价表】

详见表 4-2-19。

表 4-2-19　任务 3　"高载荷比固定翼航空器设计及运输竞赛"评价表

观测点	1 分	2 分	3 分
设计方案实施完成度	有讨论分析过程	讨论分析过程基本完整,论证基本正确但有漏洞	讨论充分,总结严密,结论有理有据,自圆其说
小组合作度	分工不明确效率较低	有明确分工,没有考虑能力适配	能按成员特点详细分工,效率较高,合作氛围较好
飞行距离	按实际飞行距离打分		

灾害分析与救援无人机设计 *

——"航空科技创新"课程典型课例

【课程简介】

大同中学多年来持续开展研究型课程,我校研究型课程通过引导学生对某一领域进行自主探索,帮助学生加深对自我生涯发展的理解。

基于对学生创新素养培育的要求,我校物理教研组与上海交通大学航空航天学院优质专业教师携手,协调解决技术与师资难题,建立适合学生学习的航空知识内容与研究型课程体系,开发与实施了高中"航空科技创新"课程。

【学科单元分析】

学情分析:

学生平时日常生活中已经见过一些无人机飞行,在高一的课程中学习了无人机基本知识,进行了遥控无人机操作等,但并未系统地了解过无人机程序指令;平时开展过基于 scratch 图形化的纯上位机程序、动画编写,但从未涉及过带有传感器、网络构架、执行机构、指令传输等软硬件结合的程序设计,因此本节课除了通过问题分析引入各类无人机的特异化执行功能,还对基础的无人机远程操作指令进行普及。

教材分析:

本课程教材由物理教研组与上海交通大学航空航天学院专家共同开发编写,既符合学校课程纲要的精神,也符合学生的学习规律,整个课程在高一、高二分为递进的三个阶段。

第一阶段:无人机知识学习、制作、操作,培养兴趣;

第二阶段:软件工程类、工程结构类、飞行技术类等分类课程项目化学习;

第三阶段:学生自主设计课题进行研究。

单元目标:

第二阶段课程中,"灾害分析与救援无人机设计"项目设有四个教学环节(图 4-2-22):创设情境问题、用工程实践性思维分析问题、工程实践与设计、交流与反馈。通过观看视频

---

* 本课例获上海市研究性学习优秀课例评选一等奖,上海市"一师一优课"评选优课。

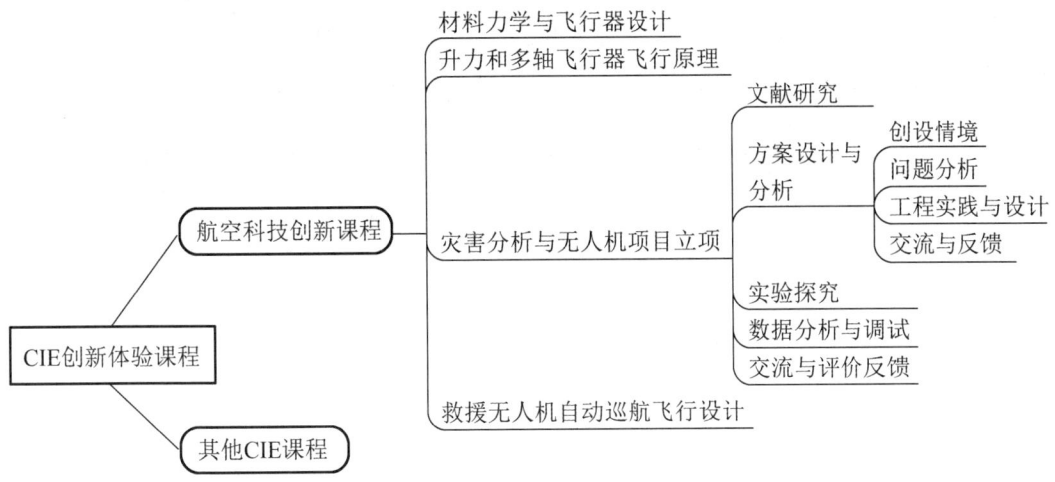

图 4-2-22 "灾害分析与救援无人机设计"在校本课程中的位置

资料、查阅文献,通过对环境、救援对象的特征分析,确立在地震等灾害救援过程中,无人机需要具备的功能和作用,学会"观察环境—分析问题—抽象特征"的问题分析方法。以小组为单位设立自己的救援无人机项目,经历分析解决真实问题的过程,体会探索和发现的价值,领略科学技术的实用价值。

【教学目标】

● 技术意识、工程思维

1. 知道救援无人机需要识别的对象特征。
2. 知道程序控制无人机指令模块的时效性和优缺点。
3. 通过情景问题分析,学会"观察环境—分析问题—抽象特征"的问题分析方法。

● 创新设计、图示表达、物化能力

1. 经历分析解决真实问题的过程,体会探索和创新设计的价值,领略科学技术的实用价值。
2. 通过解决实际问题,感受分析、比较、归纳等科学方法。

● 规则意识、情感态度与价值观

1. 通过小组代表交流,学会交流与倾听。
2. 通过观察、实验等小组探究过程,体会交流、合作的团队精神。
3. 通过观看视频资料和查阅文献,激发尊重生命的意识,感受灾难中"一方有难、八方支援"的互助精神。

【教学重难点】

教学重点:学会"观察环境—分析问题—抽象特征"的问题分析方法。

教学难点:根据分析结果,总结无人机需具备的功能,分组设计各自的救援无人机。

【资源准备】

程序控制无人机、平板电脑、计算机、无人机控制程序、PPT 课件、视频片段、小组分工与交流记录表。

【教学流程】

1. 教学设计思路如图 4-2-23 所示。

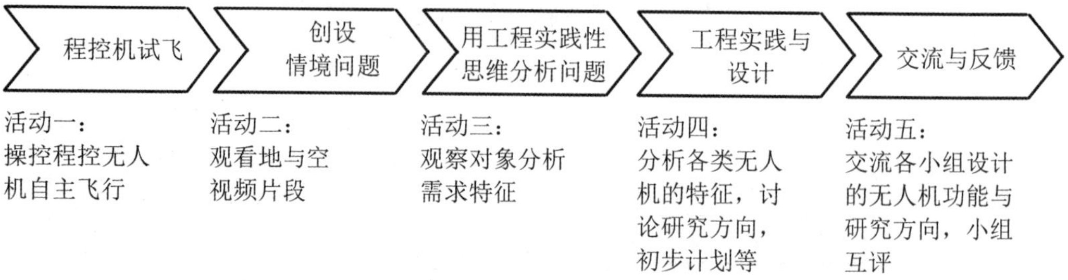

```
程控机试飞 → 创设情境问题 → 用工程实践性思维分析问题 → 工程实践与设计 → 交流与反馈
```

活动一：操控程控无人机自主飞行

活动二：观看地与空视频片段

活动三：观察对象分析需求特征

活动四：分析各类无人机的特征，讨论研究方向，初步计划等

活动五：交流各小组设计的无人机功能与研究方向，小组互评

图 4-2-23 "灾害分析与救援无人机设计"活动设计

2. 教学流程见表 4-2-20：

表 4-2-20 教学流程

教学环节	教学内容	学生活动	设计意图
程控机试飞	程控机飞行操控体验：试飞程控无人机，感受无人机飞行的特性，体会和对比其与遥控机相比的优势	练习操控程控无人机自主飞行，分析对比相对于遥控机的技术优势	观察和体验传感器辅助控制，理解程序控制无人机控制运行方式的时效性和优缺点
创设情境问题	情景问题引入：地震灾害的影响，救灾现场困难重重 观看视频：观看关于地震的视频片段，着重介绍交通不畅、通信中断的情况，播放空军空降灾区视频 分析引导：地震发生时人类会面临什么样的环境？是否有设备可以替代冒着生命危险跳伞空降的士兵？ 揭示课题：程序控制无人机可进行自主决策不受通信限制；作为空中平台不受地面交通情况限制；拥有高空视野、高度优势，是作为救援的良好设备 计划先行：对研究的问题先行规划研究方向、内容、方法等，并及时记录	观看地震与空降视频片段，讨论视频内容，总结地震灾区的环境特征，分析对设备的要求和解决问题的可能	学生总结出救援无人机在地震场合的优势，引导学生学会"观察环境—分析问题—抽象特征"的问题分析方法，形成尊重生命的意识，感受灾难中"一方有难、八方支援"的互助精神
用工程实践性思维分析案例	话题引入：救援无人机需要救什么样的人？ 思维方法介绍：以医生解决"如何医治病人"的问题为例子，描述医院如何分析并救治病人。总结出"工程实践性思维"，运用该分析方法，分析救援无人机如何完成"救援任务" 观察对象：观看地震救援视频，观察救援人员在地震中所需要的设备、物资、援助方式 思维分析引导（观察—设立问题）："尽快拯救地震被困人员的生命"总问题设立 思维分析引导（对象区分—抽象特征）：初步总结被困人员的基本特征：生理特征、物理特征、心理动作特征；初步总结救灾环境基本特征	阅读或查阅相关资料，观察救援对象，分析救援需求特征，用"工程实践性思维"分析各类救援无人机的特征。组成研究小组，讨论确定研究方向、初步计划等，填写方案设计表对应部分，并现场交流	学会"观察对象—分析问题—抽象特征—分析特征—设计方法"的问题解决方法，并尝试用这种方法分析问题

(续表)

教学环节	教学内容	学生活动	设计意图
工程实践	总结特征:思维分析引导(分析特征—设计方法);介绍针对各类特征的传感器与功能模块,引导学生寻找设计方向,如侦察无人机、医疗侦测无人机、清障无人机、通信中继无人机等 动手设计:根据所列的特征,设计每个人所设想的无人机,并且对无人机关键功能进行诠释	填写方案设计表说明小组设计的救援无人机功能与研究方向 现场展示交流	通过观察、实验等小组探究过程,具有团队协作的意识,体会研究活动组织形式的规则意识,培养理论知识的应用分析能力、整体设计能力、团队合作与交流能力
评价环节	引导学生根据本节课的思考和实践结果,完成方案设计表,进行过程评价	完成方案设计表,进行互评	过程记录,评价与总结

3. 学习活动组织与学习评价

4人一组研究小组(SRAM)人员选拔时,已按照不同能力倾向录取:

Speaker 演讲者(演讲,制作ppt、视频等);

Researcher 研究者(理论研究、作图、编程等);

Author 写作者(论文写作,资料整理搜集等);

Manufacturer 制造者(制作、调试、编程等)。

小组成员认领自己的角色,每个研究小组必须各有一名上述人员。本节课每位学生均需要完成个人选题方案设计表,3~5人组成一个小组共同完成课题实践,交流与评价中填入对本组与他组的评价信息。课堂组织程控无人机模块功能应用的展示活动,各小组均进行无人机飞行展示和选题方案展示。

附:选题方案与评价表(表4-2-21)。

表4-2-21 选题方案设计与评价表

专题名称	灾害分析与救援无人机设计		题目	
课题设计者角色与分工任务		小组合作者分工任务		
问题提出的背景与价值				
研究的目的与意义				
调查研究计划(调查研究思路、活动时间表、调查样本等)				
简单的可行性分析(包括自己的优势和可能遇到的困难)				
预期成果及其展示的形式				
对其他小组的评价与学习				

【课后反思】

本设计着重在两个方面培养学生的规则意识：课堂中体验研究组织形式上的规则意识，经历团队合作和计划先行的问题研究过程；项目化问题研究过程，感受"劣构"型真实问题讨论过程，体会探索和发现的价值，从内心深处对知识产权和科学严谨产生尊重。在有一定难度系数的问题中，经历"观察环境对象—分析问题—抽象特征"的过程，体验运用"工程实践性思维"解决问题的过程，依据实际情景中的困难与需求指向抽象的科学技术知识层面，提出解决方案与研究方向，这是目前传统学科课堂难以做到的，也是本设计项目制、跨学科的优势体现。

在课堂实施过程中，对学生的指导方面需要细心研究把握尺度，若引导和干预过多容易使学生进入"良构"的简单化问题研究，缺乏科学严谨性和知识产权意识，而引导不够将导致学生难以发现救灾中实际遇到的问题，更难以将问题指向具体的科学技术知识。本人尝试的做法是选了两个典型问题与学生一起分析讨论，带领学生一起经历"工程实践性思维"解决问题的过程，然后在情境中再去独立应用这个研究问题的方法。优点是学生可以很快掌握，缺点是必然有一个小组的研究过程与内容已经被"代理"了，在以后的教学中我会进一步思考和研究如何均衡。

本设计引发的问题具有发散性和持续性，程控无人机可完成灾害救助任务的条件，不仅仅取决于飞行稳定性和准确度，还对无人机的载重能力和应对复杂地形、复杂天气情况的能力、续航能力、抗干扰能力等提出要求，这些都可以在之后的课程中继续加以讨论和延伸，也可以成为学生研究型课题的基本素材。

【专家点评】

这是难得一见的一堂可以令人"管中窥豹"的课，让我们可以从一堂课看到一门课程的整体面貌，乃至感受到大同中学CIE课程理念对于每门课程的渗透。

李樑老师这堂课以程控无人机的体验为导入环节，唤醒的是学生在这门课程中已有的无人机知识和相关的操作体验。从"无人机"到"程控无人机"，学生被带入"技术的更新对于现实的意义"这一问题视域之中。

对于汶川地震中跳伞英雄故事的视频学习以及在此基础上进行的案例分析，将学生从"技术逻辑"适时地导入了"实践逻辑"。这里体现出了李老师对于工程设计的核心素养有着深刻的理解。李老师称之为"工程实践性思维"。用技术来造福人类，本质在于主观感受和客观科技的集合。恰当地呈现技术应用情境和其中行动者的第一视角，能够帮助设计者实现主、客位的互换，敏锐地把握设计的需求指向。所以，虽然"观察对象—分析问题—抽象特征—分析特征—设计方法"这一流程看似简单，但如何在教学中真正保证每个环节都点到痛处，使得项目本身充满人性的温度，则是处理的难点，也正是本课的亮点所在。

李老师以医生看病的流程作为类比，引导学生思考在复杂情境下分析现场特征、设计需求，形成项目主题，这一流程又将学生从"实践逻辑"进一步上升到"专业逻辑"。在这样一个专业高度分化的时代，如何找到自己的课题，深耕细作，用自己的专业素养，在力所能及的范围内进行探索，为提升人类福祉作出自己的贡献。这种"务实的探究者"形象，在课堂的最后展现无遗。整堂课举重若轻、张弛有度，并不拘泥于某个知识点的传授，关注的是规则意识的形成和探究欲望的培养。我们可以清晰地看到探究的脉络如何从课堂上生根发芽，延展到超越课堂的、更加广阔的社会关怀、真实生活以及中学与大学的科研合作等领域之中，课程的育人功能得到了自然而充分的展现。

上海师范大学教育学院　杨帆

第三节 "AI＋智慧芯片设计"课程教学指南

表4-3-1 "AI＋智慧芯片设计"课程实施纲要

课程名称	AI＋智慧芯片设计
开设年级	高一年级
准入条件 （无或具体要求）	对理工科、集成电路、微电子、电子信息领域有兴趣的学生
上限人数	20人
课程目标	了解国内外集成电路技术的发展状况，学习芯片设计流程和芯片设计自动化（EDA）技术在集成电路设计中的作用，了解数字集成电路的基本理论知识，学会建立模型进行需求和功能分析的方法，掌握常用EDA工具的使用方法。具备利用EDA工具设计简单数字电路系统的能力，具备对电子信息领域的实际问题选择恰当技术的能力，会将生活场景实例中的实际问题进行数字化抽象处理，能选用合适的逻辑功能解决实际问题 开拓视野，激发对科学技术的兴趣，知道芯片在信息化变革中的重要作用，体验芯片在现代生活中给我们带来的便利，了解智能信息处理的巨大进步和应用潜力。体验应用技术解决实际问题的过程，积累工程实践经验，提升理论实践结合能力、动手能力、设计能力、问题分析能力、独立思考能力、团队协作能力等
课程简介	本课程是面向对微电子、电子信息等领域有浓厚兴趣的中学生设计的，课程主要介绍有关智能芯片的基本功能、设计原理等相关知识。根据实际需求分析，使用芯片智能设计一体化平台，设计满足需求功能的、包含芯片、传感、动作等部件的数字电路系统，并通过实践活动，将自己设计的系统投入使用 本课程由芯片设计行业顶尖专家团队与中学教师联合开发，由工程师团队与本校教师进行"双师"课堂授课，结合学科知识，强调实践创新，以数字集成电路原理和芯片智能设计一体化平台为课程核心，体验从理论知识、抽象数字化信息方法，到根据需求自行设计芯片电路，最后设计制造应用芯片功能的控制装置。整个过程既包括理论认知又有工程实践，会涉及学习、思考、应用、设计、制作、调试、检验等多方面。此外还鼓励有兴趣有能力的学生设计制作解决复杂问题的原创芯片，同时还能发表论文、申请专利、应用技术商业转化，真正做到创新创业早期教育实践

(续表)

课程名称	AI＋智慧芯片设计	
课时安排 （按照每学期12～16讲排出每周课程主题）	周次	具体内容
	3	基础篇：观察身边的逻辑现象，结合初中电路知识，理解芯片的必要性和重要性。学习"状态机"这一贯穿课程始终的重要概念，利用芯片智能设计一体化平台开展实践活动，完成2～3状态的实用小产品设计（例如：多段彩灯等）
	4	
	5	
	6	简易电梯篇：升降机的设计 用规范的"说明文"文体描述生活中不同类型的厢式电梯的功能；讨论"简易电梯，即最小可用的2层电梯"应有的功能；讨论并设计"简易电梯"的状态逻辑；利用芯片智能设计一体化平台开展实践活动，开展电子和机械设计，完成简易电梯
	7	
	8	电梯升级篇：楼层计数器的设计 继续强化"状态机"的学习和应用，侧重"多状态"的处理方式；利用芯片智能设计一体化平台开展实践活动，开展电子和机械设计，完成多楼层计数器
	9	电梯升级篇：开门逻辑的设计 继续强化"状态机"的学习和应用，侧重"复杂输入事件"的处理方式；利用芯片智能设计一体化平台开展实践活动，开展电子和机械设计，完成电梯开门控制器
	10	电梯升级篇：决断逻辑的设计 继续强化"状态机"的学习和应用，侧重"事件冲突"的处理方式；利用芯片智能设计一体化平台开展实践活动，开展电子和机械设计，完成电梯决断控制器
	11	电梯升级篇：完整的两层电梯设计 结合以上课程的学习，自行用规范的"说明文"文体描述完整两层电梯的功能需求，利用芯片智能设计一体化平台开展实践活动，实现需求并进行成果展示 发散思维，进行多层多路电梯的功能设计活动
	12	
	13	
	14	
	15	拓展篇：感应自动门的设计和实践。学习和体验传感器的使用
	16	拓展篇：电子钟的设计和实践。学习和体验定时器的使用
	17	拓展篇：智能密码锁。学习和体验极复杂状态机的设计
	18	拓展篇：抢答器。进一步加深"事件冲突"的状态机处理
评价方式 （作业或考试形式）	作品展示，简易论文报告	
其他说明		

AI十智慧芯片设计课程教学活动设计参考

第一部分　基础理论——二进制

二进制是信息技术(IT)与数字集成电路设计(Digital IC Design)中所使用的逻辑与计算的基础,所以将其作为本课程的起始。学生在生活中并无法直接使用二进制作为计算的计数系统,也无法明确逻辑中的二元选项与选择同二进制之间的关联。本节以抽象的二进制的计算与逻辑在生活中的应用为基础,以构成集成电路的基础元件——晶体管作为开关的具体示例为参照,将集成电路规划为逻辑设计与半导体制造这两条相对独立又相互关联的主线。故本节课的内容是接下来课程的理论基础。

一、教学内容

1. 数学与逻辑

(1) 二进制自然数与十进制自然数的相互转换。

(2) 任何进制的自然数与对应十进制自然数的转换。

(3) 二进制的逻辑与计算在数字电路中使用开关系统实现。

2. 物理观念

理解开关的物理意义与二进制状态的对应。

3. 科学思维

(1) 了解并解析数字逻辑中的计算与逻辑判断。

(2) 认识并分析生活中开关的应用场景,进一步探索物理上开关的本质。

4. 科学探究

(1) 经历不同物理器件起到开关作用的科学探究过程,培养交流、评价、反思能力。

(2) 通过组织不同探究讨论,培养生活中的观察能力以及解析事物本质的能力。

(3) 体会在相互交流和合作中提高自主发现与研究的能力。

5. 科学态度与责任

(1) 感受数学与逻辑思考中不同文明创造出的统一美、和谐美。

(2) 激发对数字集成电路的好奇心与求知欲,体验探索和发现规律的艰辛与喜悦。

(3) 领略我国在历史上的二进制与逻辑思维上超前的伟大成就,增强民族自豪感,并培养放眼全球的世界观。

二、教学重点与难点

教学重点:n 进制的意义与十进制之间的互相转换。开关物理意义的分析。

教学难点:能在任意计数系统中正确认识数。能分析一个物体在物理上作为开关的作用。

三、教学资源

史料,实例等视频播放。水枪、水槽、带灯泡的按压开关电路等各类物理开关器件。

四、教学流程

具体教学流程如图 4-3-1 所示。

五、作业与探索

1. 二进制

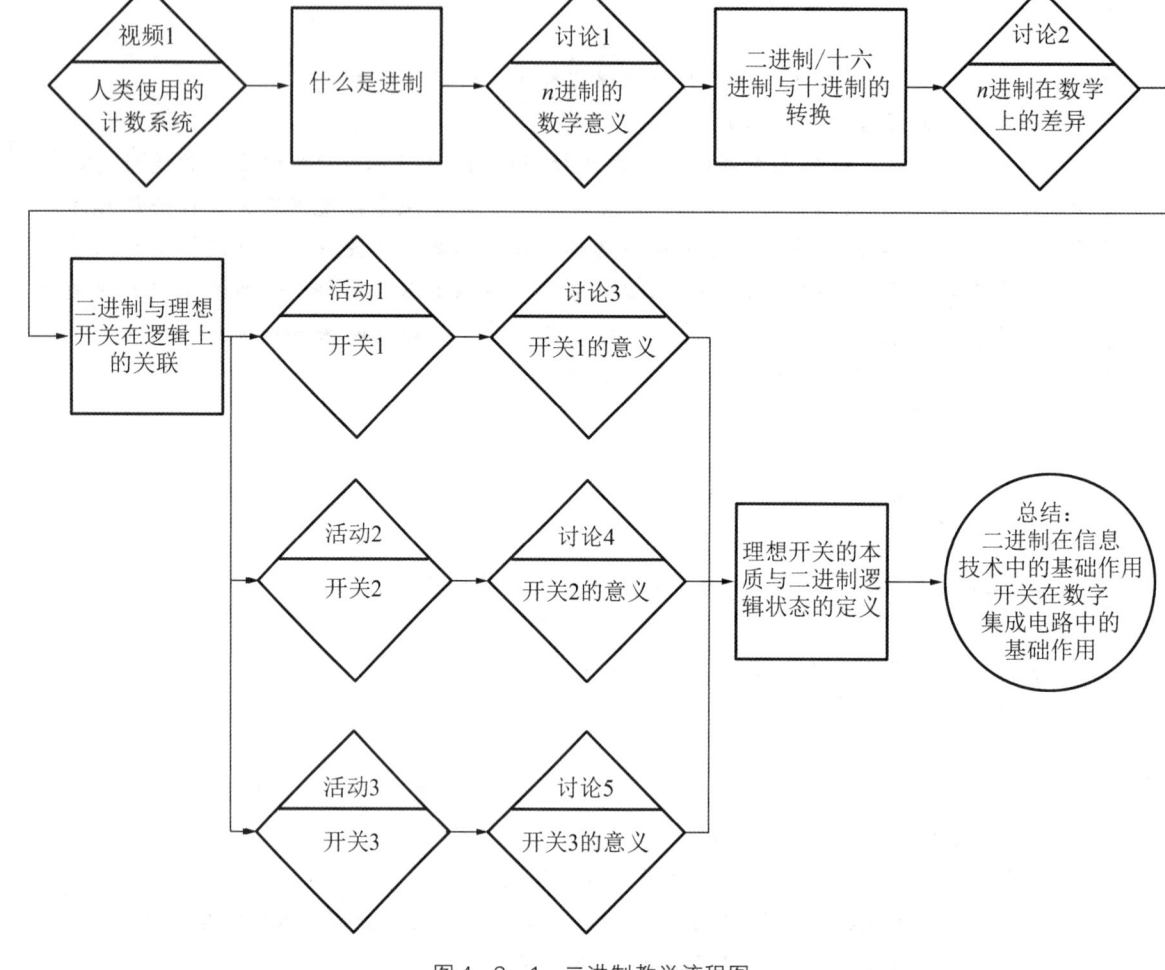

图 4-3-1 二进制教学流程图

在以下计数系统中任选三种不重复的系统,计算在该计数系统中三位数 111 对应的十进制中的自然数值:二进制、五进制、八进制、十二进制、十六进制、二十进制。

2. 开关

生活中还有哪些物品的实质是开关,请描述它们的工作原理。

3. 探索兴趣

从生活中找到较为复杂的开关系统,请尽量详细描述该系统的工作逻辑。

第二部分 实践操作

第一节 开关实验

一、课程任务

1. 主线任务

学生能够使用 MOSFET(NMOS+电阻上拉)搭建与、或、非逻辑电路。此核心任务是后续课程的基础,必须完成。为了支撑主线任务,学生应该首先学习使用人控开关表达与、或、非逻辑,然后在认识 MOSFET 的基础上完成主线任务。

在实验过程中,学生需要掌握逻辑电路实验操作的基本流程规范,包括:能够阅读电路图,能够识别元件,能够根据电路图构建电路,能够对电路进行完整的测试,能够对测试结果进行记录,在实验分析中体现理论计算结果与实际实验结果之间的对应关系。

2. 支线任务

能够对电磁继电器、BJT 和 MOSFET 所表达的、相同逻辑功能的电路进行分析,理解同一种功能可以使用不同方法实现,能够在一定的指标(耗电、体积、成本)等约束下对不同的实现方法进行评估。

二、课程说明

本节在"开关电路"理论课的基础上,通过实验操作加深对理论知识的理解。

在理论课中学生已经学习到,如果将"导通"视为二进制的"1","断开"视为二进制的"0",那么将两个开关进行串联和并联,就能够代表逻辑"与"和"或"。如果将开关跨接到用电器的两端,则可以代表逻辑"非"。

实验从理论课的复现开始,将两个开关用不同方式连接,并记录开关的状态与用电器的状态,从而进一步加深对"二进制"和"与或非"的理解。如果使用多个开关,则可以进行更复杂逻辑的表达。如图 4-3-2,将开关 A 与开关 B 串联之后,作为整体与开关 C 并联,就可以表达 $(A \& B) | C$ 这样的逻辑表达式。

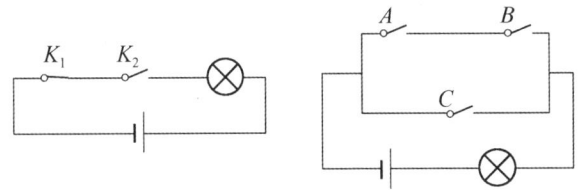

图 4-3-2 人控开关的串并联

下一步是观察和分析人控开关的缺陷。在实践课中,学生直观地看到人控开关最大的问题就是需要"人为操作"从而直接体会到人控开关操作速度慢、可靠性差、联动性差的诸多缺点。进一步可以通过请学生采用反复尝试的方式,探索人控开关是否能够完成 $(\sim A) | B$ 这样的逻辑,以发现人控开关"逻辑不完备"的深层次缺陷。

引导学生从人控开关向电控开关迁移。电控开关就是为了解决人控开关的各种缺陷而出现的(虽然理论课中已经介绍了电磁继电器,但在实践课中仍然可以先与学生互动探讨:"如果你来做一个电控开关,会使用什么样的方法。")。

在学习了电磁继电器的基本功能之后,先熟悉数字信号源的使用方法,再练习使用电磁继电器复现"与"和"或"。对于"非"逻辑的实现,引导学生学习上拉电阻的使用方法,如图 4-3-3 所示。最后,请学生使用电磁继电器表达 $(\sim A) | B$ 以及 $(A \& B) | (\sim A \& \sim B)$ 这样复杂的逻辑,使用数字信号源驱动输入并观察输出,与人控开关在实现相同逻辑时所采取的方法进行比较。

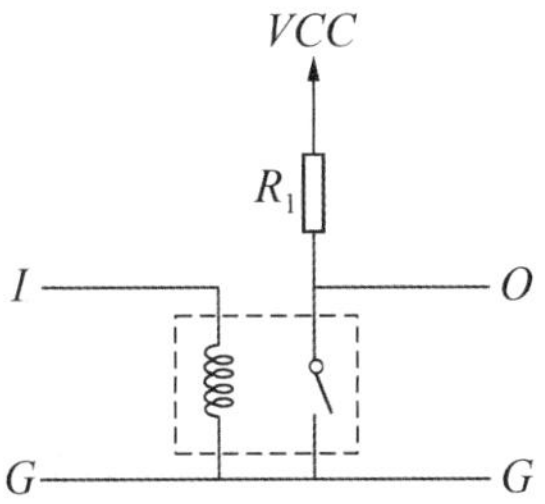

图 4-3-3 在电磁继电器实验中使用上拉电阻

随后引导学生学习使用"更先进"的电控开关 BJT 和 MOSFET。通过观察实物,学生能够很容易地看到半导体器件与电磁器件相比,在体积、噪声等方面的优势。请学生使用 BJT 或者 MOSFET 替换掉电磁继电器实验中所使用的继电器,观察记录逻辑状态,看是否产生了同样的效果,从而认识到半导体器件提供了电磁器件相同的逻辑功能。关于 BJT 和 MOSFET 之间的主要区别,教师可以通过当场输入端有无电流的方式进行展示,并引导学生思考"MOSFET 的输入端不需要维持电流"这个事实意味着哪些更大的优势。

最后,教师给出一个生活中常用的场景,请学生使用合适的器件搭建逻辑电路并完成功能的展示(图4-3-4)。

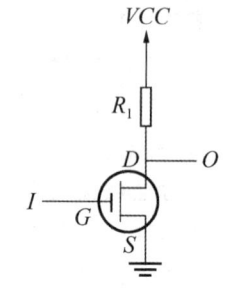

图 4-3-4　NMOS 表达"非"逻辑。同样使用上拉电阻

三、教具参考

通用教具:

电源可以使用带短路保护的 5 V 稳压电源替换电池。

用电器可以使用耐压 5 V 的小电珠、玩具电机等。由于需要区分极性以及电阻限流,不建议使用发光二极管。

人控开关可以选取实验平台提供的单刀单掷开关。

继电器选取家用继电器(线圈启动电压 5 V)或者实验平台提供的模块,本课程不需要对继电器进行光耦隔离。为了简化学生的认识,应将继电器输入线圈的一端与 COM 端连接在一起,标记作"GND";将输入线圈的另一端记作"I";将 NO 端记作"O",将 NC 端悬空。这样做的目的是让继电器与晶体管的端子具备一致性。继电器的使用不是本课程的重点,它只是一个从人控开关到晶体管的一个过渡。

BJT 可以使用实验平台提供的 NPN 模块或 TO-92 封装的 9014 晶体管;MOSFET 可以使用 2N7000 等 NMOS 晶体管。在制作教具时,应该将 BJT 的发射极(MOSFET 的源极)标记为"GND",将 BJT 的基极(MOSFET 的栅极)记作"I",将 BJT 的集电极(MOSFET 的漏极)记作"O"。

电阻器模块可以统一使用 470 Ω、0.25 W 的电阻器,供短路限流、BJT 的基极限流以及上拉使用。

定制教具:数字信号源。

数字信号源是一种多路、可以根据用户的设置产生每一路高低电平的装置。可以直接使用 PC 机的并口配合相应的软件使用,也可以使用计数器模块或者使用单片机的引脚作为驱动。如果以上条件都不具备,可以使用导线直接连通电源正、负极的方式产生数字信号,但会费时间。

第二节　逻辑

一、核心任务

学生能够正确地使用非、与非、或非三种逻辑门芯片。

二、课程说明

本课程中,学生首先通过复习 NMOS 实现非逻辑,过渡到使用 NMOS+PMOS 实现非逻辑,从而自然地引入非门芯片的内部结构和使用。随后介绍与非门和或非门两种芯片,并通过设计逻辑表达式的方法加深学生对其理解。

教师或者学生自行搭建一个 NMOS 实现的非逻辑,使用电源或者地作为输入,电压表作负载。引导学生进一步思考上拉电阻的作用和缺点。随后通过测量供电端总电流的方法,确认上拉电阻会产生额外的能耗。

学生认识 PMOS,复习理论课上所学习的 PMOS 的基本功能,使用 PMOS 搭建非逻辑,确认下拉电阻会产生额外的能耗。

学生在教师指导下使用 NMOS 和 PMOS 共同搭建非逻辑 CMOS,记录逻辑的正确性,通过测量供电端总电流的方法,确认这种电路因为去掉了上、下拉电阻,从而在几乎不产生能耗的情况下正确地传递了逻辑。

学生认识非门芯片,通过比较芯片和晶体管的体积,意识到集成电路相对于独立半导体器件的先进性。使用非门芯片代替晶体管搭建的非逻辑电路,确认它的功能。

学生进一步认识与非、或非门芯片。在时间允许的情况下,可以使用 NMOS、PMOS 实现一个与非逻辑电路,并与芯片比较电路的复杂程度,从而更加直观地体会到"集成"的意义。

学生使用非门、与非门、或非门芯片搭建(A & (~B)) | ((~A) & B)这样的逻辑,并讲述自己对这个逻辑的看法(实际上,这个逻辑就是加法器电路的最低位,为后续的课程埋下伏笔)。

三、教具参考

PMOS 可以选用 VP0300L 或者其他 TO-92 封装的晶体管。其教具制作形式可以参照"开关"一节对 NMOS 的处理。与 NMOS 不同的是,PMOS 的源极标记为 VCC。

逻辑门芯片可以选用 CD4000 系列逻辑门(CD4011 四路二输入与非门、CD4001 四路二输入或非门、CD4009 六路非门)。通常一片芯片之内封装了多路相互独立的逻辑门,制作教具的时候应该分别独立引出它们的输入和输出。

电流表、电压表可以选用中学物理实验常用的安培表和伏特表。

第三节　逻辑设计

一、核心任务

理解一个复杂的逻辑应该以何种流程,使用堆叠的"与""或""非"基本逻辑呈现。

二、课程说明

本课程以 1 位加法器为例,带领学生走通逻辑设计的流程并使用与或非门芯片实现,并通过介绍专用的加法器集成电路,使学生领悟芯片设计领域中的"套娃集成"理念。

首先结合学生已经学习过的二进制知识,列出 1 位加法器的规格书,并指出规格书的设计是芯片设计行业中重要的流程之一。规格书中应该明确规定加法器输入(A、B)和输出(O0、O1)的个数和它们的名称,以及以真值表的方式列出输出和输入之间的关系,如表 4-3-2 所示。

表 4-3-2　1 位加法器真值表

A	B	O0	O1
0	0	0	0
0	1	1	0
1	0	1	0
1	1	0	1

使用分析法推断 O1 的逻辑表达式:可以看到 O0 是 A、B 同为 1 时才为 1。这就是一个简单的"与"逻辑。但是,我们的教具中没有"与门",因此就用一个与非门后面级联一个非门实现。

使用真值法推断 O0 的逻辑表达式:找出所有能够使 O0 为 1 的项,总共有两行 ROW2 和 ROW3,因此 O0 = ROW2 | ROW3。再分别推算 ROW2 和 ROW3 的表达式:ROW2

成立的条件是 ~A & B，ROW3 成立的条件是 A & ~B，因此代入得到 O0 = (~A & B) | (A & ~B)。

由于教具中没有"与门"和"或门"，所以我们用一个等价的式子 O0 = ~(~(~A&B) & ~(A&~B)) 来实现。使用 2 个非门，3 个与非门。结合 O1 的逻辑表达式，总共需要使用 3 个非门、4 个与非门。

请学生画好电路图，使用数字信号源、逻辑门芯片、数码管模组实现这个加法器。

请学生画出 2 位加 1 位加法器的真值表，指出随着输入的增加，如果仅仅使用逻辑门搭建，这个电路将会非常复杂。因此介绍加法器专用芯片，请学生在教师指导下展现这个电路的功能，通过与自己手工搭建但是功能差距极大的加法器电路进行比较，体会"再次集成"的重要意义。

三、教具参考

数码管模组可以将二进制的数字信号通过 LED 数码管呈现，比较直观。可以使用单片机配合移位寄存器或者专用译码电路制作①。

本节课使用的导线非常多，建议使用不同颜色的导线加以区分。

加法器可以选用 CD4008 单路 4 位全加器芯片。进位输入端置 0，进位输出端悬空不使用。

第三部分　教具

考虑到专业性和易用性的平衡，以及需要将非课程重点的内容进行一定程度的"封装"，本部分将介绍一些教具的采购和制作，供教师和仪器厂参考。

一、电学实验平台

电学实验平台提供了诸如开关、电池等基本的元件和将元件连接在一起的导线。

面包板：

本科生一般使用面包板配合市售 2.54 mm② 封装或直插封装的电子元件，结合单芯铝线进行电子实验，如图 4-3-5 所示。

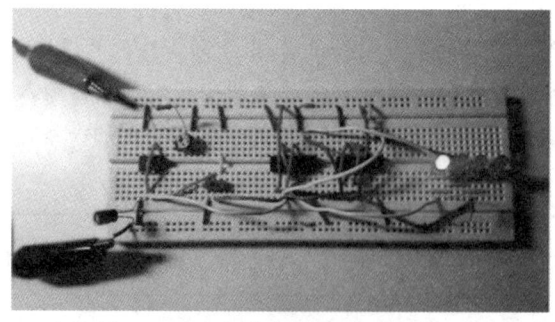

图 4-3-5　面包板电学实验平台

面包板最大的优点是能够直接使用"原始"的电子元件进行实验。然而随着芯片封装技术的进步，特别是一些新的芯片，由于没有 2.54 mm 封装的制式，已经不能很好直接在面包板上使用了。

---

① 参见后文"4 位二进制数码管模组"。
② 即 1/10 英寸，典型的因美国保留英制单位所带来的历史遗留。

面包板最大的优点其实也是它最大的缺点：由于芯片的封装并不是为了用在面包板上而设计的，因此反复的插拔很容易引起芯片管脚的变形和断裂。此外，面包板的插孔本身是有寿命的，并且一些直插器件(比如0.25 W电阻)的管脚过细，很难发现接触不良的情况。

在笔者看来，面包板是一种已经与时代逐渐脱节的实验用品。

中学物理实验平台：

中学物理实验平台的元器件经过了塑料封装，统一成相对一致的尺寸，以接线柱和卡钳式专用导线连接，如图4-3-6所示。

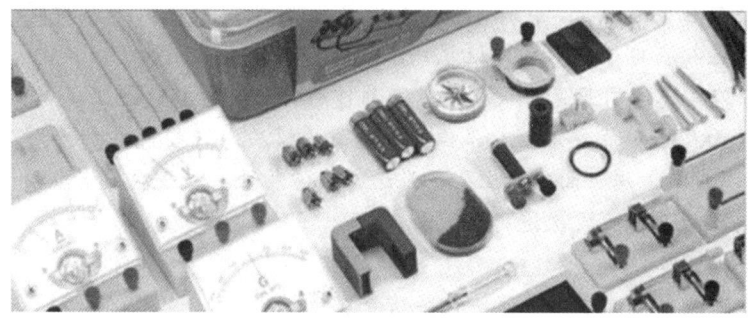

图4-3-6　市售中学物理实验平台

对于诸如芯片等实验平台中没有的元器件，可以制作模块印刷电路板(PCBA)，将芯片的管脚引出到与实验平台一致尺寸的接线柱上。一般来说芯片正常工作需要一些不必向学生讲明的滤波电容、外置配置电阻、保护保险等器件，也可以封装在PCBA中，授课时屏蔽这些复杂的技术细节。如果担心印刷电路板不够美观，也可以使用与实验平台相搭配颜色的亚克力板制作底托。

一般中学实验室中均配备了类似的电学实验平台，目前国内主要教学用具厂家都有相应的产品，产品之间可以互通。

电子积木：

电子积木是一种适合于6岁及以上儿童玩耍的积木，它将各种元器件封装成网格尺寸的模块，材料为亚克力，模块之间使用子母扣(就是老式棉袄上用的那种子母扣)连通。电子积木一般提供亚克力底板供模块布局，电子积木的导线也是一种模块，如图4-3-7所示。

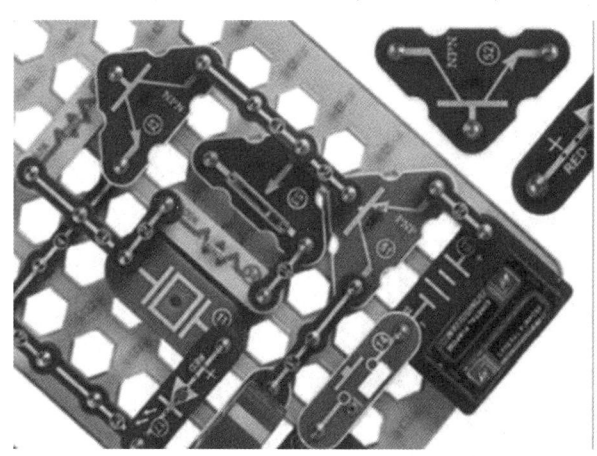

图4-3-7　电子积木

目前电子积木的研发活动非常活跃,晶体管、集成电路这些中学物理实验没有的模块,电子积木反而大量提供。电子积木的模块可以单独购买,不同品牌的模块之间可能会有微小的公差,不保证互联性。

如果遇到电子积木中没有的元件,可以采用以下几种方法解决。

(1) 如果电子积木里有相同封装的模块,则可以拆开这些模块,去掉原有的元件,替换为新的元件。例如不同阻值的电阻器,或者 MOSFET 等。

(2) 如果这个元件的引脚非常多(例如门电路芯片),可以开板制作 PCB 或使用通用洞洞板将芯片焊接在电路板上,再剪开电子积木中的软导线,裸露的一端焊接在电路板上,有子母扣的一端连接在电子积木的其他元件上。

(3) 还可以考虑使用亚克力板和子母扣制作新的电子积木模块。

本章的下面几个小节会介绍本课程中所使用的模块。这些模块都使用 2.54 mm 排线作为接口,可以直接使用在面包板上。如果选择中学物理实验平台或者电子积木,则可以在这些模块的电路板基础上再次进行封装。

二、基于可调频率计数器的简易数字信号发生器

本数字信号发生器利用 NE555 产生频率可调的时钟,驱动 CD4017 产生 10 位的计数。通过调整 NE555 的配置电阻,时钟频率可以调整为 1~0.1 Hz,方便人肉眼进行观察。

NE555 输出时钟周期与配置之间的关系为 $T=0.7(R1+2RP1)C1$,RP1 可以选择 500 K 的电位器,这样 D0 最大周期为 7 s 左右。为了让电位器旋转到 0 的时候仍然有有效的时钟,可增加 10 kΩ 电阻与电位器串联,这样 D0 最小周期为 0.4 s 左右。

参考电路图如图 4-3-8 所示。

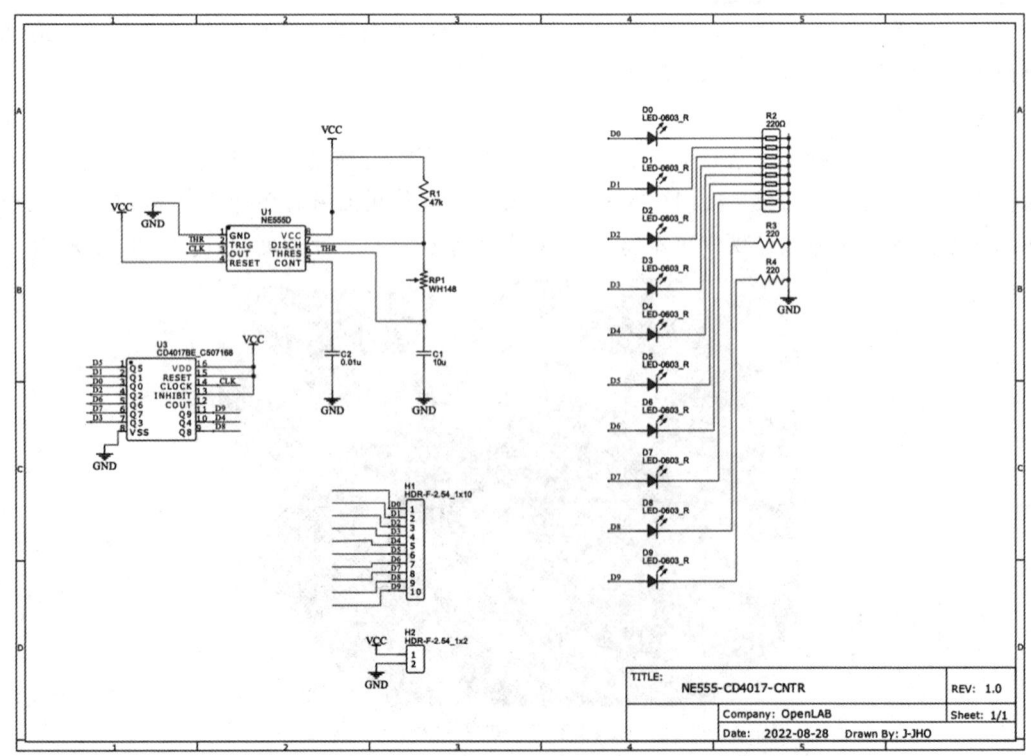

图 4-3-8　简易数字信号发生器参考电路图

三、4 位二进制数码管模组

这个模组能够将 4 位二进制数字信号以十进制形式呈现在数码管中,比较直观,可免于换算的苦恼。

参考电路图如图 4-3-9 所示。

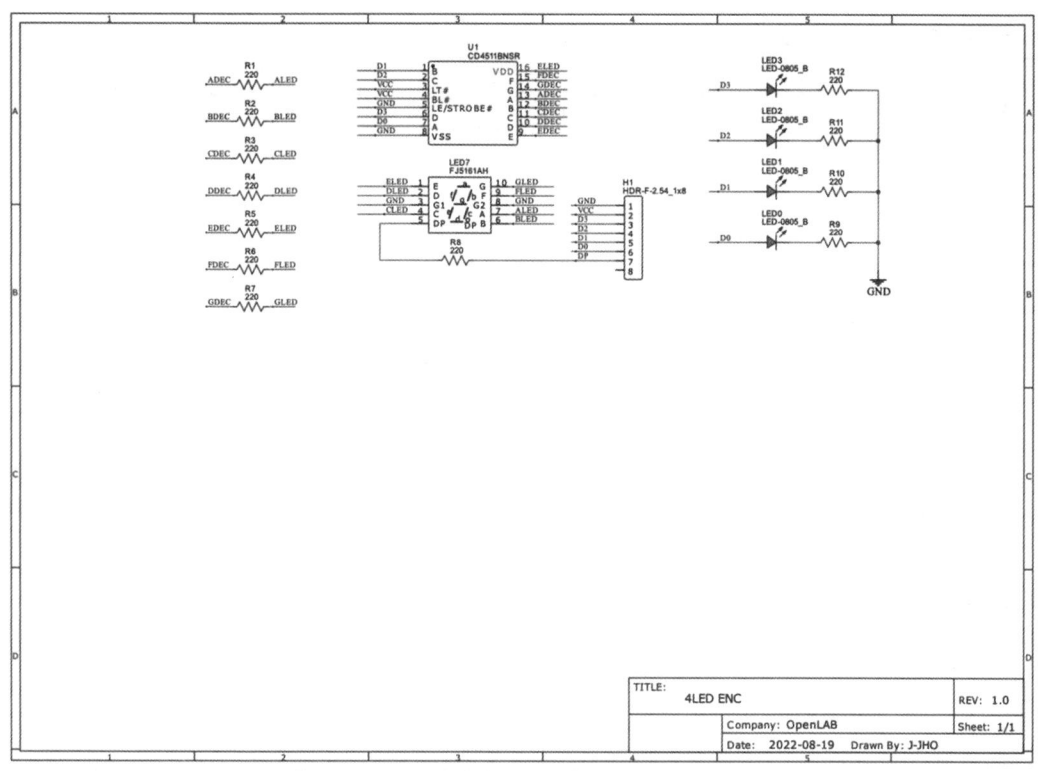

图 4-3-9 4 位二进制数字信号转十进制电路图

成品效果图如图 4-3-10 所示。

图 4-3-10 十进制显示器成品

第四节 "科学、技术与社会(STS)"课程教学指南*

一、课程概述

（一）课程背景

STS 是 Science、Technology 和 Society 的简称。随着科学的发展、技术的进步以及社会的多元化，这三者的关系越来越密切。目前我们高中阶段的课程有很多是根据教育部制定的标准开设的，社会需要全方位的人才，我们学校也一贯坚持课程改革，不仅强调基础性课程、拓展型课程以及研究型课程间的整合，同时强调各个学科间的整合，全面实施素质教育，切实提高学生的学习兴趣和学习能力，让学生"学会学习，学会生活，学有所长"。

所以，本课程的开发主要依托学校的办学目标，根据当代社会和当代学生的实际情况，把物理、化学和生物三门学科整合在一起，有选择地开设专题讲座，让学生了解一些科学技术知识在社会各个层面的应用。

从生命科学的角度出发，人类诞生数万年以来，对世界的认识还处于懵懂阶段；对我们自身的认识、对疾病的认识也是循序渐进的。可是，由于各种因素的影响，人类往往盲目自大，以为自己的力量是无穷的，只要是对人类有益或人类乐意的事，就可以随意改造世界改变社会，这样小环境和大环境都被不断破坏，最终导致生态失衡的严重结果，到头来受害的还是人类自己。所以希望学生通过本课程的学习，知道在我们对世界的认识还有局限的情况下，做任何事情不能违背自然规律，不能随心所欲，同时了解一些生命科学的知识，养成健康科学的生活习惯，在学习过程中理解生命的含义并升华生命意识，懂得关爱自己和他人。在不经意中，也将生命教育落到实处。

从物理学的角度出发，对物理学科知识的应用仅仅是知识应用的初步，要引导学生从社会、政治等角度考虑物理知识的应用，从技术角度了解物理学科知识的应用方法，感受学科知识给人类生活和人类社会带来的深远影响，同时体会科学知识作为一把双刃剑，对政治、经济、道德等各方面带来的正面与负面作用。教学过程突出对学生思维能力、思维方式、批

---

* 本课程已拍摄制作视频课程，在上海市高中慕课平台向全市中小学生开放授课，几年来已有数千名学生学习结业；荣获"上海市中小学信息化教学应用交流展示活动"微课一等奖。

判与反思意识的培养,通过完成一次演讲,训练学生表达自己观点的基本能力,制作演讲用演示文稿的技能,提高与他人沟通的能力和团队合作意识。

从化学的角度出发,化学是最能体现理论与实际相结合的学科之一,通过教学引导学生从生活走进化学,从化学走向社会,让学生感受到化学不仅创造了丰富多彩的物质世界,化学也改变了我们生活质量和生活品位等。化学也是一门以实验为基础的学科,化学实验既是学生学习化学知识和技能的最好的实践活动,也是学生能够充分发挥想象力和创造力的活动过程。实验探究的教学过程创设,可以充分体现以学生发展为本的基本理念,从提出问题入手,通过猜想假设、制订计划、进行实验、收集证据、解释结论、表达交流、反思评价等活动过程,不仅体现教学方式的灵活性及课堂气氛的活跃,更突出对学生思维能力、思想方法、批判与反思意识的培育,以及激发学生学习中的实践能力和创新意识。化学课堂的活力旨在培养学生的学科素养、思维品质、人文精神、哲学思辨。

(二) 课程理念

总之,STS课程可以使学生不再忽视身边的大环境,知道协调人与自然的关系,会用联系的观点、发展的观点、辩证的观点观察研究身边的世界,形成唯物辩证的科学研究观,以及"科学技术就是生产力""科学技术是一把双刃剑"的观念。

(三) 课程目标

知识与技能:拓宽视野,提高科学素养,了解基本的生命科学专题知识,学习一些自然规律,懂得人类应该顺应自然的科学道理,学会用生物学的观点观察问题和思考问题。

过程与方法:以多媒体展示为辅助进行理论知识的传授,引导学生关注身边的事物,参与有关的调查和讨论,让学生自己得出相应的观点。

情感、态度与价值观:正确认识现代科学技术带给人们的利益和压力,调整自己的心态,感悟养成健康科学生活方式的重要性。通过专题知识的学习,使学生窥斑而见豹,认识到生命科学的奇妙与壮美。

二、课程内容与结构

(一) 课程内容

本课程由多个相对独立的生命科学专题组成,内容取材广泛、浅显易懂、富有趣味。既有对生物科技新领域新进展的介绍,如基因工程的研究进展;也有对大自然生命现象的观察,如生物节律的研究;还能联系生活实际,用生命科学的观点剖析一些疾病的成因并知道预防的基本方法,等等。

本课程的大致篇目及内容如下。

专题一、抗生素和超级细菌

介绍超级细菌的定义、特点、引起的疾病以及预防措施,让学生学会对资料的收集、解读和理解应用,逐步树立合理使用抗生素的观念,养成健康的卫生习惯和生活习惯。

专题二、现代生活方式与人的亚健康状态

了解现代生活方式和生活习惯引起的各类综合征;了解失眠的成因、症状以及预防或治疗措施。学会对周围事物的观察和描述；知道失眠通常是指患者对睡眠时间或质量不满足，并影响白天社会功能的一种主观体验。处于亚健康状态的人群不必焦虑，只要调理得当，恢复起来并不困难，同时有很多措施可预防这种状态的出现。

专题三、肾脏的结构以及糖尿病、肾病

糖尿病是一种常见的慢性非传染性疾病，其可使人产生肾衰、失明、足部疾病等多种严重的并发症，并导致高死亡率。了解糖尿病容易引起肾脏的病变，知道肾的结构和功能。知道血糖的测量方法和指标，调查糖尿病发病的现状，了解一些预防措施。广泛开展预防糖尿病宣传、教育和防治工作，以推动国际糖尿病防治事业的开展。

专题四、人类染色体的组成、畸变及其引起的疾病

以人类染色体为例，学习染色体的组成和结构特点，知道一些常见的遗传性疾病的染色体组成。了解引起染色体畸变的主要原因及染色体畸变引起的疾病。同时认识到遗传病是可防可控的，除禁止近亲结婚外，还应该避免其他引起遗传物质变异的因素的出现，保护好人类生存的环境。

专题五、抑郁症的发生、预防以及与生物节律的关联

抑郁症是以情绪低落为主要特征的心理疾病，目前主要认为是由脑内五羟色胺和去甲肾上腺素不足引起的，同时遗传也占有一定的因素。根据其临床表现分为：轻型、稍重型和重型。目前世界范围内抑郁症发病趋势令人担忧。为了使学生能有一定的生活规律，减轻学业负担的压力，教材从生物节律的角度让学生了解如何预防抑郁症的发生，并知道预防抑郁的几种基本措施。

专题六、能源与环境

从能源危机现状与各个国家的做法，到我国能源利用现状分析，我国目前应对能源危机的举措，全方位分析能源问题。环境问题与能源危机问题密不可分，水资源、生态资源和空气污染、$PM_{2.5}$ 等都是本专题讨论的内容。

专题七、汽车中的安全技术

从高中物理知识出发，了解汽车中的主动与被动安全技术，体会物理知识在生活中的应用，体会知识带来的应用价值、巨大的社会效应和经济效应。

二、课程结构与内容

课程结构与内容参见表 4-4-1。

表 4-4-1　科学、技术与社会 STS 课程学期教学计划参考

章节(单元)	教育、教学要求	周次	具体内容
生命科学	扩大视野，提高科学素养，正确理解科学技术与社会相结合带来的结果	1	现代人与现代病
		2	糖尿病以及并发症、预防方法
		3	人类染色体组成以及染色体疾病
		4	抑郁症与生物节律
		5	学生演讲

(续表)

章节(单元)	教育、教学要求	周次	具体内容
物理学	扩大视野,提高科学素养,正确理解科学技术与社会相结合带来的结果	6	能源危机与我国应对策略1
		7	能源危机与我国应对策略2
		8	汽车中的安全技术1
		9	汽车中的安全技术2
		10	纳米技术与新材料1
		11	纳米技术与新材料2
化学	扩大视野,提高科学素养,正确理解科学技术与社会相结合带来的结果	12	常见家庭消毒剂介绍
		13	参观/播放自来水厂的工艺过程/录像
		14	学生实验(从海带中提取碘等)
		15	结合教材内容介绍有关STS知识
		16	学生演讲
		17	期末作业与考试

三、实施要点

(一) 组织方式

课堂教学是学校教育的主阵地和主渠道,应该面向全体学生,为学生的全面发展创造相应的条件。但是,选修拓展型课程的学生来自不同的班级,具有不同的知识层次和兴趣爱好,在这样的一个集体中,要全面提高教学质量是困难的。为了解决这一难点,本课程制订了以下几点实施措施。

(1) 采取多种多样的教学模式。如新知识传授法、新闻解读法、调查研究法、实验法、分析讨论法等,希望通过这些多变的教学模式,激发学生对拓展课的学习兴趣,同时改变拓展课老师"一讲到底"的局面,缓解学生听课的疲劳。

(2) 适当安排一些课内或课外的小活动。如由学生介绍与本课程相关的新闻或知识,展开一定的交流和讨论等,这样不仅可以使学生成为课堂的主人,而且可以培养学生主动学习知识的能力。

(3) 合理利用学生间能力的差异。学生的能力和特长是各不相同的,有的学生口头表达能力和欲望比较强,有的学生比较害羞和内敛,但他们的动手能力比较强,所以,教师应该"读懂"学生,让表达能力强的学生上讲台展现他的风采,让动手能力强的学生上讲台展示他的成果,使每一位学生都有成就感。之后,如果有机会,再让动手能力强的学生上讲台锻炼他的表达能力,让表达能力强的学生做实验培养他的动手能力,使他们尝到"跳一跳摘到苹果"的喜悦。

（二）评价方式

本课程的评价主要采用以下几个指标：

（1）多元评价。世界上不存在谁聪明谁不聪明的问题，只存在哪一方面聪明以及怎么聪明的问题。所以，我们应该从多角度多方位来评价、观察和接纳学生，寻找和发现学生身上的闪光点，发现和发展学生的潜能，给每一位学生以积极的肯定，使每个人都能发挥各自不同的特色。

（2）过程评价。人的知识是在知识范畴和感性材料结合的基础上建构的，离开主体的建构活动就不可能有知识的产生。所以，本课程比较重视学生的听课状态、学习态度、完成调查报告的情况、在交流和讨论中发表自己见解的能力等，也就是说重视整个学习的过程，而不是其结果。

（3）多主体评价。传统的教学评价存在着"主体"误区，即把学生被动地作为评价的客体，教师作为评价的主体，整个评价模式呈现出"师评"的特征。其实，我们知道学生是学习的主人，是学习的主体，而评价是为了更好地学习。所以，本课程采用教师评价、学生自我评价和学生相互评价相结合的方式。

（4）考试评价。考试作为评价的一种方式、一种手段，虽然不是唯一的标准，但由于其具有特定的方式和相对的公正性，所以是十分重要、必不可少的。我们可以把考试看作是与过程评价相对的一种总结性评价，我们在过程评价之后，到学时完成之时，总要给学生一个最终成绩，所以考试的存在有着重要意义。但由于本课程的特殊性，决定过程性评价占学生总成绩的 60%，而考试成绩占总成绩的 40%，其目的不仅是弱化考试的甄别和选拔功能，更是强化了考试的改进和激励功能，体现了对学生学习状态评价的公正性。

四、参考文献

[1] 陈阅增. 普通生物学：生命科学通论[M]. 北京：高等教育出版社，1997.

[2] 中华人民共和国教育部. 基础教育课程改革纲要：试行[EB/OL]. (2001－06－08) http://www.moe.gov.cn/srcsite/A26/jcj_kcjcgh/200106/t20010608_167343.html.

[3] 新课程实施过程中培训问题研究课题组. 新课程与评价改革[M]. 北京：教育科学出版社，2001.

[4] 应俊峰. 研究型课程评价的原则[M]. 天津教育出版社，2001.

[5] 周军. 教学策略[M]. 北京：教育科学出版社，2003.

科学、技术与社会课程学生作品参考

学生论文：海洋温差能发电——"冰火两重天"

高一(7)班　于子萌

摘　要：潮起潮落，日复一日，年复一年，海洋蕴藏的巨大能量吸引着人们去探索、去开发。本文介绍了利用海洋温差来发电的能源：海洋温差能。

关键词：清洁能源；海洋温差能；无污染；发电

一、海洋温差能的简介

1. 概念

在各种海洋能之中，海洋温差能属于海洋热能，其能量的主要来源是蕴藏在海洋中的太阳辐射能。海洋温差能具有储量巨大以及随时间变化相对稳定的特点，因此，利用海洋温差能发电有望为一些地区提供稳定的电力。

2. 利用现状

据计算，从南纬20°到北纬20°区间的海洋洋面，只要把其中一半用来发电，海水水温仅平均下降1 ℃，就能获得$6×10^{10}$ kW的电能，相当于目前全世界所产生的全部电能。专家们估计，单在美国东部海岸由墨西哥湾流出的暖流中，就可获得美国在1980年需用电量的75倍。

3. 分布

可开发的温差能资源，即水深超过800 m、温差超过18 ℃的海域，广泛分布在除了南美洲西岸海域的北纬10°到南纬10°之间的赤道地区，横跨太平洋、大西洋、印度洋，有98个国家和地区都在距离其经济区200 n mile[①]的范围内有可利用的温差能资源。

二、海洋温差能的特点及优点

1. 海洋热能主要来自太阳能。海洋热能用过后即可得到补充，可以说取之不尽，用之不竭，且不排放有害污染物，更重要的是它的副产品是优质的淡化海水，很值得开发利用。

2. 与潮汐能、波浪能受到季节的影响而有间歇性不同，海水温差基本恒定，24 h不间断，且昼夜波动小。

3. 由于海水具有腐蚀性、生物污损性，因此设备应考虑使用耐腐蚀、少污染材料，同时要考虑耐生物污损的对策。与此同时，由于深海抽上来的海水含有较多的营养成分，有利于提高海洋渔业产量。

三、海洋温差能发电原理及技术

1. 发电原理

海水温差发电技术，是以海洋受太阳能加热的表层海水（25～28 ℃）作为高温热源，而以500～1 000 m深处的海水（4～7 ℃）作为低温热源，用热机组成的热力循环系统进行发电的技术。从高温热源到低温热源，可获得总温差15～20 ℃左右的有效能量。最终可能获得具有工程意义的11 ℃温差的能量。

2. 转换技术

（1）开式循环系统（图4-4-1）。

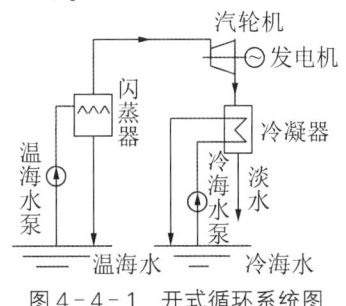

图4-4-1 开式循环系统图

---

① 1 n mile＝1 852 m，《中华人民共和国法定计量单位》规定海里的符号为n mile。

原理：真空泵是用来保证系统的真空度，由温水泵抽出的表层温海水在闪蒸器内低压沸腾成蒸汽，产生的蒸汽推动汽轮机做功，带动发电机发电；从汽轮机排出的蒸汽在冷凝器内被由冷水泵抽出的深层冷海水冷凝成水。

(2) 闭式循环系统（图4-4-2）。

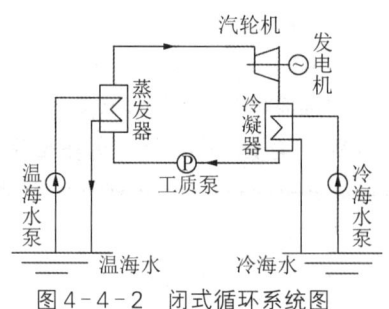

图4-4-2 闭式循环系统图

原理：温海水泵将表层温海水送往蒸发器，在蒸发器内低沸点的工作介质通过换热吸收温海水热量，工作介质的温度升高变为蒸汽，蒸汽通过透平膨胀做功，带动发电机进行发电；透平机排出的低沸点工质蒸汽进入冷凝器，再由冷水泵抽出的深层冷海水进行冷却，使工作介质由蒸汽重新变为液体；利用工质泵把液态工作介质重新压进蒸发器进行蒸发，使其循环使用。

(3) 混合式循环系统（图4-4-3）。

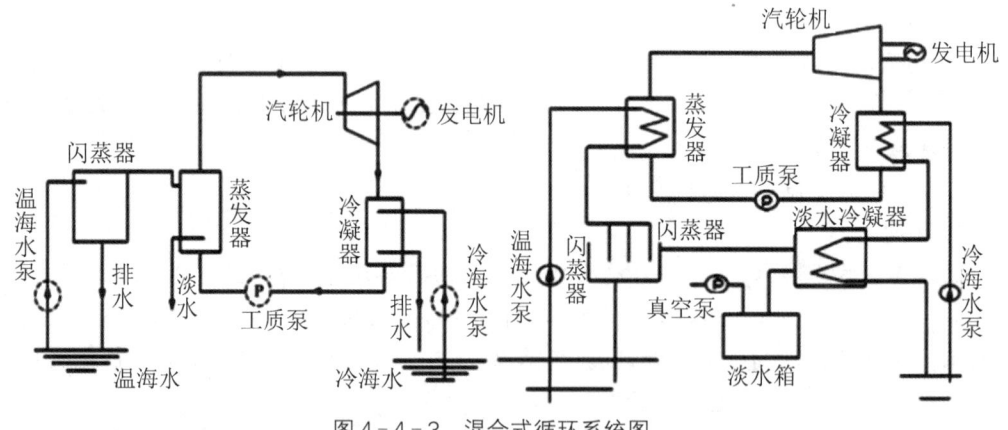

图4-4-3 混合式循环系统图

四、发展前景及我的感受

海洋温差能资源的开发，还能为将来的海上工程作业提供便利的电力。随着人类对海洋资源认识的深入和科学技术的发展，海洋开发已经处于由离岸向纵深发展的阶段。海洋开发本身需要越来越多的能源，例如海上钻井平台主要依靠柴油机发电，电源有限。如果发展海上移动式海洋温差能发电装置，就可以跟随海上工程活动使用，解决离岸用电问题。

并且海洋温差能发电装置除了发电以外，还有制造淡水、空调制冷、海洋水产养殖以及制氢等方面的综合利用前景，缓解我国能源压力，调整能源结构，也有利于我国的环境保护。

而我认为，要发展这样的清洁能源，首先要加大政府的扶持力度，增加资金的投入，这是海洋能资源开发和利用的重要保障和关键因素。此外，还要鼓励企业参与，设立科研机构，培育科研队伍，掌握中国自己的核心技术。

与此同时，虽然海洋温差发电百利而无害，但也要合理地开发海洋资源，切不可污染环境，破坏生态。

########## 参 考 文 献 ##########

[1] 苏佳纯,曾恒一,肖钢,等.海洋温差能发电技术研究现状及在我国的发展前景[J].中国海上油气,2012,24(4):84-98.

第五节 "知识论(TOK)"课程教学指南[*]

一、课程概述

（一）课程背景

"知识论"（Theory of Knowledge，简称 TOK）课程是国际高中文凭课程中处于中心地位的、非常重要的必修课程。与其他课程相比，设置该课程的主要目的不是学习什么新的知识，而是要促使学生对校内和校外获得的知识和经验进行批判性反思，探讨这些知识经验的可靠性和合理性，鼓励学生通过对概念和论点及价值判断的基础进行分析，从而对自己的知识、经验和他人的知识、经验及判断有一种批判意识和批判能力，进而认识到各学科知识之间的联系和局限，打通各种学科知识之间的藩篱，获得一种整体感和贯通感。这种批判性反思，可促使学生意识到所触及的文化观、价值观等观念的局限和偏见，并使学生更加客观地审视自己的认知和行为，成为积极主动的认知者，对自己的知识更为负责，更有能力把观点与事实区分开来，更加意识到推理的力量，成为不易被知识左右，而有批判性反思意识和能力的人。

我校引进开发"知识论"课程，并付诸课程教学，在教研与课堂教学实践中，始终抓住一个中心、两个重点。

一个中心是，将"知识论"先进的课程理念，结合学校、学生实际进行本土化，即中国化、大同化。这也是上海市课程专家与教研室领导一再指出的方向，从国外"知识论"课程有关专家介绍，和学校收集、翻译大量的"知识论"课程资料来看，虽然在对问题的反思、批判的切入视角、展开的层次、例证的指向，都有不少我们值得借鉴之处，但是，由于国情与社会背景的不同，主客观认同感与学生认知基础的不同，学校"知识论"课程教学的内容与要求，必须进行"本土化"的"改造"。这种"改造"遵循"知识论"课程教育目标的主旨，并使之更切合我国社会发展与学生发展的需要，更贴近学生的生活与认知实际，更有利于学生个性的健康发展，教学实效得到切实的保证。

两个重点是：学生学习方式的转变，学生思维模式的更新。在教学实践过程中，认识到

---

[*] 本课程已拍摄制作视频课程，在上海市高中慕课平台向全市中小学生开放授课，几年来已有几千名学生学习结业。

研究性学习方式与思辨学习、批判性反思是高中阶段培养学生创新精神、创新能力和研究问题的重要基础。因此，在"知识论"课程教学中，需要关注的重点一：要通过学生的研究性学习方式，促使学生学会学习，为学生获得可持续发展的终身学习能力打好初步的基础；需要关注的重点二：要通过学生批判性反思习惯与能力的养成，促使学生学会思辨，为学生构建创造思维模式、提高思维品质打好初步的基础。

（二）课程目标

（1）对已掌握的知识与经验进行批判性反思与质疑。初步学会对已有知识概念、论点与学习经历及其价值进行科学的分析判断，探求其可靠性与合理性；初步学会对已有的各个领域知识与学习经历的确定性程度、局限性及联系，各种文化、价值观的局限与偏见，进行科学的分析判断；初步形成一种知识的贯通感与科学的多元价值观。

（2）形成和发展自己个性化的较为合理的认知模式和思维品质。

① 初步学会掌握获取知识和学习经验的方法，分辨知识的价值，不将自己作为全盘照收的储收器。

② 意识到自己和他人的认知与思维方式的偏向性，初步学会对自己的认知、思维风格和策略进行反思、调整、完善。

③ 在学会学习与探究的过程中，在架建新的学习经历中，使自己的认知与思维更为负责、更有能力，成为积极主动的、科学理想的认知者、思维者，成为知识真正的主人。

二、课程内容与结构

"知识论"课程教学主要并不追求新知识的学习，或是对各学科的知识进行简单的综合，它没有固定的基本内容和传统意义上的教材，从而为教师和学生教学的创造性和自主权提供了可能。学校参照国外"知识论"课程的教学，在研究实践过程中，制订了教学大纲，规定了课程教学涉及的主要方面和问题展开教学。在教学实践过程中，学校结合学生关注的社会和科学发展的热点对教学涉及的主要方面和问题，在不同时期进行动态调整、补充、更新，某些内容根据学生需求与学生共同确定。

根据教学实践积累，"知识论"课程教学涉及的主要方面和问题如下。

（1）概述。了解我们的感知方式、思维方式和语言表达方式都存在一定的局限性和不确定性，并对本课程形成概览了解。

（2）自然科学部分。这部分探讨自然科学是人类知识和经验的一部分；自然科学中的研究方法和论证方法；科学发现的模式；科学验证的方法；自然科学和宗教以及自然科学的伦理意义等。

（3）语言部分。语言在思维和知识中的作用，探讨语言在认识世界中的作用；语言的功能；语言的意义；语言和思维；语言和现实等。

（4）人文科学部分。探讨人文科学是否为科学；它与自然科学的相似与不同；人文科学与人文主义的特点；人文科学与社会科学的异同；人文科学、社会科学研究的作用和价值等。

（5）历史学部分。探讨什么是历史；历史会任人矫饰编造吗？历史能被了解吗？历史发展有否规律性？关于传统文化与现代化的论争以及历史是否会重演等。

（6）数学部分。探讨如何理解数学是一门语言；数学的符号系统、数学体系与现实、数学的正确性与真理等。

（7）逻辑部分。探讨思维和表达应注意的清晰性、精确性、严密性，能对演绎推理中的大前提进行批判性检验，并能对日常生活中存在的诡辩有一定的识别能力；日常生活的推理和自然科学的推理的异同，历史学中的推理和美学中的推理的异同；以及逻辑的局限性等。

（8）价值判断部分。探讨什么是价值；价值确立的方式；谈论价值和事实的方式的差异；价值的等级性及其划分；价值冲突与价值宽容；审美方式与道德方式和自然科学方式的异同等。

（9）知识与真理部分。探讨知识的定义；知识的分类和比较；知识的真理性用何种方式表达；知识与认知方式；关于真理的观点；真理的多元性等。

三、实施要点

从2018年7月1日开始，本课程制作慕课视频，并在上海市高中名校慕课平台上线，同学们随时可以进行在线视频学习，回答授课老师提出的问题，或在论坛发帖回帖参与讨论，授课老师常常会参与在线讨论，并积极回复同学们在论坛中的发言。要求参与在线课程的学生完成视频学习，在每个问题讨论区中至少发表一个新帖，并回复一条他人的发言。

四、实施保障

师资：李樑，大同中学物理教研组长；傅桂花，大同中学学生处主任，政治学科教师；谢延风，大同中学历史学科教师；江海波，大同中学英语学科教师；鞠妍，大同中学数学学科教师。

五、课程所需知识与推荐书目

（1）初中或高中全科知识

（2）《献给非哲学家的小哲学》[法]阿尔贝·雅卡尔，[法]于盖特·普拉内斯著，周冉译.广西师范大学出版社，2001年版

（3）《猜想与反驳——科学知识的增长》[英]卡尔·波普尔著，傅季重，纪树立，周昌忠，蒋弋译.上海译文出版社，2003年版

（4）《创新思维训练》梁良良主编.中央编译出版社，2000年版

（5）《改变人类历史的科学家》哈杲等编著.经济日报出版社，2002年版

（6）《科学与哲学的对话》[法]费迪达等著，韩劲草等译.生活·读书·新知三联书店，2001年版

（7）《科学哲学》[法]雅罗森著，张莹译.北京大学出版社，2000年版

（8）《科学哲学通论》刘大椿主编.人民大学出版社，1998年版

（9）《数学家的眼光》张景中著.中国少年儿童出版社，2011年版

（10）《科学的结构——科学说明的逻辑问题》[美]欧内斯特·内格尔著，徐向东译，上海译文出版社，2005年版

（11）《数学发现导论》赵振威编.安徽教育出版社，1993年版

（12）《逻辑与知识创新》黄顺基，苏越，黄展骥主编.人民大学出版社，2002年版

表4-5-1 "知识论(TOK)"课程实施纲要

课程名称	知识论(TOK)
课程类别 （拓展型课程、研究型课程或其他）	拓展型课程
开设年级	高二年级
准入条件 （无或具体要求）	第一学期已经参加本课程学习的学生
课程目标	以思维模式创新为核心，创新精神与实践能力为重点，主要通过情感体验和探究实践，着重培养学生对知识的掌握与运用永不满足、追求卓越的学习态度，培养学生发现、提出问题，研究、解决问题的创新意识与学习能力 以思辨学习的"知识论(TOK)"为载体，通过对中学各学科的真理、方法、价值观和相互关系作为知识的整体来了解（而不在于各学科知识的拓展、深入），探究认识世界万物的基本方法，并尝试加以检验，立足于使学生在反思已有知识的过程中，获得优化的思维方法，培养学生以正确的科学态度、务实的实践与创新精神对待知识，为从创新思维模式更高层面上研究问题，以及为一部分学生初步发展研究的方向打好基础
课程简介	知识论课程着重培养学生科学的问题意识，增强学生的综合、整体认知能力，以人文精神与科学态度，从社会生活的现实与未来中发现问题、提出问题，抓住问题的本质，判断问题的价值 在具体操作实践中，以"文理综合课程"为载体，组织问题背景材料的学习，着重培养学生发现问题、提出问题、主动探究问题的意识，培养学生判断问题的价值、合作交流研究问题的能力，初步开展与学生所提出问题相关的课题研究活动，为学生进一步学习研究问题打好基础 "理科综合"主要以人自身发展与社会经济发展、环境协调的可持续发展理论为核心，通过"资源与环境""能源与环境""生命与环境""人口与环境"等主题背景，进行研究性学习 "文科综合"主要以人的自我价值和社会价值的实现为核心，以"走近名人"等为主题背景，通过政治、经济、历史、文学、社会生活现象的研究、探讨，进行研究性学习 设置自然科学、人文科学综合课程，提供问题的背景，立足于学生通过参观访问、考察调查、实验、文献资料的收集等开放性的主体体验实践，在实践过程中思考分析社会生活的现状、未来，发掘问题、提出问题，并尝试判断问题的价值 第二学期课程学习过程中则着重培养学生收集、分析、综合信息，并具有初步设计研究解决问题的方案（包括实验设计方案）、构建知识模型、研究、解决问题的能力 在具体操作实践中，以课题研究为载体，在学校组织、教师指导下，学生进行包括实验考察、社会实践调查、案例调查、专题讨论、问题探索在内的实践体验

(续表)

	周次	具体内容
课时安排 （按照每学期12～16讲排出每周课程主题）	1	序言:开启智慧的大门
	2	何必事事称科学1
	3	何必事事称科学2
	4	何事纠结,不必纠结1
	5	何事纠结,不必纠结2
	6	美的邂逅,尽在不言1
	7	美的邂逅,尽在不言2
	8	密码学中的数学1
	9	密码学中的数学2
	10	密码学中的数学3
	11	语言和思维1
	12	语言和思维2
	13	语言和思维3
	14	什么是科学
	15	科学的产生和发展
	16	自然科学与其他领域的关系
评价方式 （作业或考试形式）	\multicolumn{2}{l}{小论文、演讲、课题研究}

"知识论"课程　自然科学部分　教学课例与实录

课例与课堂实录1:关于科学产生和发展的讨论

【教学目标】

探讨自然科学发生和发展过程中最一般的研究方法并加以检验;探讨自然科学发生和发展的基本规律;对自然科学及其他学科知识的陈述进行反思和质疑;使学生意识到自身和他人的主观偏见、意识形态偏见;培养学生清晰、连贯和恰当的语言表达能力,培养学生善于倾听他人意见和与人合作的能力。

【教学过程】

关于自然科学方法的讨论

（引子）

给大家介绍一首希腊哲学家色诺芬的诗:

从一开始

神灵就不曾向我们揭示所有的东西

但随着时光的流逝

通过追求和努力

我们或许可以把这些东西学会

理解得更加清晰

但是有些真理,不曾有人得知

甚至神灵亦是不知

我们未必懂得自己说出的一切

因为即使有人偶然之间

道出那最终的真理

他自己也浑然不知

因为这一切仅仅是张网

它用猜测编织起

(教师提问)有人知道这首诗的含义吗?

(教师)这首诗的含义是指我们不可能发现最终的真理,即使我们有幸偶然与它不期而遇,我们也会无休止地怀疑它是否真的就是真理。但我认为他正好道出了我们应有的科学态度、科学方法、科学精神,即批判性地反思。

(教师)尽管有人声称,终有一天物理学家能够解释宇宙万物如何从无到有,但是无论科学取得多么长足的进展,我们总感到有些问题尚待解决。比如:人所需的能量从哪里来?从生物能转化而来!生物能又从哪里来?从太阳能转化而来!太阳能又从哪里来?从核能(宇宙中的物质的能量)转化而来!那么核能是从哪里来的呢?物质(能量)第一次是怎样被创造出来的呢?为什么第一次创造物质是天经地义、理所当然的,而连续的、多次的被创造是绝对禁止和荒诞不经的呢?(能量的转化和守恒定律)

(教师提问)请问同学们:你们能回答下列问题吗?

①人为什么要睡觉?②宇宙的尽头在哪里?③能否达到绝对零度?④电脑能替代人脑吗?⑤胃能消化那么多食物,但为什么不能消化自己?⑥迷信的本质到底是什么?⑦生命的起源到底是什么?⑧特异功能到底是什么?⑨有好则有坏,有正极则有负极,那么是否有反世界呢?

(教师)当然我们可以说,任何真理都是相对的,我们人类生存的价值就是不断地去追求真理,发现真理,提高我们与整个世界相处的能力,那么我们是否应承担这些责任呢?你们除了学习课本知识,是否能用已掌握的知识来分析、思考这些问题呢?

① 请同学们说说自然科学的定义。

(教师)我认为科学是人们对客观世界(自然界、人类社会、人类思维)的规律性的认识。自然科学则是人们对客观世界自然现象的规律性的认识。

② 请同学们结合《三个火星人》材料讨论,自然科学有哪些基本的研究方法?

③ 请同学们谈谈:

科学方法中,演绎和归纳的作用是什么?在科学方法中,猜测→实验→假设→理论的作用是什么?

④ 请同学们阅读《三个火星人》材料,对感兴趣的问题加以讨论。

学生课堂阅读材料1

三个火星人(A、B、C)在穿过大维多利亚沙漠时,发现了一个圆柱状的东西(一支温度计)。这个温度计可能是某个探险者遗失的。

在对温度计进行了几天的观察之后,他们发现:它的内部有一样东西(汞柱)在不同的时刻会处于不同的位置。

他们讨论了这种奇怪的现象的可能原因:

A认为这一现象与一天的时间变化有关,这个假设可解释为什么这个液柱白天会上升,夜晚下降。

B认为可能是冷热变化,这也可以解释为什么液柱白天上升,夜晚下降。

C认为A、B都不对。圆柱体内物质运动的真正原因是与该物质的性质有关的。

这个物质由人眼看不见的精灵所控制,而当精灵被关进圆柱里时,其行为方式就会反复无常,正是这些精灵随意地使里面的物质上升或下降,这不仅可以解释前两种假设所解释的现象,而且可以解释任何时间、任何情况下的任何变化。

讨论题:

①每一种假设是如何形成的?它们有何不同?它们都是火星人所作的假设,为什么会不同呢?②每一种假设的依据是什么?③三种假设各有何优点?④你会如何验证这三种假设?⑤哪些事实可以被作为这三种假设反驳的依据?事实上,你应该使这三个火星人相信什么?⑥如果你同意B的观点,你是否能说服A、C?⑦在科学研究中,提出一个假设要有哪些条件?

(教师)大自然有一个始终如一的特性,总是按规律行事,从不违背。现在我们假定:大自然突然打乱原来的秩序,一反常规,不遵循任何规律,比如:重力加速度,一会儿是 3.5 m/s^2,一会儿是 13.8 m/s^2,那么整个世界将变成什么样子?

(学生)那无疑是世界的末日,因为世界上的一切都将乱套!

(教师)这种灾难性的变故,说明自然规律的严谨和神圣。开普勒说:"上帝就是根据秩序和规律来给世界奠定基础的。"所有的人说:"自然科学研究的最高使命是从混乱中整理出秩序和规律。"

另一方面,科学家研究科学的内在动机是力图创造出一个世界。在科学家看来,人造的世界比自然界要好些,因为科学家的性灵和精神只有在自己造的学说、理论和体系中才能获得慰藉和安稳感,就像蚕只有在自己的茧中才有安稳感一样。

(教师)请同学们阅读以下这段文字,来了解一下19世纪末20世纪初物理学界发生了什么。

学生课堂阅读材料2:

玻尔兹曼是奥地利著名的物理学家,他生性幽默、乐观,但在1906年,他一人悄悄跑到森林中自杀了!他的死,在科学史上是一个谜。但有一点还是比较清楚的:19世纪末和20世纪初,由牛顿、麦克斯韦建立的经典物理学大厦的基础开始动摇了,一些有过伟大建树的科学家感到过去赖以生存和工作的信念发生了严重的危机。玻尔兹曼产生抑郁感的根源,正是这种信念危机——即精神家园丧失感。荷兰著名物理学家洛伦兹曾极为忧伤地说:"在今天,许多人提出同昨天他说过的话完全相反的主张;在这样的时期,真理已经没有标准了,也不知道科学是什么了。我很悔恨我没有在这些矛盾出现的前五年死去。"著名的洛伦兹变换理论及其在运动学上的应用,正好奠定了新力学(相对论力学)的基础,动摇了他昔日维系性命的精神上的"太平盛世"。普朗克的经历也非常典型。多年来,他对自己的革命性发现(量子观点)一直怀疑不定;对昔日的好时光(经典理论的黄金时代),他总是怀有一种旧梦重温的眷恋之情。普朗克在《科学自传》中写道:"我曾想方设法使这个量子作用纳入经典理论中去,然而终归徒劳。我的许多同事都认为这是一种悲剧。"幸好普朗克并没有步玻尔兹曼的后尘。

同学们,科学的成功需要科学家们付出多么艰辛的劳动,无论是生理上的还是心理上的。那么,你们是否想过科学是怎么产生和发展起来的呢?

(教师)请同学们谈谈自己的观点,然后说说你赞成谁的观点,为什么?

关于自然科学与其他学科的关系的论题备选:
(教师)同学们,对下列问题,你能谈谈你的观点吗?
①自然科学与数学的关系;②自然科学与文学的关系;③自然科学与伦理学的关系;④自然科学与宗教必然发生冲突吗?
(教师)同学们,你知道克隆技术吗?
下列观点,你是否赞成?请谈谈你的观点!
①克隆技术可以发展吗?②克隆技术与伦理学有冲突吗?③克隆人可以吗?④为什么有的国家、地区赞成克隆人实验,而有的国家、地区又反对呢?

学生的讨论(摘选)

(教师)自然科学,是一本读不完的书。虽然学了一些基本理论,但这些都只是涉及皮毛的问题。就拿温度计来说吧,短短的一则小故事,便拓宽了我们的思维空间,使原本枯燥的理论变得色彩斑斓起来。

虽是火星人,但毕竟也是人,就让我们且以地球人的眼光,来讨论这三种截然不同的意见吧。

首先,A的论点是有事实根据的,因为自然界中,的确存在着白天温度略高于夜晚的现象。自然汞也会随其变化。这当然是较有力的一种说法。可是,当我们真正了解了温度计时,我们不免提出疑问:同在白天或夜里,难道温度计就没有变化吗?这种变化,又是为什么呢?于是,A的观点不攻自破了。

再来分析一下B的观点。很显然,在地球人眼中,B的观点是符合所谓自然规律的。为什么是"所谓"?因为温度只适应于地球环境温度变化,而那是火星,我想,温度计在上面一定会因为太热或太冷而损坏。所以B的观点有着他地域的局限性。

最后来看看C吧。用一个词儿形容C,就是"精妙绝伦"。这种观点,乍一看是有些荒谬,可是它却赋予了汞一无生命的物质以勃勃生机,但又不违反它的习性。不错,当汞这种"精灵"被禁锢后,它着实会随温度变化而变化,这就是规律,不,换句话说这就是"精灵的习性"。

自然科学,就是需要我们以更宽阔的思路,更新奇而又不失事实的想法去看待它,去接受它。

(陈嘉)

对于 A：他把昼夜交替归到时间变化这一极其表面的范畴，他认为昼夜交替——时间变化，昼夜交替——温度也将变化，所以他就简单地认为时间变化与温度计变化之间有着必然的联系。

对于 C：就像地球上的某些人，对于不可思议的事情，无法解释的现象归结是神的旨意，上帝的安排。而火星人也一样，他们对于从未触及的事物都带有主观色彩，或把它归到非客观存在而是意念驱使的范围之中。

对于 B：他是刨根挖底者。他没有触及表面即止，而是挖掘事物的内在联系，要是把温度计放在一恒温空间中，任它白天黑夜轮着转，温度计就是纹丝不动。他会发现，在 A 的观点中昼夜交替——时间变化掩盖的真相，那是温度的变化。

结束语：中国古代有个盲人摸象的故事，摸到象的某个部位，就认为象就是那样的，没摸过的盲人呢，就以为象是神，是千变万幻的。只有潜心研究、思路严密、角度全面才行。

（黄颖捷）

这三种假设都有它自己的道理，在不知道事情真相之前，谁也无法说出谁对谁错。所以，我们必须通过实验的手段来验证其真假。

如果我是一个火星人，我就会拿着这个圆柱坐上飞碟，来到地球各个纬度的代表处，分别观察一下圆柱的变化是否与在大沙漠时一样。很明显，答案是不一样的。在各个纬度，它并不是白天上升，夜晚下降，所以 A 说的圆柱是根据时间变化的假设是错误的。

而 B 和 C 提出的假设，虽然貌似大相径庭，但无论我做什么样的实验，都无法证明它们是错误的。因为圆柱确实与温度变化一致，而这与 C 的"精灵说"也并无矛盾处，所以，我的结论是圆柱里装着一些对温度十分敏感，且会收缩膨胀的精灵。地球上的生物，果真与火星上的不一样，看来，我还得继续研究，地球文明真是太深奥了！

（沈川）

A 认为这一现象与一天中的时间变化有关。这是由最基本的表象所得出的假设，浅显明白。但有时直接的结论却未必是正确的，透过表象看本质才是我们必须学会的。

B 认为可能是冷热变化造成了这一现象。这一假设比起 A 的单纯"时间说"更进一步。就我们而言，当然知道这一"假设"的正确性。但这一假设还未揭示出现象的本质原理，探索仍需进行，万不可就此打住。

C 认为液柱运动的真正原因是与被关在里面的液体的性质有关的。这种物质由人眼看不见的精灵所控制。而当精灵被关进圆柱里时，其行为方式就会反复无常。正是这些精灵随意地使里面的液体上升或下降。这一假设虽然接触了现象的本质——与"被关在里面的液体"——汞的性质有关，但却陷入了唯心的漩涡。如同牛顿，一旦陷入唯心，便再难有所作为，这是"致命"的。

一支温度计，三种假设，"这一切仅仅是张网，它用猜测编织起。"

（倪琦蕙）

A 认为汞柱的变化与时间有关，那么这个时间的概念又是如何建立的呢？根据相对论原理，加速中会发生"钟慢尺缩"的现象，即使退一步，把时间建立在经典力学的绝对时空，那么某一天中午在沙漠中汞柱是上升的，而若同时在英国伦敦（夜晚）则汞柱必是下降的。且不论 A 假设中时间本身的指向就不明确，即使是认为经验中的绝对时间，也是破绽百出的。C 的假设看似无懈可击。事实上我可以反问 C，温度计中的精灵能否受外界控制？如果是不能,任何人在任何地方只需在1个大气压下将该温度计置于100 ℃的沸水中,汞会上升停留在某一高度,如果是能,我要问C受什么控制,是人还是客观条件(实际上这已与C原来的假设有矛盾),然后可以一步步反驳。若最后C不得不承认是受冷热变化控制,那么完全可以取消精灵这个中介。至此可以否定A与C的观点。

(李文韬)

要讨论火星人关于温度计的三种假设,我觉得是徒劳的。因为首先我们根本不知道火星人是否存在,那我们如何知道他们的思维方式。我们又从何去了解到他们是如何提出假设的。我只能以我的思维方式来谈谈对此的感想。

我认为A的想法是最普通的,也是最能被人想到的。处在沙漠中白天与夜晚的温差是非常大的,得出这种与真实原因不符的结论也是正常的。但这种结论也是粗浅、不深入的。

B是一个观察仔细的"人"。我想他不仅在一天中进行了白天与黑色纵向的观察比较,他也在两天的同一时刻进行了横向的比较。从而他得出了与事实吻合的结论。我想这种对客观事物仔细观察,进行大量比较的方法是我们研究自然科学的好方法。

C的想法带有一定的哲学色彩。它是出自内心的一种朴实的想法,从中也可看出火星人的想法也与人差不多,甚至还不及人类进步。C的想法也是逃避客观事实的一种手段。因为无人知晓火星人那有没有精灵。这种想法对于我们现今的人类来说有其利也有其弊。利在于这种想法极具创造力,能够开拓思维。弊在于不太切合实际,不能有效结合现实。

总之,自然科学一门是很深奥的学问。我们运用"知识论"方法来对它进行研究是很必要的。

(卢鸣)

课例与课堂实录2:关于自然科学研究方法的讨论

【教学目标】
1. 知道自然科学最普通的研究方法。
2. 了解演绎推理的主要形式和特点,认识演绎推理在科学认识中的重要作用。
3. 了解归纳法、观察法、对比法、实验法等研究方法在自然科学发展中的作用。
4. 培养清晰、连贯和恰当的语言表达能力,培养善于倾听他人意见和与人合作的能力。

【教学过程】
(教师)在自然科学的方法中最早也是运用最广的是演绎法。

演绎法是一种推理方法,由一般原理推出关于特殊情况下的结论,三段论就是演绎的一种形式。

最早对演绎法进行全面而深刻研究的人是古希腊哲学家亚里士多德,他以三段论(大前提、小前提、结论)的方式阐明了演绎逻辑。

(一) 演绎推理的主要形式(三段论法),例如,

大前提:自然界中一切物质都是可分的;

小前提:基本粒子是自然界中的一种物质;

结　论:基本粒子是可分的。

(二) 演绎推理的特点:演绎推理是一种必然性的推理,其先决条件必须是推理的前提正确和推理的形式合乎逻辑规则。

(三) 演绎推理在科学认识中的重要作用。

同学们能否举一个自然科学学习中学过的演绎推理的例子？

(学生1)我们在自由落体运动中学过。伽利略为了推翻亚里士多德的"重物下落快,轻物下落慢,物体坠落的速度大小与其重量成正比"的错误见解,除了进行实验外,还运用演绎法进行理论证明。证明过程大致是这样的:假设物体 A 比物体 B 重得多,按照亚里士多德的理论,A 应当比 B 先着地。现在如果把物体 A 和物体 B 捆在一起,成为物体 A+B,那么会产生怎么样的结果呢？一方面因 A+B 比 A 重,它应当比 A 先着地；另一方面,由于 A 比 B 落得快,B 应当减慢 A 的速度,所以 A+B 又应比 A 后着地。既然按照亚里士多德的理论必定会得到这样一个矛盾的结论,那么这就说明这个理论是错误的。

(学生2)演绎法的逻辑力量在欧几里得的几何学中体现得更为突出鲜明。整个欧几里得几何学全部理论都是依据少数确实可靠的命题作为公理,经过推理证明或反驳而构成的演绎体系。

(教师)非常精彩的发言,理解得很到位！

请同学们阅读以下两份材料,看看这些自然科学的经典成就,主要运用了什么样的研究方法？

学生课堂阅读材料3：

1905年,爱因斯坦发表了题为《论动体的电动力学》的著名论文,从根本上提出不同于传统观念的空间、时间理论,其核心是空间和时间的统一性。闵可夫斯基1909年在为相对论的时空观作的一次题为"时间和空间"的报告开头即说"我要向你们介绍的时间和空间观念,是从实验物理学的土壤中生长起来的,而这正是它们的力量所在。它们是带有根本性的变革的。从今以后,时间和空间本身都消失在阴影之中了,只有两者的一种统一体才仍然是一种独立的实在。"三个月后,爱因斯坦提出了关于物体的质量和能量相当性的推论,即著名的质能关系公式:$E=mc^2$,揭示了两种运动量度(动量和能量)的统一。

学生课堂阅读材料4：

法国昆虫学家法布尔,为了揭示昆虫世界的种种有趣的秘密,细致观察了四百多种昆虫捕食、打架、建窝、生育和抚养等行为,写下了《昆虫记》十六卷。据说有一次,法布尔为了观察雄蚕蛾如何向雌蛾"求婚"的过程,花了整整三年的时间,当正要取得结果的时候,"新娘"不幸被一个螳螂吞食了。法布尔没有灰心,从头再来,又过了三年,终于观察到了比较完整的雄蚕蛾"求婚"过程。

1799年,英国化学家戴维做了如下实验:在真空的实验器皿里,用一座钟表的零件使两块冰相互摩擦,并使整个实验器皿的温度保持在冰点,这就排除了冰块和整个实验器皿与周围环境的热交换,使实验得以在简化和纯化的理想条件下进行。实验结果,两块冰都熔化成水,这就有力地驳斥了"热质说",为分子热运动理论的建立奠定了基础。

从1929年研制出青霉素到1940年用于人体之前,为了探明它的杀菌效力和定量关系,先在动物身上进行了反复实验。1935年英国医生弗洛里领导的青霉素实验组,在50只老鼠身上注射剂量足以致死的葡萄球菌和链球菌,老鼠都发病了。然后,把老鼠平均分为两组。第一组不作任何治疗,任其自由发展,第二组注射适量的青霉素。实验结果发现,前一组的25只老鼠在16 h内全部死亡,而后一组24只老鼠恢复了健康,只有1只死亡。

美国生物化学家米勒在实验室用甲烷、氨、氢、水汽等混合成一种与原始地球大气基本相似的气体,将其通入一个真空的玻璃容器中使它不断循环,再用电弧施行火花放电,结果在一周以后,居然在这些混合气体中得到了甘氨酸、丙氨酸等五种构成蛋白质的重要氨基酸,甲烷的$\frac{1}{6}$都形成了较为复杂的有机化合物。

伽利略曾设想这样的实验:当一球体从一个斜面的顶端滚下来,紧接着又滚上了第二个斜面,如果不考虑斜面的摩擦作用和空气阻力,该球体在第二个斜面向上滚动所达到的高度应与它在第一个斜面上开始向下滚动时的高度相等。但实际上球在这两个斜面上的高度只是近似相等,而有微小偏差。他认为:这一微小高度差,是由于摩擦力和空气阻力作用造成的。由此,伽利略推想:如果摩擦力和空气阻力完全被排除掉,则不论第二个斜面的倾斜度多么小,球体在第二个斜面向上滚动总要与第一个斜面顶端开始向下滚动时的高度相等。对于球体所达到的高度,他又进一步设想:假如第二个斜面的斜度变成零,即为无限长的平面,则球体从第一个斜面上端滚下来之后,在不考虑摩擦力和空气阻力作用的情况下,球体将以恒定的速度,沿着无限长的平面永远运动下去,这就是所谓动者恒动。伽利略所设想的这种实验,在实际生活中是无法实现的。尽管我们把运动物体所受的阻力尽量减小,可是摩擦力和空气阻力是永远不可能完全排除的,但这并不能阻碍人们根据多次实验越来越逼近于理想状态,运用理论思维的能力进行科学抽象而作出应有的结论,人们对这种结论并不怀疑:伽利略所假想的这种实验就叫作"理想化实验"。

1609年开普勒在大量观测的基础上,设想了行星运动可能的各种运动形式。然后,将每一种行星运动的形式同所观测到的事实材料进行比较,他发现,只有椭圆形轨道的形式与观察事实最为符合。因而,开普勒否定了被认为是最完美的行星运动为正圆形轨道的传统观念并总结了行星运动的第一定律。

爱因斯坦就此写道:"开普勒的惊人成就,是证实下面这条真理的一个特别美妙的例子,这条真理是,'知识不能单单从经验中得出,而只能从理智的发明同观察到的事实两者的比较中得出'。"

荷兰物理学家惠更斯进行过如下推理。

根据:声现象之所以能够具有直线传播、反射、折射的特性,原因在于声是机械波,具有波动性,能产生干扰和波动的属性,而光现象也能具有直线传播、反射、折射的特性。

推论:光可能也具有波动的属性。

1742年法国数学家哥德巴赫根据对一些奇数,例如:77＝53＋17＋7,461＝449＋7＋5＝257＋199＋5等实例的分析,发现每次相加的三个数都是质数,于是,他提出一个猜想:所有大于5的奇数都可分解为三个质数之和。

课例与课堂实录3:科技与人文间冲突的理性思考

【教学目标】

1. 通过分析人文科学与自然科学之间的发展关系,尤其是两者间的矛盾发展关系,让学生认识到当今时代实现两者间和谐发展的重要性和必要性。

2. 通过对社会问题的讨论,让学生进一步明确当前加强人文教育的重要性,从而提升学生的人文素养。

3. 通过开展辩论等学习交流形式,鼓励学生对问题批判性反思的积极性,培养学生的思维能力。

【背景知识】

1. 科学技术的发展与人本身所产生的不和谐事例,科技与人文之间的种种冲突。

2. 提供当今时代由科技迅猛发展所带来的与伦理、道德问题相冲突的素材。

【教学过程】

教师:我们知道,今天科学技术正把人类推上经济飞速增长的轨道,也使我们的日常生活日新月异,生活质量不断提高。然而,越是如此,人们对科学技术的发展似乎表现得越加不满,如一些西方发达国家民意测验统计表明,人们对科学技术发展对现代人类社会的影响持乐观态度的比例都不很高。而1999年中国科协做过一次问卷调查,统计了14 200多份答卷,得出结论:中国人对科学技术的发展持乐观信心的比例达70%以上,远高于西方发达国家。由此提出的一个问题是:为什么科学技术发达的国家,人们对科学技术的信心程度反而越低?这是否因为科学技术越发展,其消极方面暴露得也越多,从而人们的忧患心理也越重呢?这些问题不得不引起我们的思考。

1. 科学技术的迅速发展能否给我们带来更多的幸福?

为了让学生们对这一问题全面展开讨论,我将学生们分成两组,从正、反两方面进行一场辩论,正方观点为:科学技术的迅速发展能够给我们带来更多的幸福;反方观点为:科学技术的迅速发展不能给我们带来更多的幸福。随后组织学生进行分组讨论,并派代表参加辩论。

正方一:众所周知,在人类历史的长河中,社会在发展,文明在进步,这一切都是建立在科学技术不断进步的基础上,但凡每一次重大的技术突破都会引起社会的重大变革,也会推动社会生产力的迅速发展,从而保障了我们今天能够过上衣食无忧的幸福生活。因此,我认为科学技术的迅速发展能够给我们带来更多的幸福。

反方一:不可否认,自从人类有了最初的科学技术以后,就给我们的生活带来了更多的便利,也不断改善着我们的生活质量。但是大家不要忘记一个事实,那就是科学技术在不断发展的同时也给我们人类带来了更多的灾难和不幸,比如当原始人在创造最初的工具——打制石器时,又何曾没有被自己打制的石器砸伤过手脚呢。尤其到了近代以来,随着科学技术的迅猛发展,也在很多方面改变了我们原有的生活方式,如:更多的人开始整天被束缚在机器旁边,受着机器噪声的折磨,失去了个人的自由,变成了"机器的奴隶",这难道说是一种幸福吗?同样,随着技术的不断发展,各种高精尖武器的数量也在不断增加,今天美国和俄罗斯的原子弹总数不是足以把地球毁灭几十次吗?还有我们今天生活的环境也在遭受着污染。此外,技术的不断进步,一方面极大地增加了社会财富,但也扩大了社会的贫富差距,就如康德在两百年前说过的话:"随着文明的发达,社会邪恶的总量也在增加。"这一切正说明了科学技术的迅速发展并不能给我们带来更多的幸福,有时甚至相反,带来的是灾难。

正方二:我想刚才这位同学的发言给我一种杞人忧天的感觉,我想请问对方辩友,当你居住在一个舒适的环境中,每天享受着各类高科技产品给你带来的愉悦时,你会认为这是高科技的罪恶吗?今天和过去相比,古人每天都会面临因技术落后而导致衣不蔽体、食不果腹时,难道你认为那是一种幸福吗?因此,我认为幸福的生活是建立在优厚的物质基础上的,也是幸福的基础和前提。如果对方辩友坚持认为落后反而是幸福的观点,那么对方辩友是否打算到原始森林里去享受你的所谓幸福生活吗?

反方二:难道物质丰富了就是幸福吗?我认为对方辩友根本就不理解什么是幸福,我方认为幸福是每个人内心的一种体验、一种感悟,有钱人不一定幸福,贫穷人也未必不幸福,因为每个人对幸福的感悟不一样,那他对幸福的理解也当然会不一样。何况谁能保证过去的人就没有幸福,而今天的人就都很幸福呢?既然从正面的角度我们谁也无法说清楚什么是幸福,但我们是否可以从反面取得大体的共识:幸福就是对不幸的否定。换言之,我们将讨论科学技术的迅速发展能否给人类减少更多的不幸,我想从这个角度来理解,那答案也是非常明确的,从我们今天生活的这个世界也可以得到,如空难事故、电视的危害、空气污染、气候变暖、原子弹威胁、贫富分化等等。

正方三:尽管目前科技在发展过程中确实给人类的生活带来了一些负面影响,但我们需要辩证地看待这一问题,应该说科技在人类历史发展的长河中对推动人类生活质量的提高是利大于弊的,因而带给我们总体上的是幸福多于不幸。更何况目前在技术发展过程所产生的负面影响最终还需要用技术的手段来解决,因而用技术来推动社会的发展才能走上良性发展轨道,这也是我们应该努力的方向。

反方三:但是我们也应该注意到随着技术的不断发展,似乎产生的问题也在不断增加,在一百年前我们不会面临核威胁、五百年前我们不会面临严重的环境污染……技术不断发展,产生的新问题也将随之增加,因为富裕中的思想烦恼同样可以把人推向不幸的深渊。正如梁启超曾说:"一百年物质的进步比从前三千年所得还要加几倍。我们人类不惟没有得着幸福,倒反带来许多灾难。好像沙漠中迷路的旅人,远远望见个大黑影,拼命往前赶,以为可以靠他向导。哪知赶上几程,影子却不见了。因此无限凄惶失望。影子是谁?就是这位'科学先生'"。

教师:同学们讨论得非常热烈,很多问题也切中了要害,我也想说一说,我认为科学技术本身是不带目的与功利的,它起什么作用全凭人类的使用。然而,不论人类如何使用,毕竟要有科学技术提供可能性,比如在手工工具时代,人们就无法实现上天邀游的愿望,同时也不会有"空难事故"的发生。科学技术每前进一步,便给人类带来新的知识成果和新的实践手段,提高了获取幸福的智力与物质水平,然而就在同时,新的危险与不幸也相伴出现,人又要去遭受另外的苦难。如果科学技术这把"双刃剑"不能确保人的幸福,那么人对它又应采取怎样的"合理"态度?这需要我们作进一步的思考。总之,对科学带给人类的益处,我们不能视而不见,但科学技术所具有的复杂性也不容忽视。

课后还请同学们进一步思考如下的几个问题:

2. 科技在消除人间的丑恶上能否有所作为?
3. 科技能使人产生什么样的新进化?
4. 能树立起"人是最聪明的动物"的信心吗?
5. 人性是否可知?

第六节 项目式学习案例："探秘锦鲤的生存之道"课程教学指南[*]

一、课程概述

（一）课程背景

本课程以"探秘锦鲤的生存之道"为主要素材,通过一个真实的学生项目案例,融合物理、化学、生物等多学科知识内容、项目研究方法和效果评价过程,以现场教学、视频、直播、互动等教学形式为学生呈现了项目课题的研究过程,并针对性地对学生进行指导。

学生科学思维的形成、实践能力的提高是在长期的创新学习过程中实现的。随着中小学全面开展研究性学习与综合实践课程,确立了课程中学生的主体地位,同时也要求学生不断改变原有的学习方式。与基础学科的学习方式不同,学生项目研究与综合实践的学习方式有多样性与综合性,更注重亲身体验和实践,如何指导学生完成项目研究与实践是教学的难点。本课程借助多种教学平台,整合各类项目案例与资源,给出合适的项目学习过程与方法体验。

（二）课程目标

拓宽视野,提高科学素养,知道基本的水污染与水质检测知识,理解一些相关的物理、化学、生物学基础知识的应用,学会用跨学科与不同学科视角观察问题和思考问题。

以课堂教学与线上媒体融合开展知识学习,引导学生关注身边的事物,参与相关的调查和研究讨论,体验基本的研究过程,掌握基础研究设备的使用方法。

正确认识水质检测与水污染净化对环境的影响,感悟养成健康科学的生活方式的重要性,通过专题知识的学习,认识到理化生知识与技能的巨大实用价值。

二、课程内容

以校园人工池塘水质调查与水污染净化课题为例,本课程的大致篇目及内容如下。

（一）课题的发现与初步研究

发现问题、提炼问题、形成课题的研究方向。

---

[*] 本课程在"大同教育集团"初高中学校中共享实施,开创了集团校际课程、师资、实验资源共享模式,取得良好的辐射共振效果。

向相关学科教师寻求指导,了解基本研究条件。

确定课题、确认研究路径、前期准备工作。

1. **情境引入**

水作为一个流动的风景已成为校园景观设计中必不可少的元素。在我校美丽的校园环境中,校园人工池塘已成为大家休闲放松的好去处。在池塘旁散步小憩时我们发现,人工池塘出现了鱼虾绝迹、野草滋生的现象,严重降低了池塘的美观效用。而在上学路上途经蓬莱公园发现公园的人工池塘则大不一样,在池塘中完全可以营造出一个良好的生态环境,适宜水生动植物生长,具观赏价值。

2. **子课题建立**

基于上述背景和思考,我们先建立了一个子课题,利用所学知识对学校池塘做简易的水质监测。

下面以我校学生吴申嘉的调查报告为例。

《上海市大同中学校园人工池塘水质监测调查报告》

分为早晨、中午、傍晚三个时段,多次取等量人工池塘中的水,进行下列相关项目的水质检测:

1. 溶氧量(DO 数值)(mg/L)

检测工具:DO 试剂盒

2. 透明度(cm)

检测工具:透明度盘

3. 酸碱度

检测工具:pH 值试剂盒(比色法)

4. 亚硝酸盐氮含量(mg/L)

检测工具:亚硝酸盐氮快速分析盒

5. 硫化氢含量(mg/L)

检测工具:硫化氢快速分析盒

6. 氨氮含量(mg/L)

检测工具:氨氮快速分析盒

检测完毕后获得多组数据,取平均值,整理后完成《上海市大同中学校园人工池塘的水质监测报告》。

3. **课题建立**

通过对学校池塘水质做简易的检测,我们发现了以下问题:_____。

由此我们思考如何对校园人工池塘水质进行净化与改善,以提高其美观价值,丰富校园景色。

建立课题:上海市大同中学校园人工池塘的水质净化。

(1) 从生物学角度思考(徐佳欣)。

首先,在校园池塘中,鱼类自身会排泄,加之饲料等腐败,会导致池塘中的水质不断恶化。从源头上来说,需要经常换水,稍有不慎,就会导致鱼的死亡。近年来,生物填料不仅在污水处理方面有了较大的发展,在微污染水源水处理领域也有了一定的应用。我们可以通过在池塘底部组建填料吸附层,力求构建一个能够自我净化的生态池塘。不仅能够减少换水带来的工作量,还能实现节约用水、美化环境的目的。

（2）从物理学角度思考(吴申嘉)。

池塘中的溶氧量较低或过低,不利于鱼类及其他水生生物的摄食与生长。若发现其水质缺氧问题,可以合理利用增氧机,控制新水的加注,并且通过调节水体中的压强,使得溶氧量能够保持在合理正常的水平。同时,排出的旧水可以通过一系列的过滤净化装置,重新作为新水注入池塘,保持水体循环,节省水资源。

（3）从化学角度思考(吴申嘉)。

池塘中 pH 过高、过低都会引起鱼类的酸中毒和碱中毒,其中,pH<6 时,鱼的体色明显发白,水体有许多死藻,透明度明显降低;pH>9 时,鱼受刺激狂游,鳃丝腐烂,水体有许多死藻。我们可以用低浓度的生石灰浆和醋酸等溶液,定期定量地对人工池塘进行 pH 调节。

4. 总结与思考

本次课题我们先从生活中发现问题,通过自己的思考,运用我们所学的知识,对我校池塘水质先进行了检测,发现了水质恶化的原因所在,建立了关于我校池塘水质净化的课题。在老师的指导下,以自主探究的学习研究方式,从生物学、物理学、化学三个角度对水质净化进行研究,并利用我校特色的学科实验室开展实验。"学以致用,用以促学,学用相长。"研究性课题培养了我们发现问题、研究问题、解决问题的能力,提高了我们的综合素质。

通过这次研究性学习,我们将学科知识真实地运用到生活场景中,经过同化、组合、探究,培养了我们科学研究的初步意识和态度。同时亲身体验进入学校学科实验室,开展科学实验,对技能学习和知识储备有较大帮助,为将来在大学进行更加专业的课题研究作准备。

（二）学科知识与技能指导

专题一：用物理的光学方法进行污染物检测

介绍光的本质,知道电磁波谱的波段分布,知道各波段电磁波的形成机理和主要应用价值,知道光谱分析原理与分光计工作原理。

学习分光计、光传感器、分光光度计等设备的基本操作方法。

专题二：用化学方法,确认与清除油污污染

学习化学学科相关知识：油污的主要成分与去除方法,用聚丙烯(PP)、聚对苯二甲酸乙二醇酯(PET)进行油污吸附的原理与方法,光度计与数字化测量设备的使用等。

学习用棉花糖机制作油污吸附材料等相关实验操作的基本技能,体验基本操作方法。

专题三：用生物学方法清除微生物与重金属污染

学习生物学科相关知识：微生物污染的测量方法、废水微生物处理技术、生物手段去除重金属离子技术等。

学习相关实验操作的基本技能,体验基本操作方法。

（三）自主实验设计与探究实施

根据专题研究方向,设计相关的物理、化学、生物实验,在教师的指导下进行探究实践。

（四）交流评价与反思总结

完成实验探究后,组员之间、小组之间进行交流,互相评价与提出建议,对整个课题研究过程进行反思,总结成功之处和需要改进之处。

三、实施要点

(一)课程实施

课堂教学是学校教育的主阵地和主渠道,它应该面向全体学生,为学生的全面发展创造相应的条件。但是,研究性学习和综合实践课程的跨学科特征,使传统的教学模式遇到了很大的挑战,学生来自不同的班级、具有不同的知识层次和兴趣爱好,要全面落实教学内容、提高教学质量是非常困难的。为了解决这一难点,本课程制订了以下几点实施措施。

1. 采取多样式多渠道的教学模式

如线下课堂的新知识传授法、新闻解读法、调查研究法、实验法、分析讨论法,线上利用哔哩哔哩网络平台视频教学、利用研究性学习管理平台管理课题研究进度等。通过这些多变的教学模式,激发学生对相关课程的学习兴趣,改变由教师"一讲到底"的局面。

2. 跨学科项目制方式

以课题研究案例为主,解决生活中遇到的一个实际问题,由学生研究与介绍课题相关的学科知识,开展一定的交流和讨论等,这样不仅可以使学生成为课堂的主人,而且可以培养学生主动学习知识的意识和跨学科应用的能力。

3. 团队合作学习方式

让不同能力倾向的学生组成团队,有的学生口头表达能力和表达欲望比较强,有的学生比较害羞和内敛,但他们的动手能力比较强,读懂这些学生,让不同能力倾向的学生在团队中发挥各自的作用,可以让团队整体能力提升明显,每个学生都获得成就感。

(二)评价方式

本课程的评价主要采用以下几个指标:

(1) 多元评价。从知识学习、问题探究、设计与思考、操作与应用等多方位进行评价。

(2) 过程评价。重视学生的听课状态、学习态度、调查报告的完成情况、在交流和讨论中发表自己见解的能力等,对整个学习过程进行评价,课题结果只是其中一个方面。

(3) 多主体评价。学生是学习的主体,本课程采用教师评价、学生自我评价和学生相互评价相结合的方式。

(4) 总结评价。总结评价对学生在本课程中的整体表现、知识技能掌握情况与成果质量进行评估打分,到学时学满时,本学科学生的成绩由上述过程评价30%+多主体评价30%+总结评价40%组成。

四、反思与收获

参与课程的学生徐佳欣、吴申嘉,授课教师李樑老师,对课程反思与收获的谈话实录。

徐佳欣(以下简写为徐):老师们好,我是来自高三(4)班的徐佳欣。

吴申嘉(以下简写为吴):老师们好,我是来自高三(4)班的吴申嘉。

吴:课题来源与制作。这次研究我们从日常生活中发现问题,通过自己的思考,运用所学的知识,对我校池塘的水质进行检测,确定了水质恶化的原因所在,从而建立起关于我校池塘水质净化的课题。在老师的指导下，以自主探究的研究方式，从多角度对水质净化进行了设计和研究，并利用我校特色的学科实验室开展实验探究，为我们的研究提供充分的事实依据。

从身边发现一些小问题，通过自己的思考，寻求老师的帮助，着眼于其中对环境与社会的实际价值意义，从而建立起一个适合的课题。接着借助书籍、网络多种渠道来获取资料，提出解决问题的假设，同时在老师的指导下，多角度、多方面、多层次地展开研究，并利用实验与调查开展进一步的探索印证。最后针对自己所研究的内容，找到科学的解决方法，对现实问题提出合理的建议并进行反思。

课题研究的体会与收获。"学以致用，用以促学，学用相长。"研究性课题锻炼了我们发现问题、研究问题、解决问题的能力，提高了我们的综合素质。通过研究性学习，我们能将所学的知识真实地运用到生活场景中，培养了我们观察生活的科学意识和态度。同时亲身体验进入学科实验室，也能提升我们科学实验技能的学习能力和知识储备，为将来更加专业的课题研究做准备。

吴：接下来由徐佳欣同学介绍慕课制作的体会。

徐：在完成这个课题的过程中，我们还有幸收到了汪老师的邀请，让我们参与了慕课微课程项目的录制，并以我们的课题内容为示例，展示课题研究的思路与方法。三位老师（李樑老师、梁晟斌老师、汪正华老师）运用他们强大的专业知识帮助我们，提升了课题设计的完整性与实验操作的专业性、可行性。由于慕课制作的时间十分的紧张，每每都能看到三位老师反复斟酌完善慕课拍摄内容，工作到深夜，不放过任何一个细节，最后才有了如此完美的呈现。

在2021年3月我们也以慕课为主题开展了一次面向全市优秀初三学生的线上招生活动。三位老师们全程参与并为同学们进行科普讲解，面对优秀初三学生们的提问，三位老师们对答如流。老师们超强的学科教学能力深深地感染到了正在择校的初三学生们。我也看到在线上许多同学发了弹幕，表达了希望能够在大同学习的憧憬。相信在老师的精心准备之下，一定能吸引更多优秀的初三学生们来到大同校园。

通过这次线上招生活动，也让我深深地感受到能够在大同学习是一件无比幸福而且宝贵的事情。对于马上升入高三的我来说，在大同学习的时间已然不多了，也希望自己能够在最后的一年，珍惜在大同的学习时光，交上一份满意的答卷。

教师（李樑）：各位老师好，这是我参与制作的第三个慕课系列课程，前两个分别是与潘霞、李芳老师合作的"科学、技术与社会"，与谢延风、傅桂花、鞠妍、江海波老师合作的"知识论"。这两门课程一直是我们学校素养拓展课程中的明星课程，都是在我们众多老师十多年积累的基础上开发出来的。

但是这次我们拍摄的慕课却和之前的有很大的不同，因为之前都是我们老师备课，一节一节课准备好内容给学生讲课，而这次我们是把学生和老师一起经历的研究性课题搬上屏幕，跟踪一个涉及物理、化学、生物不同领域的学生课题，从他们的问题思考、课题诞生到寻求老师帮助、知识技能补充，最后顺利完成课题，全过程拍摄记录，将其作为一个典型模板进行呈现。面对研究性学习课题，我们的学生往往会有疑惑，我应该研究什么？我的课题从何而来，是不是走走过场就好了？老师们也会有些疑惑，是导师给学生定课题吗？应该如何指导学生开展课题研究？应该给学生补充哪些知识或技能？

完全从零开始,所以对我们是个巨大的挑战,但也是机遇,正因为是白纸一张,我们可以按照全新的思路去设计一门课程。

这次慕课的设计制作可以说是设计思路的一个转型升级,原先我们总是考虑怎么把原有的课程上得漂亮些,各种材料再准备得充分一些,这样显得更精彩。而这次在策划的时候,我们就考虑了几个问题。

第一,慕课是制作给老师和学生看的,老师们很积极主动,但学生最喜欢在哪里看视频?以前的慕课我们上传到上海市高中名校慕课平台,后来发现学生很少自发去那里看视频学知识,根据某大型搜索引擎给出的近年大数据显示,中学生观看知识类视频比例和数量最高的都是哔哩哔哩平台。所以这次制作的慕课首发就定在哔哩哔哩平台。运用慕课资源在疫情防控期间开启的第一届公益直播活动,也是通过哔哩哔哩平台开展的,反响很好。

第二,学生喜欢看什么类型的学习视频?数据很残酷,校园学习类视频,最热门视频排序第8页才开始有老师的身影,看得最多的是练习英语听力视频,其次就是同龄人的经验分享。其实原因很简单,如果可以自由选择,一般人都不会优先选别人居高临下对你讲话的视频,同龄人之间的经验分享更能吸引学生们来学习。

第三,拍什么给学生们看?这个问题应该学生来决定,以前我们总是从老师的角度出发去思考学生应该需要什么,就像我妈总是冬天叫我穿秋裤,因为她觉得我应该很冷很需要,可是我真的不需要呀。所以我们请了两位学生徐佳欣和吴申嘉,他们的研究性学习课题与理、化、生领域都相关,由他们来为我们制订慕课的设计思路,根据他们研究大同锦鲤池塘的水质污染的课题经历,经过提炼和总结,由他们来思考哪些是研究过程中的关键环节,由他们来决定我们拍什么给大家看。

于是我们的"科学、探究、实践"慕课主线思路诞生了,跟着两位同学,经历他们从发现问题、确定课题,然后向不同学科的老师请教解决问题的方法,学习相关的物理学、化学、生物学知识,以及老师指导课题研究的思路方法,教授相关的实验探究技能。

希望我们的探索能给各位学科教师进行跨学科综合实践课程的实施提供有益经验,为大家提供有效的帮助和借鉴。

表4-6-1 "探秘锦鲤的生存之道"课程实施纲要

课程名称	探秘锦鲤的生存之道
课程类别 (拓展型课程、 研究型课程或其他)	综合实践课程
开设年级	高二年级
准入条件	对理工科、生物医药、环境保护、应用化学等跨学科领域感兴趣,已确定了与上述领域相关研究课题的学生,如有研究团队,建议团队一起参加
上限人数	20人

(续表)

课程目标	了解研究性学习与综合实践跨学科研究的全过程,知道如何确定研究课题,研究过程中如何寻求老师指导,学习物理、化学、生物基础知识及其在水质检测中的作用。了解净化水质的基本理论知识,学会建立模型进行需求和功能分析的方法。掌握常用理化生检测工具的使用方法。具备利用检测工具设计简单探究实验的能力,具备对水污染监测等实际问题选择恰当技术的能力,会将生活场景实例中的实际问题进行抽象处理,能选用合适的知识和技能解决实际问题 开拓视野,激发对科学技术的兴趣,知道水质监测在环境保护中的重要作用,体验水污染在生活中给我们带来的影响,了解水污染检测和净化技术的巨大进步和应用潜力。体验应用技术解决实际问题的过程,积累探究问题的实践经验,提升理论实践结合能力、动手能力、设计能力、问题分析能力、独立思考能力、团队协作能力等
课程简介	本课程以学生视角,发现了校园人工池塘中水质恶化问题,形成了水质污染检测与净化课题的案例素材,跟随学生从问题的发现,到学习探究的方法,最后动手实践,完整还原了一个学生小组完成一项研究性学习课题的全过程 学生在本课程的课题研究中经历了独立思考形成课题的过程,通过物理、化学、生物老师的指导,学习了相关的知识、方法和实验技能,最后通过融合跨学科知识和技能,解决了生活中的真实问题,经历了项目式学习全过程,完成了研究性学习任务 本课程是跨学科融合的研究性学习辅导课程,指导学生如何进行项目式研究性学习,也可用于培训教师如何进行辅导。本课程制作的慕课视频系列共 8 集,于 2021 年 8 月在大同中学哔哩哔哩官方账号上线,不但引起大量本校、外校高中生的兴趣,还有大量初中学生通过本作品了解高中的项目化研究性学习,同时也了解了大同中学对学生研究性课题提供的导师支持和配套实验室等资源,社会效应积极显著。创作团队以此作品为主题开展的线上公益直播活动,吸引了超 8 000 人次观看,目前本作品已在上海市高中慕课平台上线
主讲教师简介	李樑 中学物理高级教师,黄浦区物理学科带头人,黄浦区物理中心组成员,上海市第四期名师名校长工程"种子计划"物理团队领衔人,获评黄浦区"青年岗位能手""新长征突击手""园丁奖",获全国"一师一优课"、自制教具评比、实验说课评比一等奖,上海市跨学科案例设计评比、教育信息化微课评比一等奖,辅导学生多次获得全国物理奥林匹克竞赛一等奖等奖项 梁晟斌 辅导近百名学生在科技比赛、全国联赛获奖。本人获 2021 年华师大教科研先进个人,2019 年全国实验教学说课一等奖,全国实验教学能手,上海市中青年教师教学评比一等奖,黄浦区教学评比一等奖。"双新"平台特约撰稿人 汪正华 华东师范大学研究生,上海市优秀毕业生,黄浦区生物名师工作室学员。工作 7 年来,主持区教科研课题 2 项,辅导近百名学生在全国联赛、科技比赛中获奖。个人曾获黄浦区教学比赛一等奖、3 次获唐君远奖教金

课时安排 (按照每学期 12~16 讲排出每周课程主题)	周次	具体内容
	3	发现问题、提炼问题、形成课题研究方向
	4	向相关学科老师寻求指导,了解基本研究条件 确定课题、确认研究路径、前期准备工作
	5	学习物理学科相关知识:光的本性、电磁波谱的波段分布、各波段形成机理与主要作用、光谱分析原理与实验方法等
	6	
	7	学习相关实验操作基本技能,体验基本操作方法

(续表)

	周次	具体内容
课时安排 （按照每学期12～16 讲排出每周课程主题）	8	学习化学学科相关知识：油污的主要成分与去除方法、用聚丙烯(PP)、聚对苯二甲酸乙二醇酯(PET)进行油污吸附的原理与方法、光度计与数字化测量设备的使用等
	9	
	10	学习相关实验操作基本技能，体验基本操作方法
	12	学习生物学科相关知识：微生物污染的测量方法、废水微生物处理技术、生物手段去除重金属离子技术等
	13	学习相关实验操作基本技能，体验基本操作方法
	14	自主实验设计与探究实施
	15	
	16	交流评价与反思总结
评价方式 （作业或考试形式）	作品展示，简易论文报告	
其他说明		